外国人住民の「非集住地域」の地域特性と生活課題
― 結節点としてのカトリック教会・日本語教室・民族学校の視点から ―

徳田 剛・二階堂裕子・魁生由美子

創風社出版

はじめに

　本書は、地域社会の多文化化という現象について、外国人住民の「非集住地域」を中心に考察を行ったものである。筆者らがこのような着眼点を持つに至った経緯については本文中でも触れているが、大きな理由の一つとして、日本の移民・エスニシティ研究において蓄積されてきた研究成果の多くが「集住地域」を取り上げたものであり、「非集住地域」の多文化化について十分に議論がなされていない点を挙げることができる。とりわけ筆者らが関西の大都市圏から赴任地を中四国に移し、そこでの多文化状況の調査研究を行った際に感じたことは、「これまでの多文化社会の（「集住地域」中心の）捉え方では目下の現象をうまく説明できない」という実感であった。

　ヒト、モノ、カネ、情報などの国境を超えた移動が常態化する「グローバル化」の影響が（程度の差こそあれ）すべての地域社会に及ぶとするならば、それに伴って生じる「地域社会の多文化化」についても、外国人住民の多寡にかかわらず問われるべきであろう。とりわけ、地場産業の縮小傾向と少子高齢化に伴う人材不足の深刻化に悩まされている地方都市や中山間地域においては、地域の構成員あるいは労働力としての外国からの移住者・滞在者の招致という課題が、いつか俎上に乗ることとなるにちがいない。そうした際に参照すべき、「集住地域」とは異なった地域構造および社会構成を取る「非集住地域」の多文化化の捉え方や諸問題への対処法も、「集住地域」のものとは異なったものとなってくるであろう。

　大都市や産業集積地への海外からの人口移動に際しては、先発の移民たちによるコミュニティや相互扶助ネットワークが構築され、後発の移民たちの生活面でのサポートが行われるのが通例である。また、そうしたエスニックコロニーや「集住地域」の形成によって、ホスト社会およびその住民たちの目に見える形で、「地域社会の多文化化」が進行することとなる。幸運なケースでは「共生の相手」として、不幸なケースでは「よそから来た厄介者」として外国人住

民の存在がホスト社会側に認知され、地域社会の取り組み課題として位置づけられることとなるだろう（2001年に結成された「外国人集住都市会議」の取り組みはその嚆矢と言える）。

　しかし、「非集住地域」ではどうであろうか。多くの住民が互いに見知らぬ人どうしである大都市とは違って、地方の中小都市や中山間地の集落などにやって来た外国人は文字通りの「よそ者」として扱われる。お互いに「顔見知り」な人々によって構成されるホスト社会からは、当地での「当たり前」の事柄をそのまま受け入れ、適応していくことが期待される。また、そうした外国人住民の生活環境では、本来であれば安心できる場所であるべき「職場」や「学校」、場合によっては「家庭」までもが異文化間の接触や摩擦の「現場」ともなる。だが、いざという時に頼りになるような同胞、あるいは同じ外国人の存在も稀少であり、行政や市民団体等による支援活動も行き届かないことが多い。「非集住地域」での彼ら・彼女らの生活状況は、おおよそこのようなものである。

　その中にあって、「非集住地域」に暮らす外国人住民が他者とつながりを持ち、場合によっては何らかのサポートが得られる可能性のある「場所」も存在する。そうした「結節点」としての役割を果たしうるのが、本書で取り上げる「カトリック教会」、「地域の日本語教室」、「民族学校」である。これらは、外国人住民どうしが「親睦を深める場」、あるいは日本社会に溶けこむための「トレーニングの場」であったり、経済危機や災害発生時、個人的なトラブルに遭った時などの「相談や支援の場」となったりもする。本書の課題である、「非集住地域」の多文化化をより望ましい方向に向かわしめるための方策は、こうした「結節点」となる諸団体がどのような形で当該地域において活動し、外国人住民とホスト社会の接点を創り出しているかをつぶさに見ていく中で示されることになる。

　本書での取り組みは、3名の共著者が中四国の瀬戸内海沿岸地方でそれぞれ

に行って来たフィールドワークが元となっている。そもそもが「集住地域」の対抗概念であり残余カテゴリーとも言える「非集住地域」という呼称の妥当性についても問われるべきであるし、本書で取り上げる諸事例から得られる知見が「非集住地域」全般にまで遡及可能かどうかもまた、現時点では定かではない。とはいえ、本書での取り組みが、地方都市や中山間地域の再生という喫緊の課題を「非集住地域」の多文化化という地域社会の変化と関連付けて問うという問題意識を、読者諸氏に幾ばくかでも喚起することができるならば、筆者らにとってはこの上ない喜びである。

徳田　剛

目　次

はじめに ………………………………………………………… 德田　剛　2

序章　「多文化社会・日本」の現況 ………………………………… 德田　剛
　1. 滞日外国人の増加と地域社会の多文化化　7
　2. 外国人住民の「集住地域」を中心とした先行研究の流れ　8
　3. 外国人住民の「非集住地域」の概況─「集住地域」との違いから　10
　4. 滞日外国人数の推移の背景要因─時系列的な流れから　13
　5. 滞日外国人数の現況
　　　　─2014 年 12 月現在の在留外国人統計より　18
　6. 本書の構成　28

第 1 章「非集住地域」における外国人支援セクターとしての
　　　　カトリック教会 ……………………………………………… 德田　剛
　1. はじめに　33
　2. カトリック教会による外国人支援活動の歴史　35
　3. 愛媛県のカトリック教会における英語ミサを通じた
　　　外国人信徒の交流　41
　4. 英語ミサ参加者の生活課題、意識特性および宗教生活　47
　5. カトリック教会による東日本大震災後の被災外国人支援　63
　6. 外国人支援セクターとしてのカトリック教会の評価　70

第 2 章　「非集住地域」における日本語学習支援活動を通した外国人住民の
　　　　支援と包摂 ─ベトナム人技能実習生の事例から─ ……… 二階堂裕子
　1. 研究の背景と目的　81

2. 日本における外国人技能実習生制度の状況　83
3. ベトナム人技能実習生にとって日本での技能実習とは何か　93
4. 日本語学習支援活動の意義　97
5. 「非集住地域」における日本語学習支援活動がもたらす可能性　99

第3章　「非集住地域」における民族的コミュニティの研究
　　　　―四国の小さな民族学校を支える諸活動を中心に―　……　魁生由美子
1. はじめに―在日コリアン「集住地域」と「非集住地域」の概況―　103
2. 四国唯一の民族学校―四国朝鮮学校の概要と歴史的背景―　119
3. 四国朝鮮学校の＜いま・ここ＞を支える諸活動　134
4. 新校舎建設（1964年）から半世紀―モンダンヨンピルが来た日―　158
5. 日本人市民からのアクション　163

第4章　外国人住民の「非集住地域」の地域特性
　　　　―「ムラの国際結婚」と被災外国人研究の視点から　……　徳田　剛
1. はじめに―「非集住地域」研究への着眼の経緯　176
2. 「非集住地域」研究の先行事例（1）
　　―「ムラの国際結婚」研究の視点から　178
3. 「非集住地域」研究の先行事例（2）
　　―東日本大震災時の被災外国人に関する論考から　183
4. 「非集住地域」発の地域社会の多文化化戦略の可能性　192

補論 「東北発多文化共生」をめぐる「認識の衝突」について
　　　　──金明秀著「東日本大震災と外国人」への応答 ………… 徳田　剛
　1．はじめに　198
　2．金論文の概要　199
　3．「非集住地域」研究の視点からの応答　202
　4．むすびにかえて　211

おわりに …………………… 徳田　剛・二階堂裕子・魁生由美子　216

序章

「多文化社会・日本」の現況

徳田　剛

1. 滞日外国人の増加と地域社会の多文化化

　日本という国は、海に囲まれていて他国と国境を接していないという地理的条件から、「単一民族国家」などの言葉で表現されるように「日本人」が大多数を占める国であると考えられてきたし、政策的な方向性もこのようなとらえ方の元に定められてきた。言うまでもなく、日本には第二次世界大戦以前から中国系（華人）や韓国・朝鮮系（在日コリアン）の人々がおり、いわゆる「オールドタイマー」の移住者層を形成してきたのであるが、ひと頃まで支配的であった「単一民族国家」という「神話」に基づいた日本の国家・民族観のもとでは彼ら・彼女らの存在感は希薄なものであり、いわば「疎遠な隣人」の位置をあてがわれてきた。むしろ、多くの日本人にとっての「外国人」という言葉は、欧米からの旅行者か、英語教師や日本文化・社会の研究者などの専門職層を想起させるものであった。

　こうした日本社会におけるエスニックな状況が一変したのが、バブル景気に伴う人手不足なども相まって、いわゆる「ニューカマー」と呼ばれる外国からの移住者が急増した1980年代以降のことである。エンターテイナー（在留資格名は「興行」）として来日したフィリピン人女性など東南アジア系の人たち、日系人とその子孫として入国し製造業の単純作業や下請け工場の労働力として雇用されたブラジルやペルーなどから来た人たち、中国残留孤児およびその子孫として「帰国」したり新たな職場やキャリア形成の場を求めて来日したりし

た中国系の人たち、あるいは過疎地域の「外国人花嫁」としてやって来た女性たちなど、多くの「外国人」が日本に滞在し、定住するようになった。それとともに滞日外国人の総数も増加し、特にサービス業や飲食店等の働き口の多い大都市中心部や工場労働者を多く必要とする大規模な工業地域を含むエリアにおいて、大小さまざまな外国人の「集住地域」やコミュニティが形成されていった。この滞日外国人の増加の流れは、リーマンショック後の不況や 2011 年の東日本大震災時の外国人住民の帰国ラッシュ等によって一時的に鈍化したが、日本国内の多くの地域で海外にルーツを持つ外国籍および日本籍の住民が一定の人口割合を占め、多様な人種・民族・エスニシティによる住民構成を取るようになった。そうした地域状況の中で、異なる価値観やライフスタイルをもつ人々どうしのコンフリクトをいかにして軽減し、相互理解と支え合いに基づいた関係や共同性を構築していくことができるかが、昨今の日本の地域社会における大きな課題となっていると言えよう。

2．外国人住民の「集住地域」を中心とした先行研究の流れ

　上記のような人の国際移動や地域社会の人口構成の多文化化の流れを受けて、古くは華人や在日コリアンなどの（戦前・戦後に日本社会に定住した）「オールドタイマー」、そして（1970 年代から 80 年代以降に急増した）東アジア・東南アジア・中南米などからの「ニューカマー」と呼ばれる移住者に関して、膨大な理論的・経験的な研究が蓄積されてきた。しかし、それらの多くは東京・名古屋・大阪などの大都市圏およびその郊外、あるいは北関東や東海などの外国人労働者の「集住地域」に関わるものが中心といってよい。

　同研究分野におけるこうした「集住地域」偏重の傾向は、古くは人種・民族関係を取り扱う古典的な理論的・経験的研究から続いてきたものと言える。例えば、世界各地からの国際移民の人口流入とそれに伴う複雑な人種・民族構成を捉えることを目的として行われた R・E・パークとその弟子たち（いわゆる

「初期シカゴ学派」の都市社会学者）の仕事を同分野の源流の一つとして挙げることができる。彼ら・彼女らは、シカゴをはじめとする米国北部の大都市都心部周辺地域のフィールドワークを行い、そこに形成された同じ民族・出身地の人たちの集住に伴って形成された「エスニック・コロニー」の存在を鮮やかに描き出した。とりわけ、経済的に豊かとはいえない地域からの移住者が到来し、米国社会の最底辺から生活を始める場とされる「遷移地帯」（バージェス）などは、人口構成の上で外国人（海外移民）の比率が極めて高い「集住地域」と言える[1]。

　また、近年の都市研究では、経済のグローバル化に伴って常態化しつつある労働人口の国際移動や地域の多文化化の説明図式として、S・サッセンの「グローバル・シティ」論（Sassen2001=2008）などがしばしば参照される。グローバル・エリートとオフィス街を支える下層労働者の両方が世界的な大都市に来住するとされる「グローバル・シティ」のエスニック状況もまた、大都市圏へのグローバルな人口流入と特定の場所での「集住地域」の形成を説明する理論図式となっている。

　1990年代から2000年代にかけての日本の移民・エスニシティ研究についても、同様のことが言える。2006年に『社会学評論』の誌上にて当時の移民研究の動向をまとめた広田康夫は、この時点での代表的作品として梶田孝道・丹野清人・樋口直人著『顔の見えない定住化』（2005年）、大久保武著『日系人の労働市場とエスニシティ』（2005年）、小内透・酒井恵真編著『日系ブラジル人の定住化と地域社会』（2001年）の3点を挙げているが（広田2006）、それらの表題が示す通りに、これらの著作はいずれも1990年代以降に大挙来住したブラジルやペルーからの日系人移民を主要な研究対象としており、調査対象地としてその「集住地域」を取り上げている。

　戦後の日本の入国管理制度においては、海外からの入国・移住に際して、在留目的や受け入れ先などへの厳しい審査を伴う在留資格のコントロールがなされてきた。しかし、1990年の改正入管法の施行の後、日系人移民およびその子孫に対して就労先や移住・滞在先の選択の自由が与えられ、このグループの人たちが製造業が集積している首都圏・北関東エリアから東海・中部地方にかけての特定の地域に偏在するようになる。こうした状況を鑑みれば、この時期の滞日外国人に関する研究のトレンドが日系人移民とその「集住地域」に傾斜

していったことも首肯できる。

　このように、上述の3冊を初めとする一連の先行業績の多くは、それらの扱う地域や研究対象の多くが外国人住民の「集住地域」に関わるもので、「エスニック・コロニー」や「エスニック集団」といった表現とともに外国人移住者・滞在者を「集合的な」現象として描き出すことしばしばである。それに対し、本書の主眼はむしろ、外国からの移住者や同胞などが希少であるか分散して居住しているような地域、すなわち圧倒的多数の地元住民の中に「埋没」して生活しながらも日本社会において一定の役割を果たしている「非集住地域」の外国人住民のありようを経験的に描き出し、こうした地域の状況から日本社会の多文化化を論じることの意義を示すことにある。

3. 外国人住民の「非集住地域」の概況──「集住地域」との違いから

　本書では、上記のような外国人住民の「集住」現象が顕著でない地域を広く「非集住地域」(2)と呼称する。本書の共著者がそれぞれに取り組んだフィールドは、日本全体においても比較的外国人人口が少なく、少子高齢化や過疎化が進行する中山間地域を多く含む中四国地方にあり、そこに暮らす海外にルーツを持つ人たちを研究対象としてきた。もちろんこうした地域にあっても、滞日外国人全般が直面する様々な課題や障壁、例えば外国人が借りられる住宅の不足、(景気変動に対する労働力の「調整弁」として扱われること等に由来する) 雇用の不安定性や貧困、家庭や職場で頻発する権利侵害や差別的状況の存在、乳幼児や学童に対する日本語および母国語（親の第一言語）の教育の問題、外国暮らしゆえの心理的なストレスや（移民2世などに多く見られる）文化的アイデンティティの危機・希薄化などの諸問題が「集住地域」と同様に存在する。しかし、そうした問題の現れ方や地域社会において取られる対応については、「集住地域」と本書で取り扱う「非集住地域」では全く異なるものとなるし、そうならざるをえない。

一定以上の「集住」とエスニック・コミュニティの形成が起こっているところでは、上記の諸問題について「マイノリティ集団」対「マジョリティ集団」といった集団間関係の様相を呈することが多い。米国における先住移民のコミュニティが新たに来住した後発移民の適応を助ける機能を果たす、との見解を示したのはR・E・パークであるが、新参者が同じ言語やライフスタイルを持ち、すでに日本社会において一定の生活基盤とコネクションを確立している先住の同郷出身者を頼る形の海外移住は今でもポピュラーなものである。そこに生活上の利点や相互扶助の観点から行われる「チェーン・マイグレーション」によって同胞移民が呼び寄せられ、（東京都新宿区の新大久保のコリアンタウンや群馬県の大泉町のブラジル人集住地域のような）「集住地域」の形成が促される。そうした地域では、祖国の文化やライフスタイルがそのまま移植されたような文化・社会空間が創出され、移住者をターゲットとしたエスニック・ビジネスが展開され、当該地域の日本人住民にとっては「自分たちの」生活エリアに小さな「外国」が出現したかのように感じられる。しかも「自分たちの」地域にもかかわらずそのエリアだけは日本社会の「当たり前」の事柄や守るべき「ルールやモラル」が通用しない、あるいは守られないような事態が頻発する。そうしたエリアにおいて望ましくない事件や現象が起こった場合、そこに暮らす外国人住民層は、地域社会に存在する「異物」とみなされ、ホスト社会（地域の日本人住民層）の側も自治会・町内会等の地域住民組織、行政や国際交流協会等の関連セクターなどがそれぞれに「組織的」な対応を取っていくことになる。これが、外国人住民が多く住む「集住地域」のありようである。そこでは、「外国人」の姿は「可視的」であり、日本人社会や地域住民側が比較的好意的な反応を示すところでは「多文化共生」、そうでない場合は「外国人対策」といったスローガンのもとに、組織的・政策的な対応がなされていくことになる。

　それに対し、本書で取り扱う「非集住地域」の状況は全く異なるものとなる。近年ではグローバル化の波に乗って、従来は海外からの移住者や滞在者がほとんど見られなかった地域にもそうした人たちが多く到来するようになり、外国人住民の受け入れと共生が当該地域社会の取り組み課題として立ち上がってきていることは間違いない。しかしながら、「集住地域」とは違って、そこでの「異

文化接触」は「地元住民層」と「外国人グループ」といった集団間関係の形ではなく、多くの場合は圧倒的多数を誇るマジョリティの「日本人たち」に対して「個人」あるいは「小集団」で向き合うような形を取るため、文字通りの数的な「マイノリティ」として生活していくことになる。

　また、当該地域の住民組織、行政などでは、「われわれの地元」をいかに維持・発展させるかについては熱心に取り組まれるが、それに比して異国から来た人たちへの対応やサポートについては優先順位が低くなりがちである。エスニック・マイノリティ住民の担当部署も「国際交流」に関するセクションであることが多く、来日時の語学や就労のサポートどまりで中長期的な地域生活の適応にまで目が行き届くことが起こりにくい。このように「非集住地域」においては、対外国人対応や多文化化の問題が、どうしても「われわれ」の地域生活とは関係のない「別物」扱いとならざるを得ない。当然ながらそうした地域に数的・文化的な「マイノリティ」として暮らす外国人住民は、彼ら・彼女らのニーズへの対応や支援を得ること、そしてそれらを訴えるためのルートを見つけ出すことも容易ではない。というのも、同郷者や海外からの移住者と地域社会の内部で接触したりつながりを持ったりする機会も「集住地域」に比べて圧倒的に少なく、同じ立場の人たちが連携したり支え合ったりする「自助的なネットワーク」が形成されることもまれで、外国人や移住・滞在者の支援や問題状況の改善に志向する「市民活動」（ボランティア団体やＮＰＯ）の活動も分厚いものにはなりづらいのが実情だからである。

　本書の以下の考察では、こうした「非集住地域」の地域状況とそこで生活する外国人住民や移住者のありようについて、各執筆者によるフィールドワークの成果をもとに明らかにするものである。とりわけ、「非集住地域」における外国人住民がどのような生活課題を抱えているか、日常生活や人生上の様々な困りごとが起きたときにだれに相談し、どのような団体等を頼みにしているか、そしてこうした地域において地元住民層と外国からの移住者・滞在者がうまく折り合いをつけながら共存できるような地域社会のあり方とはどのようなものかについて考察する。

4. 滞日外国人数の推移の背景要因―時系列的な流れから

　ここで、日本への移住者・滞在者の移動に大きな影響を与えた1980年代から現在に至るまでの主要な出来事、および入国管理制度など日本政府の外国人政策の変更について図表序-1を参照しながら時系列的に概観する。さらに2014年末現在の滞日外国人移住者・滞在者の推移をカテゴリーごとに確認し、基本的な傾向を確認したい。

　まず、1980年代については85年のプラザ合意以降の急激な円高と「バブル経済」の進展がみられる一方で、人件費の急騰と中小の製造業で顕著であった人手不足の深刻化、そしてグローバルな競争力を高めるために行われ始めていた海外への生産拠点の移転という、地域社会にとっては危機的な状況が現出した時期であった。梶田孝道は1989年の入管法改正による日系人移民の入国・在留に関する大幅緩和は必ずしもそうした産業界からの要請が"直接的な"原因となったわけではなく、省庁間の駆け引きと在日コリアンの人たちの取り扱いをめぐる政策転換の「副産物」であったと指摘している（梶田・丹野・樋口（2005）の第4章を参照）。だが、製造業の集積地域における安価で大量の労働力へのニーズの高まりがその後の日系人移民を呼び込むプル要因の一つを形成していたと言えよう。実際のところ、群馬県大泉町による自治体主導のブラジルへの人材リクルートの動きなどは、不足する労働力の確保を念頭に置きながら意識的に海外からの人口移動を促そうとしたものであった（高野2007）。

　その一方で、こうした1980年代の好景気が地方・農村部の若者を都市部や工業地域へと引き寄せ、地域の少子高齢化を一層加速させた事実も見逃せない。とりわけ農家の跡取りであり農村地域の支え手である長男の「嫁不足」問題は、当該地域の存続に関わる重大な問題であって、「苦肉の策」として（統計上は大きな数字ではないにしても）国外から結婚移住女性を招き入れようとする動きが一部地域で顕在化していったのである[3]。こうして、明石純一が「90年体制」（明石2010a）と呼ぶところの、ブラジルやペルーなど南米諸国からの日系人とその子孫の移住ラッシュの時期を迎えることとなる。

序章　13

このように南米からの日系人移民が大挙来日する一方で、90年代から2000年代前半にかけて「研修」制度の確立と受入れ枠拡充が着々と進められている点も見逃せない(4)。これについては、「非集住地域」におけるグローバルな視点からの人材確保に関して、地方・農村部や過疎地域の「基幹労働力」の供給源とされたのは日本国内での就労先・居住地の選択の自由を有する日系人ではなく、原則的に滞在・就労先の選択の自由を持たない「研修生・技能実習生」であった点を踏まえておく必要があろう。グローバルな人材獲得競争において立地的に優位であるとはいえない地域・業種の雇用主にとってこの制度は、期間限定ではあるが安定的に労働力を確保できることに加えて、研修・実習中の人件費コストについては通常の労働法制の縛りを受けないために大幅に縮減できる点で、実に「都合のよい」仕組みと言える。この「研修・技能実習」の制度自体については、雇用者に圧倒的な権限と優位性を与える同制度の「不適切な」運用が（とりわけ「非集住地域」の労働現場において）いくつもの"悲惨な"トラブル事例を生み出している現実があり、適正な制度運用に向けたルールの改善と就労現場の監視体制の強化や、実効性のある罰則やトラブル時の救済施策の策定などは今後も必須の取り組み課題であり続ける。しかしそれとは別に、今後ますます極度の労働力人口の減少に悩まされる地方部や中山間地域に、この「研修・技能実習」制度がグローバルな人口移動の波をもたらし、比較的同質性の強いこうした地域の人口構成の多文化化を促したこともまた事実である。本書第2章で重点的に取り上げられるが、「研修生・技能実習生」として来住した外国人たちが、当該地域においてどのような状況にあり、地域社会の構成員・アクターとしてどのような役割を果たしているか、あるいは果たし得るのかを検討する作業は、今後も続いていく人口減少とグローバル化の流れの中での当該地域の将来像を浮かび上がらせる重要な仕事となる。

　次いで、2000年代半ば以降には現在の傾向を特徴づける新しい動きや制度変更がみられる。一つには、2004年の米国による報告書における「興行（エンターテイナー）」資格の不適切性についての指摘とそれへの対応としての「興行」資格審査の厳格化の動きである。高畑幸の指摘にあるように、この変化によりフィリピン系移住者の日本への移入ルートの一つが閉ざされ、「結婚移住」と結果的に「研修・実習」の二つがより有力なルートとしてプライオリティを

高めたと言える（高畑 2011）。

　また、同時期にフィリピン・インドネシアとの経済協力協定（EPA）の締結とそれに伴う看護師・介護福祉士候補生の受入れが開始されている。ある意味で、先の「興行」資格の代わりとして導入されたきらいがあるこの制度であるが、その制度運用上の問題や語学面・知識面でのハードルの高さゆえに、実際の来日および資格取得に至る者の人数が少なく、日本全体のグローバルな人口移動の中でインパクトを持ち得るほどの実績は上がっていない。しかし、少数とはいえ EPA の研修生が深刻な人手不足に悩まされる地方部や過疎地域に立地する病院や施設に配属されたこと、そして、特にマニラなど都心部出身者がこうした地方に赴任した際、中にはライフスタイルの違いや人間関係の狭さ、方言の難解さなどの理由での適応困難・途中帰国の例が高畑によって報告されており（高畑 2014）、将来的に地方部に看護・介護労働力として外国からの受入れが起こった時に生じうる問題を浮かび上がらせている。現に、結婚などにより永住資格を得たフィリピン系女性たちが、年齢が上がるとともに「興行から介護へ」と働く場所・業種を変える流れがあるが（高畑 2011）、このように歓楽街のある都心部から特に人材ニーズが切迫している地方部への人口移動を伴うケースが出てくることも考えられ、本書の主要な問題関心とも関わってくるため、今後とも注視していく必要がある。

図表 序-1　外国人移住者・滞在者に関係する出来事、および日本政府等の外国人・移民政策 年表

1982 年	出入国管理及び難民認定法　特別永住許可制度開始 外国人登録法改正 → 指紋押捺は 5 年ごとに変更
1983 年	留学生 10 万人計画
1985 年	プラザ合意 → 急激な円高、バブル景気へ
1988 年	改正外国人登録法施行 → 指紋押捺 1 回、指紋カード導入
1989 年	入管法改正
1990 年	定住者に関する法務省告示、研修生受入れ要件の一部緩和
1991 年	入管特例法 → 旧植民地出身者とその子孫は特別永住者に JITCO（国際研修協力機構）設立
1992 年	「第 1 次出入国管理基本計画」策定 外国人登録法改正 → 永住者及び特別永住者の指紋押捺制度を廃止
1993 年	技能実習制度創設、外国人雇用状況報告制度発足
1994 年	日本語教育振興会、日本語学校の認定基準を強化 中国残留邦人等の円滑な帰国の促進及び永住帰国後の自立の支援に関する法律成立
1995 年	阪神・淡路大震災　　被災外国人支援が問題化
1996 年	法務省、婚姻関係にない日本人との間に生まれた子どもを引き取り、養育する外国人に定住許可
1998 年	研修・技能実習制度における滞在期間を延長（3 年以内に）
1999 年	外国人登録法改正 → 指紋押捺完全廃止（2000 年 4 月施行） 入管法改正 → 不法滞在罪新設
2000 年	「第 2 次出入国管理基本計画」策定 → 技能実習枠の拡大へ
2001 年	米国で世界同時多発テロ事件
2004 年	米国務省、「人身売買報告書」 → 日本の対策が監視リストに入る 改訂入管法 → 超過滞在者への罰金強化、再入国拒否期間の延長、出国命令制度の創設。 　　　　　難民認定制度を見直し、60 日ルール撤廃、難民審査参与員制度の新設など
2005 年	「第三次出入国管理基本計画」策定 法務省省令改正 → 興行資格厳格化でフィリピンからの興行労働者の受入れ激減。 　　　　　代わって同時期より日本人との結婚増加へ 改正入管法 → 人身取引防止対策、外国入管当局への情報提供など

2006年	日比経済連携協定（EPA）正式合意 → 看護師・介護福祉士受入れへ 法務省、在留特別許可にかかるガイドライン公表 総務省「多文化共生推進プラン」 改定入管法 → テロ対策で日本版 US-VISIT 導入へ 　　　　　（生体認証技術による出入国管理の厳格化） 外国人労働者問題関係省庁連絡会議「生活者としての外国人に関する総合的対応策」
2007年	サブプライムローン問題顕在化 日本、インドネシアと EPA 締結 → 看護師・介護士受入れへ 外国人雇用状況報告、義務化　日本版 US-VISIT 開始
2008年	世界金融危機 → 世界同時不況へ 国連人権規約委員会、最終見解 → 研修制度の改善、難民認定審査における独立 　　　　　　　　　　　　　　　した不服申し立て制度の成立などを勧告 EPA でインドネシアとフィリピンから看護師候補者と介護士候補者を受入れ 雇用対策法改定 → 雇用状況報告制度の義務化
2009年	国籍法改正 → 日比婚外子の帰国可能に／定住・永住資格のフィリピン人増加へ 内閣府に定住外国人施策推進室創設　「留学生30万人計画」 入管法と住民基本台帳法を改正 → 出入国管理情報と在留管理情報の一元管理へ 　　　　　　　　　　　　　（外国人登録法は廃止）
2010年	「第四次出入国管理基本計画」策定 → 高度人材受入れにポイント制度導入へ
2011年	東日本大震災　　被災外国人等の「帰国ラッシュ」が話題に

（渡戸一郎「資料　『多民族化社会・日本』を読み解くための関連年表」（渡戸 2010：277-283）の一部抜粋及び筆者の加筆により作成）

5. 滞日外国人数の現況―2014年12月現在の在留外国人統計より

5-1　出身国別にみた人口動態

　次に、2014年12月末時点での在留外国人統計の結果から、現況を確認する。図表序-2は、2014年末の在留外国人数についての10年間の推移を全国総数とこの年の上位5か国についてまとめたものである。それによれば、リーマンショック前の2005年から2008年にかけて、韓国・朝鮮系を除く各国からの移住者・滞在者の数が軒並み増加しているが（これは小泉政権下の好景気と政策面での「自由化」傾向が「外国人労働力」導入の機運を高めたためと考えられる）、2009年以降は異なる傾向を示していることがわかる。全体として2010年と2011年をピークに滞日外国人数が減少し、ここ数年はやや持ち直しつつある傾向が見て取れる。

　ここで、出身国別にその傾向を確認する。中国系については、リーマンショック直後は増加しているが、2011年末に1万人ほどの人口減少がみられる。これは東日本大震災による「帰国ラッシュ」の影響によるものと想像される。（なお、2012年末の大幅減少は「台湾」国籍をカテゴリーから切り離したことによる集計方法の変更の影響）。

　フィリピン系については、まず2004年から2005年にかけての大幅な減少が目につく。この変化は、先述のようにそれまでのフィリピン系女性の入国に際して少なからず見受けられた「興行」ビザの発給が2005年に大きく抑制されたことの影響と考えられる。これ以降の同国からの移住者・滞在者のトレンドは、「結婚移住」と「研修・技能実習」を主な理由とする入国へと傾向を変えつつ、現在に至るまで漸増している(5)。

　これに加えて注目すべきは、ベトナム系人口の急増である。2004年末の時点で約2万5千人ほどであったベトナム系人口がこの10年でほぼ4倍増の10万人近くにまで増えてきている。ベトナム系については、第1章でも触れるが、インドシナ紛争に起因する難民の受入れによって一定規模の同国人の移

住・滞在が進んだ経緯がある。しかし、ここで確認された近年の増加傾向は、「研修生・技能実習生」というカテゴリーで（実質的には）低賃金労働者として来住した経済的理由による人口増加と考えられる。したがって、第２章で取り上げられる「ベトナム系技能実習生」の地域社会での生活状況の問題が今後さらに重要度を増してくるものと考えられる。

　それに比して、2010年前後からのブラジル系の移住者・滞在者の大幅な減少傾向が顕著であることは特筆に値する。加えて、2000年代までは上位にランクインしていたペルー系の数も同様に減少し続け、2014年12月時点ではベトナム、米国を下回り７位（47,97人、前年より1.3％減）となっている。これまでの移民・エスニシティ研究の分野では、「日系ブラジル人・ペルー人」とその「集住地域」がメインターゲットとされてきた時期があったが[6]、上記のような事情から「非集住地域」に来住するアジア系の人たちのありように目配りをした形での、日本の移民・エスニシティ研究のパースペクティブの再構築が必要となるのではないかと考える。

　なお、韓国・朝鮮系については、リーマンショックや東日本大震災などの変動要因に取り立てて大きな影響を受けることなく減少傾向が続いているが（2011年末に減少幅が大きくなっているのは、東日本大震災時の帰国ラッシュが影響しているものと考えられる）、これについては第３章でも確認されているように、韓国・朝鮮系の人たちの「高齢化」と「帰化」が引き続き進行しているためであり、それによって都市部の在日コリアン住民の「集住地域」でも、コミュニティの危機や高齢者の生活支援の問題が顕在化してきている。「非集住地域」の在日コリアン世界はなおさらのこと、地方部でのコミュニティの存続が一層厳しくなりつつあることを裏付けるデータと言える[7]。

図表 序-2　国籍・地域別在留外国人数の推移（2014年末、総数と上位5か国のみ）*

国籍・地域	2004年末	2005年末	2006年末	2007年末	2008年末
総数	1,863,870	1,906,689	1,989,864	2,069,065	2,144,682
対前年末増減率	-	2.3%	4.4%	4.0%	3.7%
中国 **	470,940	501,960	546,752	593,993	644,265
構成比	25.3%	26.3%	27.5%	28.7%	30.0%
対前年末増減率	-	6.6%	8.9%	8.6%	8.5%
韓国・朝鮮	594,117	586,400	586,782	582,754	580,760
構成比					
対前年末増減率	-	-1.3%	0.1%	-0.7%	-0.3%
フィリピン	178,098	163,890	171,091	182,910	193,426
構成比					
対前年末増減率	-	-8.0%	4.4%	6.9%	5.7%
ブラジル	281,413	298,382	308,703	313,771	309,448
構成比					
対前年末増減率	-	6.0%	3.5%	1.6%	-1.4%
ベトナム	25,061	27,990	31,527	36,131	40,524
構成比					
対前年末増減率	-	11.7%	12.6%	14.6%	12.2%
（参考）台湾 ***					

2009 年末	2010 年末	2011 年末	2012 年末	2013 年末	2014 年末
2,125,571	2,087,261	2,047,349	2,033,656	2,066,445	2,121,831
-0.9%	-1.8%	-1.9%	-0.7%	1.6%	2.7%
670,683	678,391	668,644	652,595	649,078	654,777
31.6%	32.5%	32.7%	32.1%	31.4%	30.9%
4.1%	1.1%	-1.4%	-2.4%	-0.5%	0.9%
571,598	560,799	542,182	530,048	519,740	501,230
-1.6%	-1.9%	*-3.3%*	-2.2%	-1.9%	*-3.6%*
197,971	200,208	203,294	202,985	209,183	217,585
2.3%	1.1%	1.5%	-0.2%	3.1%	4.0%
264,649	228,702	209,265	190,609	181,317	175,410
-14.5%	*-13.6%*	*-8.5%*	*-8.9%*	*-4.9%*	*-3.3%*
40,493	41,354	44,444	52,367	72,256	99,865
-0.1%	2.1%	7.5%	17.8%	38.0%	38.2%
			22,775	33,324	40,197

（法務省ウェブサイトを元に筆者が作成。
http://www.moj.go.jp/content/001140153.pdf　2015 年 3 月 24 日閲覧）

注） *　平成23年末までは，外国人登録者数のうち中長期在留者に該当し得る在留資格をもって在留する者及び特別永住者の数である。
　　　なお，対前年末増減率の数値が網掛けのものは3%以上の増加，イタリックのものは3%以上の減少を示している。
　　** 　平成23年末までの「中国」は台湾を含んだ数である。
　　***　平成24年末以降の「台湾」は，既に国籍・地域欄に「台湾」の記載のある在留カード又は特別永住者証明書の交付を受けた人の数であり，在留カード又は特別永住者証明書の交付を受けていない者は，中国に計上している。

5-2　都道府県別に見た人口動態

　次に、日本国内の外国人移住者・滞在者の地域分布の視点から在留外国人数の推移を検討する。図表序-3 は先ほど見た在留外国人数を都道府県別にみたもので、過去 5 年についての上位 20 都道府県の人数の増減をまとめたものである。

　概況としては、東日本大震災後に減少した在留外国人数が 2013 年、2014 年と再び増加傾向に転じてきている点では、その流れは各地域とも大きくは変わらないが、いわゆる首都圏（東京都とその周辺県）と福岡県、北海道における近年の増加幅の大きさが目につくことと、南米日系人をめぐる先行研究でしばしば取り上げられてきた東海・中部地方の一部（静岡県、長野県など）や滋賀県で引き続き外国人人口が減少していることが同表より見て取れる。こうした傾向から考えられることは、一つには上述のような在留外国人全体に占める南米日系人の人口シェアの減少傾向により、日系人移民の「集住地域」の縮小が継続している点であろう。

　それに比して、増加に転じている首都圏とりわけ北関東の各県では、製造業などの「基幹労働力」が南米出身者グループから上述の中国・フィリピン・ベトナムなどの東・東南アジア諸国の出身者へと振り返られつつあることを示唆する人口推移が見られる(8)。

　また、本書の主な研究対象である「非集住地域」の詳細な動向分析については「その他」の 26 県の状況をつぶさに検討することが不可欠ではあるが（紙幅の理由で割愛）、「非集住地域」の各県の動向については全国的な傾向と大きくは変わらないものであった。以上を総括すると、地域分布で見た際に「非集住地域」の外国人人口が大きく増加しているとまでは言えないものの、「集住地域」の減少傾向と比べれば、全国平均と同様の微増傾向で推移していると言えそうである。

5-3　在留資格別に見た人口動態

　最後に、在留資格ごとの動態をみておきたい。図表序-4より明らかなことは、まず「永住者」および「永住者の配偶者等」のカテゴリーの増加傾向であり、2000年代に来住した外国籍の移住者の滞在期間が延び、そのまま定住する傾向が顕著となってきていることである。「技能実習」カテゴリーの漸増も特筆に値する。「研修・技能実習」の在留資格については制度そのものの変更が非常に入り組んだ形で進められており、統計上の数値を単純に受け取ることはできないが、1990年代から2000年代前半にかけての「主流」であった日系人移民の流入が頭打ちとなり、「研修」あるいは「技能実習」の名目による来住が中心となりつつある傾向を裏付けるものと読んで差し支えなかろう。

　加えて見受けられるのは、「留学」による来住者が東日本大震災と福島の原発事故（とりわけ放射能リスク）に起因するものと思われる減少傾向から大幅増加に転じていることと、「人文知識・国際業務」「投資・経営」「文化活動」などのいわゆる「高度人材」外国人の来住が増えてきていることであろう。両者とも、「留学生30万人計画」や「高度人材ポイント制度」などの諸政策によって政府主導で誘致が進められているカテゴリーであるが、後者の「高度人材」については確かに増加傾向がみられるものの在留外国人数全体の中での占有比率はわずか数％にすぎないことから、期待されたような形で目に見えて増加したと言えるほどのインパクトは持ちえていない(9)。

図表 序-3　主な都道府県別・在留外国人数の推移
（過去5年間、上位20都道府県、2014年現在）*

都道府県	2010年末	2011年末	2012年末	2013年末	2014年末
総数	2,087,261	2,087,261	2,033,656	2,033,656	2,066,445
対前年末増減率	-	-1.9%	-0.7%	1.6%	2.7%
１．東京都	406,397	397,595	397,595	393,585	430,658
構成比	19.5%	19.4%	19.4%	19.7%	20.3%
対前年末増減率	-	-2.2%	-1.0%	3.4%	5.8%
２．大阪府	204,898	204,727	203,288	203,921	204,347
構成比	9.8%	10.0%	10.0%	9.9%	9.6%
対前年末増減率	-	-0.1%	-0.7%	0.3%	0.2%
３．愛知県	200,844	197,949	195,970	197,808	200,673
構成比	9.6%	9.7%	9.6%	9.6%	9.5%
対前年末増減率	-	-1.4%	-1.0%	0.9%	1.4%
４．神奈川県	163,628	162,416	162,142	165,573	171,258
構成比	7.8%	7.9%	8.0%	8.0%	8.1%
対前年末増減率	-	-0.7%	-0.2%	2.1%	3.4%
５．埼玉県	119,147	117,032	117,845	123,294	130,092
構成比	5.7%	5.7%	5.8%	6.0%	6.1%
対前年末増減率	-	-1.8%	0.7%	4.6%	5.5%
６．千葉県	109,261	107,199	105,523	108,848	113,811
構成比	5.2%	5.2%	5.2%	5.3%	5.4%
対前年末増減率	-	-1.9%	-1.6%	3.2%	4.6%
７．兵庫県	99,653	98,026	97,164	96,541	96,530
構成比	4.8%	4.8%	4.8%	4.7%	4.5%
対前年末増減率	-	-1.6%	-0.9%	-0.6%	0.0%
８．静岡県	84,621	81,224	77,353	75,467	75,115
構成比	4.1%	4.0%	3.8%	3.7%	3.5%
対前年末増減率	-	*-4.0%*	*-4.8%*	-2.4%	-0.5%
９．福岡県	52,404	52,305	53,356	56,437	57,696
構成比	2.5%	2.6%	2.6%	2.7%	2.7%
対前年末増減率	-	-0.2%	2.0%	5.8%	2.2%
１０．京都府	52,333	52,294	52,096	52,266	52,213
構成比	2.5%	2.6%	2.6%	2.5%	2.5%
対前年末増減率	-	-0.1%	-0.4%	0.3%	-0.1%

１１．茨城県	51,504	49,987	50,562	51,107	52,009
構成比	2.5%	2.4%	2.5%	2.5%	2.5%
対前年末増減率	-	-2.9%	1.2%	1.1%	1.8%
１２．岐阜県	47,910	46,910	45,878	45,105	45,024
構成比	2.3%	2.3%	2.3%	2.2%	2.1%
対前年末増減率	-	-2.1%	-2.2%	-1.7%	-0.2%
１３．群馬県	41,487	40,949	41,181	42,171	43,978
構成比	2.0%	2.0%	2.0%	2.0%	2.1%
対前年末増減率	-	-1.3%	0.6%	2.4%	**4.3%**
１４．三重県	45,567	44,777	42,879	42,945	42,897
構成比	2.2%	2.2%	2.1%	2.1%	2.0%
対前年末増減率	-	-1.7%	*-4.2%*	0.2%	-0.1%
１５．広島県	39,337	39,028	38,545	38,736	39,842
構成比	1.9%	1.9%	1.9%	1.9%	1.9%
対前年末増減率	-	-0.8%	-1.2%	0.5%	2.9%
１６．栃木県	31,340	30,340	30,087	30,727	32,178
構成比	1.5%	1.5%	1.5%	1.5%	1.5%
対前年末増減率	-	*-3.2%*	-0.8%	2.1%	**4.7%**
１７．長野県	34,341	33,232	31,788	31,003	30,748
構成比	1.6%	1.6%	1.6%	1.6%	1.6%
対前年末増減率	-	*-3.2%*	*-4.3%*	-2.5%	-0.8%
１８．滋賀県	26,187	25,284	24,809	24,712	24,295
構成比	1.3%	1.2%	1.2%	1.2%	1.1%
対前年末増減率	-	*-3.4%*	-1.9%	-0.4%	-1.7%
１９．北海道	22,020	21,878	22,027	22,629	23,534
構成比	1.1%	1.1%	1.1%	1.1%	1.1%
対前年末増減率	-	-0.6%	0.7%	2.7%	**4.0%**
２０．岡山県	22,259	21,041	20,968	20,958	21,270
構成比	1.1%	1.0%	1.0%	1.0%	1.0%
対前年末増減率	-	*-5.5%*	-0.3%	0.0%	1.5%
その他	232,123	223,156	226,610	229,130	233,663
構成比	11.1%	10.9%	11.1%	11.1%	11.0%
対前年末増減率	-	*-3.9%*	1.5%	1.1%	2.0%

(法務省ウェブサイトを元に筆者が作成。http://www.moj.go.jp/content/001140153.pdf　2015年3月24日閲覧)

＊ 平成２３年末までは，外国人登録者数のうち中長期在留者に該当し得る在留資格をもって在留する者及び特別永住者の数である。なお，対前年末増減率の数値が網掛けのものは3%以上の増加，イタリックのものは3%以上の減少を示している。

図表 序-4　在留資格等別・在留外国人数の推移（過去5年間、2014年現在）*

在留資格等	2010年末	2011年末	2012年末	2013年末	2014年末
総数	2,087,261	2,047,349	2,033,656	2,066,445	2,121,831
対前年末増減率	-	-1.9%	-0.7%	1.6%	2.7%
特別永住者	399,106	389,085	381,364	373,221	358,409
構成比	19.1%	19.0%	18.8%	18.1%	16.9%
対前年末増減率	-	-2.5%	-2.0%	-2.1%	*-4.0%*
永住者	565,089	598,440	624,501	655,315	677,019
構成比	27.1%	29.2%	30.7%	31.7%	31.9%
対前年末増減率	-	*5.9%*	*4.4%*	*4.9%*	*3.3%*
留学**	201,511	188,605	180,919	193,073	214,525
構成比	9.7%	9.2%	8.9%	9.3%	10.1%
対前年末増減率	-	*-6.4%*	*-4.1%*	*6.7%*	*11.1%*
技能実習	100,008	141,994	151,477	155,206	167,626
構成比	4.8%	6.9%	7.4%	7.5%	7.9%
対前年末増減率	-	*42.0%*	*6.7%*	*2.5%*	*8.0%*
定住者	194,602	177,983	165,001	160,391	159,596
構成比	9.3%	8.7%	8.1%	7.8%	7.5%
対前年末増減率	-	*-8.5%*	*-7.3%*	-2.8%	-0.5%
日本人の配偶者等	196,248	181,617	162,332	151,156	145,312
構成比	9.4%	8.9%	8.0%	7.3%	6.8%
対前年末増減率	-	*-7.5%*	*-10.6%*	*-6.9%*	*-3.9%*
人文知識・国際業務	68,467	67,854	69,721	72,319	76,902
構成比	3.3%	3.3%	3.4%	3.5%	3.6%
対前年末増減率	-	-0.9%	2.8%	*3.7%*	*6.3%*
技術	46,592	42,634	42,273	43,038	45,892
構成比	2.2%	2.1%	2.1%	2.1%	2.2%
対前年末増減率	-	*-8.5%*	-0.8%	1.8%	6.6%
技能	30,142	31,751	33,863	33,425	33,374
構成比	1.4%	1.6%	1.7%	1.6%	1.6%
対前年末増減率	-	*5.3%*	*6.7%*	-1.3%	-0.2%
特定活動	72,374	22,751	20,159	22,673	28,001
構成比	3.5%	1.1%	1.0%	1.1%	1.3%
対前年末増減率	-	*-68.6%*	*-11.4%*	*12.5%*	*23.5%*
永住者の配偶者等	20,251	21,647	22,946	24,649	27,066
構成比	1.0%	1.1%	1.1%	1.2%	1.3%
対前年末増減率	-	*6.9%*	*6.0%*	*7.4%*	*9.8%*

26

企業内転勤	16,140	14,636	14,867	15,218	15,378
構成比	0.8%	0.7%	0.7%	0.7%	0.7%
対前年末増減率	-	*-9.3%*	1.6%	2.4%	1.1%
投資・経営	10,908	11,778	12,609	13,439	15,184
構成比	0.5%	0.6%	0.6%	0.7%	0.7%
対前年末増減率	-	**8.0%**	**7.1%**	**6.6%**	**13.0%**
教育	10,012	10,106	10,121	10,076	10,141
構成比	0.5%	0.5%	0.5%	0.5%	0.5%
対前年末増減率	-	0.9%	0.1%	-0.4%	0.6%
宗教	4,232	4,106	4,051	4,570	4,528
構成比	0.2%	0.2%	0.2%	0.2%	0.2%
対前年末増減率	-	*-3.0%*	-1.3%	**12.8%**	-0.9%
文化活動	2,637	2,209	2,320	2,379	2,614
構成比	0.1%	0.1%	0.1%	0.1%	0.1%
対前年末増減率	-	*-16.2%*	**5.0%**	2.5%	**9.9%**
興行	9,247	6,265	1,646	1,662	1,967
構成比	0.4%	0.3%	0.1%	0.1%	0.1%
対前年末増減率	-	*-32.2%*	*-73.7%*	1.0%	**18.4%**
研究	2,266	2,103	1,970	1,910	1,841
構成比	0.1%	0.1%	0.1%	0.1%	0.1%
対前年末増減率	-	*-7.2%*	*-6.3%*	*-3.0%*	*-3.6%*
研修	9,343	3,388	1,804	1,501	1,427
構成比	0.4%	0.2%	0.1%	0.1%	0.1%
対前年末増減率	-	*-63.7%*	*-46.8%*	*-16.8%*	*-4.9%*
その他	1,171	1,179	1,232	1,334	1,472
構成比	0.1%	0.1%	0.1%	0.1%	0.1%
対前年末増減率	-	0.7%	**4.5%**	**8.3%**	**10.3%**

(法務省ウェブサイトを元に筆者が作成。http://www.moj.go.jp/content/001140153.pdf　2015年3月24日閲覧)

注）*　平成23年末までは，外国人登録者数のうち中長期在留者に該当し得る在留資格をもって在留する者及び特別永住者の数である。なお，対前年末増減率の数値が網掛けのものは3%以上の増加，イタリックのものは3%以上の減少を示している。
　　**　留学は、「留学」と「就学」の合計である。

6．本書の構成

　本書は、外国人移住者・滞在者が「非集住地域」においてどのような生活課題を抱えているか、それに対してホスト社会の側がどのように対処しているか（あるいは対処できずにいるか）、そして異国の地での交友や困りごとへの対応等に際してどこでどのような人々とつながり、どのような集団やセクターがその結節点やセーフティーネットとして機能しているかについて、3名の共著者のフィールドワークの成果に基づいて例証し、現時点で十分に展開されていない「非集住地域」における外国人移住者・滞在者を取り扱う際の研究課題とパースペクティブを提示することにある。以下、本書の構成について章ごとに概説する。

　第1章では、「非集住地域」において希少な結節点のひとつとして位置づけられるカトリック教会を中心に取り扱う。カトリック教会は、バチカンの法王庁（教皇庁）を頂点とするグローバルなネットワークを持ち、有事には全世界からの物的・人的・金銭的な支援を調達できるとともに、各国の地方部において比較的小さな規模の市町村においても小教区（教会）を有することで、とりわけ「非集住地域」においてもその活動拠点となり得る組織や場所を恒常的に有しているという利点がある。この章では、外国人信徒の日常的な集まりのようすとともに、災害時には外国人信徒のみならず被災地域への中長期的な支援主体として「頼りになる」存在となっている現状が示される。

　第2章では、ベトナム人研修生・技能実習生を取り上げ、その現状と生活課題を概説するとともに、とりわけ、彼ら・彼女らを対象とする日本語学習支援活動に注目する。それを通じて、研修生・技能実習生制度の課題について多角的な視点から検証し、「非集住地域」の「構成員」としての彼ら・彼女らの存在、そして日本での生活をサポートし、地元住民との接点ともなっている地域の日本語教室の重要性が論じられる

　第3章では、「非集住地域」における「オールドタイマー」の滞日外国人である、四国の在日コリアンの人々をとりあげる。都市部に形成される在日コリアンのエスニック・エリアとは異なり、同胞を支えたりエスニック・アイデンティティを涵養したりするための社会的資源に事欠く地方の在日コリアン住民にとって、

民族学校の存在は単に子どもたちの教育のみにとどまらず、生活全般に関わる社会的・文化的結節点としても機能する貴重な場であるが、その運営・維持は大変な努力を必要とするものであった。本章では、四国地方の在日コリアン・コミュニティの変遷と、四国唯一の民族学校をめぐる人々の思いや協働のありようを詳細に追いながら、「非集住地域」における在日コリアン・コミュニティの現状と課題、そして日本人住民とのかかわりを踏まえた今後の展開について明らかにする。本章での叙述は、「非集住地域」でマイノリティとして生き抜いてきた人々の生き様についての証言の記録集であると同時に、戦前・戦後から現在に至る愛媛県松山市の歴史や地勢を在日コリアンの人たちの視点や語りから新たな光を当てる貴重な「郷土史」的な側面も併せ持っている。

　事例研究を中心とした以上の各章を受けて、第4章では「非集住地域」における移民・エスニシティ研究のありかたについて、その論点を先取りしている2つの研究領域、すなわち地方の中山間地域や農村社会にやって来た国際結婚移住女性（「ムラの国際結婚」）を扱った一連の研究と、東日本大震災の被災地域（とりわけ岩手・宮城・福島の東北3県）を中心とした被災外国人をめぐる諸論考を検討する。その際にとりわけ重要な先行研究として、「集住地域」を念頭に置いた分析視角では十分に捉えられないような「非集住地域」の特性について明示している大村昌枝の論考と武田里子の著作をとりあげる。

　また、第4章の補説として「非集住地域」の外国人住民をめぐる研究の分析視角の妥当性にもかかわる東日本大震災の被災地域における多文化状況についての言説を取り上げる。とりわけ、第4章で論拠となった議論に対して批判的な立場から論評を行っている金明秀の論考を検証し、本書の考察によって得られた知見をもとに応答を試みることで、「非集住地域」研究の今後の展開を占ってみたい。

　　　注
　（1）こうした「遷移地帯」におけるマルチ・エスニックな地域状況を描出したモノグラフの一つとして、ゾーボーの『ゴールド・コーストとスラム』（Zorbaug1976=1997）を挙げることができる。こうした初期シカゴ学派の都市社会学の問題意識や人種・民族関係に関する研究成果とその意義については、中野・宝月編（2003）を参照のこと。
　（2）この「非集住地域」というワードは、特定のエスニック集団あるいは外国出身者が集まって暮らしている地域ではない地域、という意味ではある種の「残余

カテゴリー」である。つまり、外国人住民が「集団」を成していないという一点の共通性のみで括られたカテゴリーであるため、各地域の特徴の違いによってさまざまな地域特性のバリエーションを考慮に入れながら概念構築（場合によっては表記変更）を今後行っていく必要がある。
（3）ムラの国際化については第4章にて研究史などの振り返りを行うが、山形県朝日町については柳（2014）、新潟県南魚沼市については武田（2011）を参照。
（4）研修・技能実習制度については本書第2章でも詳述されるところであるが、先行研究として上林（2015）などを参照されたい。
（5）これに加えて、日比間の国際児などによる新日系フィリピン人の動向について注視が必要である。これまでは永住資格を取るかEPA制度の利用でしか道筋がなかった介護現場への外国人の直接雇用が、南米日系人と同じく雇用先の選択の自由が認められた新日系フィリピン人とその家族においてその道が開かれる。このことは、極度の人材不足に悩む介護施設等の現場における人材確保にあたっての選択肢の一つに入ってくることになるし、とりわけそのニーズがひっ迫した形で表れている地方や中山間地域へ「介護労働者」としてこのカテゴリーの人たちが来日するケースも目立ち始めており、「非集住地域」に来住・就労する外国人移住者・滞在者の新しいパターンとして今後広がっていくものと予想される。この新日系フィリピン人の概況については橋本（2014）を参照。また、高畑（2015）では地方の介護現場に就労したケースについて詳述されている。
（6）現時点における日系ブラジル人・ペルー人研究の照準は、リーマンショック後の大量帰国とその後も続く在留人口の減少傾向をどう説明するかに移っているように思われる。近年の南米日系人労働者の減少傾向をめぐる考察としては樋口（2010）、丹野（2011）を参照。
（7）「非集住地域」に暮らす在日コリアン住民に関する先行研究は決して多くはないが、本書第3章と同様に中四国地方でのオールドタイマーの在日コリアン・コミュニティの経緯を扱ったものとして、川端浩平による岡山市・倉敷市を扱った論考がある（川端2010）。また、「ムラの国際結婚」として来日してくる韓国からの移住女性の置かれた諸状況については柳（2014）において詳述されている。
（8）製造業の現場における日系ブラジル人・ペルー人からアジア系技能実習生への切り替えの傾向については、丹野（2011）でも示唆されている。また、リーマンショック後の不況で仕事にあぶれた日系人たちが名古屋の歓楽街に流入し、フィリピン・パブの集積地での呼び込み仕事でフィリピン系男性との競合が起こったという事例も興味深い（高畑2011）。
（9）高度人材受入れの制度やその効果については、明石（2010b）および大石（2014）を参照。この「高度人材」の"捕まえづらさ"についてのユニークな論考として、Z・バウマンの「可動性（モビリティ）」に関する論考をベースにして東日本大震災後の外国人移住者・滞在者の軌跡を論じた五十嵐（2012）が実に興味深い。

参考文献

明石純一、2010a、『入国管理政策―「1990年体制」の成立と展開――』ナカニシヤ出版
――、2010b、「外国人『高度人材』の誘致をめぐる期待と現実―日本の事例分析」五十嵐泰正編『労働再審② 越境する労働と＜移民＞』大月書店、51-78
橋本直子、2014、「新日系フィリピン人の現状―日比の比較を通して」、吉原和男編『現代における人の国際移動―アジアの中の日本』慶應義塾大学出版会、231-246
樋口直人、2010、「経済危機と在日ブラジル人―何が大量失業・帰国をもたらしたのか」、『大原社会問題研究所雑誌』No.622、50-66
五十嵐泰正、2012、「『『土地に縛り付けられている人々』と『旅行者』―震災があらわにした可動性という分断線」駒井洋監修・鈴木江理子編著『移民ディアスポラ研究2 東日本大震災と外国人移住者たち』明石書店、75-88
広田康夫、2006、「分野別研究動向（移民研究）」、『社会学評論』Vol.57, No.3, 651-660
梶田孝道・丹野清人・樋口直人、2005、『顔の見えない定住化―日系ブラジル人と国家・市場・移民ネットワーク』名古屋大学出版会
上林千恵子、2015、『外国人労働者受け入れと日本社会―技能実習制度の展開とジレンマ』東京大学出版会
川端浩平、2010、「岡山在日物語―地方都市で生活する在日三世の恋愛・結婚をめぐる経験から」岩淵功一編著『多文化社会の＜文化＞を問う』青弓社、116-145
小内透・酒井恵真、2001、『日系ブラジル人の定住化と地域社会―群馬県太田・大泉区を事例として』御茶ノ水書房
中野正大・宝月誠編、2003、『シカゴ学派の社会学』世界思想社
大石奈々、2014、「高度人材はなぜ来ないか」『別冊 環⑳ なぜ今、移民問題か』藤原書店、126-131
大久保武、2005、『日系人の労働市場とエスニシティ―地方工業都市に就労する日系ブラジル人』御茶ノ水書房
Sassen, Saskia, 2001, The Global City, Princeton University Press（伊豫谷登士翁監訳『グローバル・シティ』、筑摩書房、2008年）
高野祥子、2007、「知りあい、認め合うことで地域をエンパワーメント―大泉国際教育技術普及センターの取り組み」、毛受敏浩・鈴木江理子編著『「多文化パワー社会」―多文化共生を超えて』明石書店、106-118
高畑幸、2011、「興行から介護へ―在日フィリピン人、日系人、そして第二世代への経済危機の影響」、駒井洋監修・明石純一編著『移民・ディアスポラ研究1 移住労働と世界的経済危機』明石書店、107-121
――、2014、「過疎地・地方都市で働く外国人介護者―経済連携協定によるフィリピン人介護福祉士候補者49人の追跡調査から」『日本都市社会学会年報』第32号、日本都市社会学会、133-148
――、2015、「人口減少地域におけるフィリピン人結婚移民と新日系人の定住」『国際関係・

比較文化研究』第 13 巻第 2 号、静岡県立大学国際関係学部、1-19
武田里子、2011、『ムラの国際結婚再考―結婚移住女性と農村の社会変容』めこん
丹野清人、2011、「グローバル化時代の働き方を考える―ジェットコースター賃金と『生き
　　　づらさ』の構造―」、西澤晃彦編『労働再審④　周縁労働力の移動と編成』大月書店、
　　　43-72
山口孝子、2007、「過疎の農村を甦らせた外国人花嫁」、毛受敏浩・鈴木江理子編著『「多文
　　　化パワー社会」―多文化共生を超えて』明石書店、88-105
柳蓮淑、2013、「『ムラの国際化』再考―山形県在住の韓国人妻の事例から」吉原和男編著『現
　　　代における人の国際移動―アジアの中の日本』慶應義塾大学出版会、p.181-205
渡戸一郎・井沢泰樹編、2010、『多民族社会・日本―＜多文化共生＞の社会的リアリティを
　　　問い直す』明石書店
Zorbaugh,H..W.,1976,The Gold Coast and Slum: Sociological Survey of Chicago's Near North
　　　Side ,University of Chicago Press（吉原直樹・桑原司・奥田憲昭・高橋早苗訳『ゴールド・
　　　コーストとスラム』ハーベスト社、1997）

第 1 章

「非集住地域」における外国人支援セクターとしての
カトリック教会

徳田　剛

1. はじめに

　海外からやってきて日本に滞在・定住する者の数は、2008年のリーマンショック後の不況や2011年の東日本大震災後の帰国ラッシュの影響で一時減少はしたものの、依然として相当数にのぼっており、2014年末現在の在留外国人数は212万1831人（前年より2.7％増加）を数えている（法務省調べ）。こうした人々の存在は、製造業の下請け部門や農漁業などの基幹労働力としてもはや日本社会にはなくてはならないものとなっており、国や各自治体においても「多文化共生」等の理念を掲げ各地でそれなりの努力が進められてはいるものの、実際のところでは入国や在留資格、職場や家庭、地域社会での処遇など様々な面で取り組むべき課題は多い。こうした懸案は、地震や津波、台風・集中豪雨などの激甚災害下においてはさらに大きな問題となってくる。

　ただし、序章でふれたように日本社会に暮らす外国人住民が「集住地域」に暮らしているのか、それとも「非集住地域」で暮らしているかによって、その生活課題の内容や課題解決のためのセーフティネット（とりわけ同胞や日本人の友人・知人、同郷団体、外国人支援の市民団体等とのつながり）のあり方も異なった形となってくる。例えば、製造業が集積している北関東・東海・中部などに見られる外国人住民の「集住地域」においては、人口の一定割合を占める外国人住民に対応すべく行政や地元の地域住民組織（町内会等）による受け

入れ態勢の整備、市民団体等による支援活動、および移住者たち自らによるエスニック・コミュニティや自助組織の形成などがしばしば行われる。しかし、外国人住民が少数であるような「非集住地域」においては、そうした日本社会側の受け入れ・支援体制や、同じエスニック集団による相互扶助ネットワークの形成が不十分であることが多く、外国から来た移住者が個人・家族の単位で孤立してしまう状況が生まれやすい。

そうした地域において、彼ら・彼女らが困った時に訪れたり頼ったりすることができる場所のひとつとして、祖国で信仰していたのと同じ宗教教団が設立した地域拠点（寺院、教会、集会施設など）を挙げることができる。これらの場所は、外国からの移住者・滞在者にとって自らの文化的・宗教的アイデンティティを保ちながら新しい社会生活へとスムーズに適応する上での重要な生活拠点のひとつとなりうるし、（四国地方のような）外国人住民の数が特に少ない地域においてはなおさらその希少価値は高いものとなる。本稿で取り上げるカトリック教会は、そのひとつとして位置づけることが可能である。

本章では、まずカトリック教会による外国人支援活動の経過について概観したのち、愛媛県内のいくつかの教会で実施されている英語ミサのようすとそこに集う外国人信徒（その多くはフィリピン系の移住者・滞在者である）の意識やライフスタイル、宗教生活等について、筆者による参与観察と質問紙調査の結果を踏まえつつ考察する。次に、外国からの移住者・滞在者の「非集住地域」を襲った激甚災害といえる東日本大震災の被災地に対する、カトリック教会の支援活動をとりあげる。そこでは、カトリック教会のもつ「強み」を活かす形で展開された、初期支援期における「教区分担制」による支援活動の展開と、2011年4月以降に展開された首都圏在住のフィリピン系コミュニティによる同胞支援とそれへのカトリック教会の間接支援などを取り上げる。最後に、これらの考察を踏まえて「非集住地域」における外国人支援セクターとしてのカトリック教会について、その存在意義と課題について検討したい。

2. カトリック教会による外国人支援活動の歴史

2-1　外国人住民の支援セクターとしてのカトリック教会の活動の歴史

　ここではまず、「外国人支援セクター」としてのカトリック教会の特長について確認したうえで、その活動の歴史を追う。カトリック教会を社会的活動の担い手としてみた場合、その特色の一つとして、世界中の国・地域に教団および振興拠点である教会（小教区）を大都市圏のみならず各地方の小都市レベルにまで配置しており、カトリック信徒がどこの国や地域に移住をしても、比較的近いエリア内で信仰の場を確保しやすいことが挙げられる。二点目としては、カトリック教会による布教（宣教）活動や司牧を支える司祭やシスター、神学生などが時には国境を超えて移動するなどグローバルなレベルでの人材交流が盛んに行われているため、さまざまな言語による外国人信徒へのサポートや外国語を用いたミサ等で信仰の機会が提供されやすいことがある。そして三点目には、「国際カリタス」をはじめとするカトリック教会の社会活動（とりわけ社会的弱者の支援）が活発に行われてきており、災害や経済危機などの事態に際しては、これらの活動経験を生かしたさまざまな支援活動が展開可能であることなどが挙げられる。以下においては、カトリック教会による滞日外国人支援の歴史を振り返り、その活動の特色を確認しておきたい。

　カトリック教会による外国人支援活動の歴史は長く[1]、1970年代のインドシナ難民の定住化支援にさかのぼることができる。谷らによれば、1975年6月にカリタスジャパン（社会福祉活動や国内外の災害援助・開発援助を行う日本のカトリック教会の委員会組織）がインドシナ難民の引き受けを政府に先立って開始し、教会の施設を住居として提供し、定住化センターを出た人々の生活支援・日本語学習支援・子女の学習支援などを行ってきたという（谷ほか2008：133）。

　そして1980年代になると、出稼ぎや国際結婚などの目的で来日したフィリピン系の人々への支援活動が展開された。当時フィリピンからは、エンターテイナー（興行）の資格によって多くの女性が来日したが、受け入れ先の職場で

のトラブルなどが頻発した (2)。また、日本滞在時に配偶者を見つけて結婚した人や、日本の地方部の自治体などが募集した「農村花嫁」の募集に応じて日本人と結婚し日本に定住するようになったフィリピン人女性も増加したが、配偶者や日本人家族とのトラブルや人権侵害の事例が多くみられた。こうした中で日本のカトリック教会は、フィリピン司教団の要請（1984 年）を受けてフィリピン人女性の人権救済と生活支援活動に乗り出し、カトリック国際協力委員会内に設立された「滞日アジア女性と連帯する会」（後に「滞日外国人と連帯する会」に改称）がこの課題に取り組んでいった。

　1990 年代には、入管法改正に伴って南米からの日系移民を中心に海外からの移住者が急増しているが、その中にも多くのカトリック信徒が含まれていたため、（とりわけ「集住地域」に位置する）各教会に通う外国籍の信徒の数が急増した。こうした情勢を受けて「国籍を超えた神の国をめざして」というメッセージが 1992 年に発表され、教会の多文化化および外国人信徒への積極的な支援を推奨した。上記のような活動は、現在では「日本カトリック難民移住移動者委員会」において継続的に取り組まれている（谷ほか 2008：34）。

　このような外国からの移住者支援の中で、近年において喫緊の課題として取り組まれたのは、主に北関東・東海・中部などの製造業が集中するエリアで展開された、2008 年のリーマンショック以降の不況下で大量解雇された非正規の外国人労働者の支援活動であろう。白羽瀬と高橋は、2008 年から 2009 年にかけて主に日系ブラジル人を対象とした大規模支援活動を行ったカトリック浜松教会の例を紹介している。そこでは、失業等により困窮した外国人住民に対する生活物資の支給、移住者の子女の教育支援、生活保護受給や帰国ほか事務手続き等に関する相談業務が、行政の対応がある程度整うまでの間、カトリック教会の関係者および信徒によって大規模かつ継続的に実施されたという（白波瀬・高橋 2012：69-74）。

　また、ここ数十年の間に日本の各地を襲っている大災害下でのカトリック教会による外国人住民支援の活動についても触れておかなければならない。1995 年の阪神・淡路大震災は、戦前の関東大震災以降では最大規模の都市直下型地震による災害であり、とりわけ阪神間の市街地に広がる中小工場や商店街が多く集積するエリアに火災や倒壊による甚大な被害をもたらし、そこに住

む多くの外国人住民が被災した。そうした地域のひとつ、神戸市長田区に位置するカトリックたかとり教会は、震災前から教会に通っていたベトナム人信徒の支援を行うとともに、各地から集まってきた災害ボランティアの活動拠点となり、その後の長きにわたる地域復興の過程において重要な役割を果たしている。このたかとり教会を拠点に活動していた多言語コミュニティ FM 放送局「FM わぃわぃ」や「多言語センター FACIL」などの市民団体は 2000 年に「たかとりコミュニティセンター」を設立し、同地域の多文化共生のまちづくりのために様々な試みを行っていった。同時にこれらの団体は、他の地域で大きな災害が起こった際、被災地に点在する外国人住民に自らの言語で必要な情報や安らぎを届けるべく、多言語によるラジオ放送やインターネットを通じた情報提供を行うためのハード面の支援やコンテンツの提供なども行っている[3]。

そして、2011 年 3 月 11 日の東日本大震災では、関東・東北地方の太平洋岸を中心にきわめて広域にわたる災害被害が発生し、そこに暮らす外国人住民も多く被災した。この時のカトリック教会の対応は、第 5 節でみるように被災地域のカトリック教会のいくつかを被災者支援および復興活動の拠点としてベースキャンプ化し、それらを全国の各教区と社会活動部門や外国人支援セクター等が後方から支援し、援助物資や人的なサポートを行っていくものであり、カトリック教会はこれらの地域における支援セクターのひとつとして大規模かつ組織的な支援活動を展開している[4]。

このように、日本のカトリック教会は、外国人信徒が何らかの危機的な状況に直面した際には、国内の教会のネットワークを生かしながら様々な支援活動を展開してきた。そして、平常時においては、日本語あるいは外国語によるミサを開催し、日本人や同じ国・地域の信徒たちとの交流の場を提供し、時には生活上の悩みやトラブルに関する相談・支援活動などを行ってきた。こうしたカトリック教会の活動は、とりわけ外国人住民への支援体制が十分とは言えない「非集住地域」においては極めて希少な「ソーシャル・キャピタル」（白波瀬・高橋:20）のひとつとして機能してきたと言ってよいであろう。

2-2　カトリック教会による外国人支援活動の活動理念と組織形成

　カトリック教会がこうして外国人支援活動に注力し続けてきた背景には、イエス・キリストの説いた教えやその実践に基づく「(社会的) 弱者に寄り添う」という行動指針があると言えるだろう。山田經三はキリスト教における社会実践の元となっている行動目標を「社会の福音化」と呼び、その要諦は「キリストの視点から社会を見ること」、とりわけ「常に自ら社会のもっとも弱い立場におかれている人々、不正義によってしいたげられている人々のところに身をおき、その立場から問題を見ること」にあると述べる (山田 1999:171)。敗戦直後には、カトリック教会による救貧活動や高齢者・障害者等への支援活動が長年にわたって行われており、上記のような滞日外国人支援はそうした活動の蓄積の上に実施されたものと言えるだろう。このような社会的弱者へのまなざしや支援実践への志向性は、例えば 1962 年から 65 年にかけて当時の教皇であるヨハネ 23 世の呼びかけに応じて開かれた「第二ヴァチカン公会議」の公文書「現代世界憲章」でも強調されている (山田 1999：219-222)。こうした現場での実践や社会問題への解決に向けた努力が、その後の時代にいっそう顕著となった国際化・グローバル化に伴い、各地で増加していった滞日外国人 (とりわけ、家庭内などでの人権侵害にさらされやすい国際結婚移住者、劣悪な労働環境におかれたエンターテイナーとして来日したフィリピン人女性や研修生・技能実習生など) への積極的な支援活動の基盤となったと言えよう。

　次に、外国人支援等の活動を担うカトリック教会の組織内部の専門的なセクションについて見ておきたい。まず、カトリック教会による社会的な支援活動全般を担う組織として、カリタスジャパンを挙げることができる。この組織は日本カトリック司教協議会の委員会の一つであると同時に、各国カリタスの連盟である国際カリタスの一員という位置づけをもつ。国際カリタスとは、1951 年に当時の教皇ピオ 12 世によって認可された国際ＮＧＯ組織で、日本では 1948 年に発足した日本カリタス会が母体となって 1970 年に発足したカリタスジャパンが国内外の援助活動や啓発活動に取り組んでおり、東日本大震災などの激甚災害に対する支援活動においても中心的な役割を果たしている (カリタスジャパン編 2014)。

また、対象地域内に多くの外国人信徒を抱えるところでは、それぞれの教区内に外国人支援セクターを設けているところもあり、1990年に東京大司教区内に設立された「カトリック東京国際センター（以下CTIC）」はそのうちのひとつである。このセンターは、現在は東京都品川区のカトリック目黒教会の敷地内にあり、海外からの移住者や難民、そして急増していた外国人労働者の人たちへの支援を主目的とし、教会ごとに対応していた外国人への司牧と生活面でのケアを引き受け、専従スタッフや外国語の可能な司祭やシスターによるサポートを行ってきた(5)。このセンターの主要な業務は、1）労働・生活・ビザなどの一時滞在の外国人向けの相談業務（結婚・離婚の手続き業務や高齢となった外国人・移住者の生活・医療・福祉面での支援も含む）、2）成田空港で日本に入国できずに収監されている難民の支援（日用品の世話、相談、心のケアなど）、3）キリスト教の信仰面でのサポート（新婚のフィリピン人と日本人のカップルへの指導、小さい子どもを抱えた母親への信仰面の支援、思春期を迎えアイデンティティ・クライシスに陥りがちなティーンエイジャーのサポートなど）、4）エスニック・コミュニティのリーダー養成といったことが挙げられる（CTICスタッフへのインタビューより、2013年10月9日、CTIC内にて実施）。

　以上において、平常時からの日本のカトリック教会および各教区の信徒たちによる活動の概況を整理した。本節でみてきたようにカトリック教会は、その堅固な組織体制とバチカン（ローマ教皇庁）を頂点として世界各国をたばねるグローバルなネットワークを有しており、それと同時に日本国内はもとより、世界各国において主要都市のみならず中小都市にも活動拠点としての教会（小教区）を配置している。各地域にある教会は、地域在住のカトリック信者への司牧を日常的に行いながらも、地域に常設された施設・組織としてその存在と活動が地元社会に認知されている存在である。そして、当該地域が災害に見舞われると、被災地域内にある各教会は、被災者の一時避難場所、支援物資の集積場、情報の収集と発信の拠点、ボランティアの受け入れ拠点の設置などの被災地支援の拠点としてすぐさま活動を始めることができる。とりわけ「非集住地域」においてはこのように平静時より地域在住の外国人が出入りしているような場所は他に存在しないことが多く、災害時や経済危機など非常時においては、重要な外国人支援の拠点となるのである。

3. 愛媛県のカトリック教会における英語ミサを通じた外国人信徒の交流

3-1 愛媛県の外国人移住者・滞在者の概況

　本節では、「非集住地域」における外国人住民間のネットワークの一例として、愛媛県のカトリック教会に集まる外国人信徒のようすについて概観する。ここではまず、愛媛県内の外国人住民の人数と分布について確認しておく。

　図表1-1は2014年末時点での各都道府県の外国人登録者数を人数順に並べたものである。それによれば、四国4県における外国人登録者数は、愛媛県9,290人（33位）、香川県8,946人（34位）、徳島県4,992人（41位）と続き、高知県は3,565人で最も少ない。このように四国地方は全国的に見ても外国人住民の数が少ない地域ということができる。

　また図表1-2は、愛媛県および県内の自治体における外国人住民の登録者数および出身地別内訳である。それによれば、県内において松山市と今治市の外国人登録者数が多く、他の都市は1000人以下にとどまっている。出身地別にみると、県全体では中国系が最も多く、朝鮮・韓国系、フィリピン系と続く。ちなみに、日本全体の外国人登録者数を出身地別にみると、2014年末の時点で1位中国（654,777人）、2位朝鮮・韓国（501,230人）、3位フィリピン（217,585人）、4位ブラジル（175,410人）、5位ベトナム（99,875人）とあり、東アジアに次いで南米出身者が上位に入っている（総務省調べ）。これと比較すると、愛媛県の場合は東アジア（中国、朝鮮・韓国）と東南アジア（フィリピン・ベトナムなど）の出身者が特に多くを占めており、全国では4位に入っているブラジルなど南米出身者の割合が少ないことがわかる。

　その結果、愛媛県のカトリック教会と関係を深めてゆき、参加人数のうち多くを占めるようになるのはフィリピンからの移住者ということになる。高畑の指摘によれば、フィリピン本国においても国民の8割以上がカトリック教徒であり、日常生活における教会との結びつきが強いため、日本においてもフィリピン系住民の生活・活動の拠点は自然とカトリック教会が中心となることが

多いという（高畑 2011：156-157）。カトリック教会の定めでは、居住地を移転した場合には、当地に 3 か月以上滞在する時はそこにあるカトリック教会へと転入することになっていることから（谷 2008：12）、敬虔なカトリック教徒の多いフィリピン系信徒の割合が移住先の教会において自然と増加することになるわけである。

　次に、愛媛県内の 3 つの教会における外国語でのミサの実施状況、およびフィリピン系信徒を中心とした外国人住民の交流のようすについて確認する。なお、以下の事例報告は、筆者が 2012 年 7 月〜 8 月と 2013 年 5 月と 9 月に行った、松山・今治・伯方島・宇和島のそれぞれの様子に関する各教会関係者からの聞き取り調査（面接あるいは電話による）に基づくものである。

図表 1-1　都道府県別外国人登録者数（2014 年 12 月、総務省調べ）

1	東京	430,658	25	山口	13,219
2	大阪	204,347	26	福井	11,719
3	愛知	200,673	27	沖縄	11,229
4	神奈川	171,258	28	奈良	11,081
5	埼玉	130,092	29	石川	10,978
6	千葉	113,811	30	福島	10,249
7	兵庫	96,530	31	大分	10,234
8	静岡	75,115	32	熊本	10,079
9	福岡	57,696	33	愛媛	9,290
10	京都	52,213	34	香川	8,946
11	茨城	52,009	35	長崎	8,295
12	岐阜	45,024	36	鹿児島	6,733
13	群馬	43,978	37	山形	6,131
14	三重	42,897	38	島根	5,988
15	広島	39,842	39	和歌山	5,934
16	栃木	32,178	40	岩手	5,697
17	長野	30,748	41	徳島	4,992
18	滋賀	24,295	42	宮崎	4,414
19	北海道	23,534	43	佐賀	4,401
20	岡山	21,270	44	青森	4,041
21	宮城	16,274	45	鳥取	3,849
22	山梨	13,990	46	秋田	3,622
23	新潟	13,475	47	高知	3,565
24	富山	13,345		未定・不詳	1,893
				総数	2,121,831

図表 1-2　愛媛県および県内各市町（登録者数の上位 8 位まで）の出身地別外国人登録者数

市区町村	総数	中国	台湾	韓国・朝鮮	フィリピン	ブラジル	ベトナム	ペルー	米国	その他
松山市	2,825	980	58	724	195	5	196	6	79	582
今治市	2,108	1,344	6	91	360	51	126	1	18	111
新居浜市	883	245	20	269	103	88	40	10	7	101
西条市	869	530	3	48	61	34	84	14	6	89
四国中央市	608	387	1	42	61	7	48	5	16	41
宇和島市	372	159	1	37	87	-	62	-	8	18
越智郡上島町	264	103	-	2	38	7	51	-	2	61
西予市	252	146	-	18	33	2	27	-	7	19
愛媛県全体	9,290	4,355	92	1379	1069	195	813	37	177	1173

3-2　愛媛県内のカトリック教会における英語ミサの実施状況

3-2-1 カトリック松山教会

　カトリック松山教会では、25 年ほど前から英語のミサが開催されている。当初は月 2 回、第 1・第 3 日曜日に英語のミサがあり、たくさんの在日フィリピン人がこちらの教会に来ていた。その後、参加人数が減ってしまいさびしい時期もあったが、今年度（平成 24 年度）より新しくスペイン人の神父が赴任し、毎週日曜日の午後に英語ミサを行うこととなり、集まってくる人も増えた。よく参加しているメンバーには、日本人と結婚してこちらに定住している人が多く、教会に通っている期間もかなり長い。他には、松山の大学に来ているフィリピンからの留学生や、数

図表 1-3　復活祭の英語ミサの開始前のようす
　　　　（2014 年 4 月、筆者撮影、カトリック松山教会）

図表 1-4　復活祭の英語ミサ後のパーティー
（2014 年 4 月、筆者撮影、カトリック松山教会）

は少ないが EPA（経済パートナーシップ協定）に基づいて来日している看護学生(4)もいる（フィリピン人信徒のまとめ役をされているRさんより面接での聞き取り、2012 年 7 月 28 日）。

　筆者も 7 月 28 日のミサに同席させていただいた。開催は午後 3 時からのスタートで、参加者はおおよそ 30 名くらい（普段のミサの参加者もだいたい 20 〜 30 人程度とのこと）。参加していたのは、フィリピン系の方とその家族が多く、子どもの参加も多くみられた。ミサの内容は英語による祈りの歌唱、神父による説教、ギター伴奏による聖歌の合唱など。ミサの遂行にあたっては、フィリピン人シスター・Cさんやまとめ役のRさんが適宜サポートをしていた。ミサの後に小さなパーティーが開かれた。フィリピンの料理やデザートなどが持ち寄られ、ミサ参加者が談笑する様子が見られた（図表 1-3 および 1-4）。

　このミサにも参加していたシスターのCさんは、フィリピン時代の既知である現在の英語ミサ担当の神父からの依頼もあり、月に数回ミサに参加し、ギターによる讃美歌の伴奏やミサに参加する信徒のお世話をしている。参加時には、フィリピン人の信徒の方から悩みを打ち明けられ相談に乗ったりすることもあるという。相談の内容としては、配偶者とその家族とのコミュニケーションや、家庭生活と信仰の両立の難しさ（日曜日のミサに参加しづらいなど）などが多い（電話での聞き取りによる、2012 年 9 月 5 日）。

3-2-2 カトリック今治教会

　今治教会の英語ミサ立ち上げ期に青年部に所属していたY氏によれば、以前

から教会にフィリピン系の人が来ており、人数も増えてきたので英語でのミサをやろうという意見が今治教会の青年部を中心に上がった、という。フィリピン系の信者からも、できれば英語でやってほしいとの声が以前からあった。ただ、実現に至る過程ではいくつかの反対意見が寄せられていた。教会の内部からは、敷地内には幼稚園もあるので外国人が増えるのは好ましくない、といった英語ミサに対する慎重な意見が、教会の日本人信徒や幼稚園の母親たちから上がっていた。また、地元の仏教寺院の関係者からは「英語でミサをすると地域に外国人が増えるので困る、日本に来ているのだからミサも日本語でやるべき」といった意見を強い口調で述べる人もいたという。こうした中、約10年前に外国人の神父がカトリック今治教会に赴任し、英語ミサをやろうと断を下したことで実現の運びとなった。

　現在の今治教会での英語ミサは、今治教会では第1日曜日の11時30分から開催されている。筆者も数回参加しているが人数は20名から30名くらいで、松山教会の英語ミサと比べてフィリピン系の若年男性の数がやや多い印象であった。この地域には、電機メーカー、造船会社などがあることから、そこで従業員として働いている在日フィリピン人（その多くは技能実習生）がミサに参加している。ただ、今治教会での英語ミサは月1回であるのと、技能実習生は滞在期間が3年以内であることから、メンバーの入れ替わりは激しい、という。

3-2-3 伯方島での出張英語ミサ

　筆者は、2014年3月と5月に開催された出張英語ミサに同行し、参加者からお話をうかがった。この出張英語ミサの開催場所は愛媛県今治市伯方町（伯方島）にある造船会社の社員寮の食堂であり、ミサの参加者はおおよそ20～30名ほどで、そのほとんどは寮に暮らしながら造船所で働く若いフィリピン人男性たちであった（図表1-5）。ミサの後は他の教会と同様、持ち寄りの手料理で食事をしながら歓談が行われた。何人かのミサ参加者から話をうかがったところ、（次節の質問紙調査でも明らかとなるが）ここにいる若いフィリピン系男性たちは造船会社で主に溶接工として働く人たちで、ほとんどが技能実習生である。したがって、長くても3年以内には帰国することになるが、そのあとも別の国（カ

図表1-5　伯方島での出張英語ミサのようす　（2014年5月、筆者撮影）

ナダ、オーストラリアなど）へ働きに出る可能性が高いという。伯方島のこの会社にやって来ることになった経緯は、正社員として雇われていて、日本では若いフィリピン系の人たちの世話役的な役目もしているLさんが採用時にはフィリピンにリクルートに行っている。彼らは、平日は工場で働き、週末の休みの日には、時々は自転車で橋を渡って今治方面に買い物に行ったりするが、普段の休みの日は近くの公園などでバスケットボールの練習等をしている。Lさんの娘で工場では事務職員として働いているEさんによれば、この島ではフィリピンの若者たちによるバスケットボールが盛んで、伯方島にいくつもある造船会社ごとにチームがあって、会社別対抗の大会が開かれたりもするという。島内のフィリピン人でコミュニティのようなものができているわけではないが、各社のグループで世話役的な人がいて、クリスマスやイースターなどの行事の時は、島内のみんなで集まって何かすることもある、とのことであった。

3-2-4 カトリック宇和島教会

　宇和島のエリアでは、10年くらい前までは日本に来て結婚された方や、出稼ぎに来て母国に仕送りする方がフィリピン系では主流だった。しかし、近年の不景気で飲み屋やパブが商売として立ち行かなくなってしまい、最近では、生産加工、みかん、養豚の仕事をしに研修生や技能実習生としてやって来る人が増えた。彼らは、3年間働いた後に帰国しなければならず、住込みで働くも給料が安いことが多い。こうした状況の中で、日本人と外国の信者が同じ場で祈れるように、という考えに基づいて、日本語を母語としない人のために1年前から聖書の朗読や説教を日本語と英語の両方でやるようになった。現在ミサに来られている外国出身の方は、フィリピン系とベトナム系が中心。もともとカトリックの信者だった方はだいたい1～2割くらいで、こちらの教会に来るようになってから入信する人もいる。また、宇和島から離れたところに住んでいて教会に来られない方のために、月1回、愛南町（愛媛県南端の町）にあるクリニックを借りて英語ミサをやっている。こちらの参加者は10～15人くらい。

　教会に来られるフィリピン系の方で長くおられる方が世話役としてリーダーシップを発揮している。クリスマスやイースターなどの行事の準備はもとより、東北での震災の時は、報道を見てすぐに募金活動を始めたり、クリスマスにはチャリティーコンサートで募金を集めて送ったりしている。また、日本人との国際交流の一環としてフードフェスティバルが彼女ら主導で企画され、各国のお国料理の紹介や試食が行われた。そこでも不用品を持ち寄ってのバザーが開催されるなど、世話役を中心にエネルギッシュに活動されている。フィリピン系の人々は、フェイスブックやインターネット等でも広くつながりをもっているようだ。

　宇和島教会が現在抱えている問題点としては、日本人信徒の高齢化、外国出身の方々との世代差などがある。上記のようなイベントではパーティーが長時間に及ぶことがあるが、年配の方はくたびれてくる。ただ、教会に若い人（2世、3世の子どもたち）が来るようになって全体的に若返ったという意見や、行事をする時に若い人が手伝ってくれるので助かる、という声もある。また、松山あたりと比べて信徒の人数が少なく組織の規模も小さいので、運営のための人手が足りないのが悩みである（同教会・T神父より電話による聞き取り、2012年7月18日）。

以上において、愛媛県内の英語ミサの実施および外国人信徒の参加状況を確認した。これらの事例に共通して言えるのは、一部または全体が英語で行われるミサでは参加する外国人信徒のうちフィリピン出身者が多数を占めており、相互交流や教会の行事の手伝いなどに積極的に参加しているということである。とりわけ、各教会ともに古参の信徒がまとめ役や相談役を買って出ることにより、日本語や日本の生活習慣に不慣れな新参者が来た場合も、教会において同じフィリピン人と交流を持ち、時には様々な助言やサポートが得られる体制ができているようであった。また、技能実習生として（その多くが単身で）日本で働いている若いフィリピン人男性たちは、ミサに集まってくる同年代の仲間たちと歓談したり遊びに出かけたりするなど、異国の地でのレクリエーションやリフレッシュのよい機会となっているようにも見受けられた。

　在留資格については、国際結婚で長期にわたって日本に暮らしている人々がコアメンバーとなり、これに滞日期間が限定されている留学生、研修生らが参加する、というのが基本的な構成のようである。次節では、これらの英語ミサへの参加者を対象として行った質問紙調査の分析結果から、どのような人々がミサに参加し、どのような意識や生活課題を持っているのかについてより詳しく検討する。

4. 英語ミサ参加者の生活課題、意識特性および宗教生活

4-1　調査の概要と回答者の属性

　以下の分析において取り上げる質問紙調査について、まずその概要をここに記す。本調査は、2014年2～5月にかけてと、夏期休暇明けの9月初頭に実施され、カトリック松山教会と同今治教会の英語ミサ（松山教会では毎週日曜日、今治教会では第1日曜日に開催）、および伯方島の造船労働者の会社寮

で開催された出張英語ミサ（開催は不定期）の終了後に、筆者あるいは調査協力者であるフィリピン出身のシスター・Cさんが質問紙を配布し、回収する形をとった。質問紙の構成と内容については、広島大学の西村雄郎教授らが呉市において行った「呉市外国籍市民生活・意識実態調査」が元となっており、一部の質問項目を削除するとともに教会および信仰、災害時の支援などの質問を新たに追加したものを使用した。使用言語としては、日本語、英語、タガログ語の3言語による質問紙を用意した（なお、本稿では統計分析の結果を示す図表の掲載は必要最低限にとどめた。詳細は徳田（2014）を参照されたい）。

　本調査の回答者総数は103件であったが、「国籍」別ではフィリピン出身者が94件（91.3％）とほとんどを占めており、その他の国籍としては韓国・朝鮮系が2件、その他が7件となった。その結果、選択された調査票の使用言語についてはタガログ語版が88件（85.4％）、英語版が13件（12.6％）、日本語版が2件（1.9％）となった。「調査地」別にみると松山教会が42件（40.8％）、今治教会が41件（39.8％）、伯方島ミサ20件（19.4件）であった（図表1-6を参照。カイ2乗検定により5％水準で有意。以下、グラフ枠外に表記）。「性別」については、全体では男性が66件（64.1％）、女性が37件（35.9％）とやや男性の回答者が多いという結果となったが、調査地別とのクロス集計でみると今治と伯方島では男性が、松山では女性が多く見られた（図表1-7）。

　また、それぞれの調査地ごとの「在留資格」の内訳をみてみると（図表1-8）、永住者・定住者は松山教会、研修生などは今治と伯方島での回答者が目立った。以上のことより、松山教会の英語ミサ参加者の場合は、女性・永住者で滞在年数も長い回答者が多いことから、「国際結婚移住者（とくに日本人男性と結婚したフィリピン系女性）」が多く含まれている。それに対し、今治教会の英語ミサでは、「男性・技能実習生」の割合が比較的高く、工業都市ならではの特徴を示している。伯方島の出張ミサの場合は、ある造船会社の外国人寮に集まった方を対象に行っているので、ほとんどが若いフィリピン系男性であった。彼らの多くは、滞在年数が3年以内で、後述のように島内の造船所に勤務し主に溶接作業に携わっている人たちが多い。

図表1-6　調査地と回答者の出身国のクロス表

	韓国・朝鮮	フィリピン	それ以外の国	合計
伯方島	0	20(100%)	0	20 (100.0%)
今治	0	40 (97.6%)	1 (2.4%)	41 (100.0%)
松山	2 (4.8%)	34 (81.0%)	6 (14.3%)	42 (100.0%)
合計	2 (1.9%)	94 (91.3%)	7 (6.8%)	103 (100.0%)

$p<0.05$

図表1-7　調査地と回答者の性別のクロス表

	男性	女性	合計
伯方島	19(95.0%)	1(5.0%)	20(100.0%)
今治	33(80.5%)	8(19.5%)	41(100.0%)
松山	14(33.3%)	28(66.7%)	42(100.0%)
合計	66(64.1%)	37(35.9%)	103(100.0%)

$p<0.01$

図表1-8　調査地と回答者の在留資格のクロス

	永住者・定住者	研修生	その他	合計
伯方島	1(5.3%)	14(73.7%)	4(21.1%)	19(100.0%)
今治	8(21.1%)	23(60.5%)	7(18.4%)	38(100.0%)
松山	28(68.3%)	7(17.1%)	6(14.6%)	41(100.0%)
合計	37(37.8%)	44(44.9%)	17(17.3%)	98(100.0%)

$p<0.01$

　以下の考察では、松山・今治・伯方島の英語ミサそれぞれの参加者のうち、多くを占める在留期間が10年以上の「国際結婚により移住したフィリピン系女性」と3年以下の「研修生・技能実習生として造船業などの製造業に従事するフィリピン系男性」という2つのグループに着目し、各質問のクロス集計を行いながら、結果の概要を示したい。

4-2　回答者の特徴

　はじめに、図表1-9より「出生地」と「居住期間」について確認する。「出生地」については、回答者のほぼ全員が日本国外生まれということであるが、「永住者・定住者」では日本での居住期間が20年以上である回答者が5割を超え、10年以上だと8割を数えるなど、長い年月を日本で暮らしているが、「研修生・技能実習生」の場合は2年以上3年未満が9割を占めた。また、今後の日本

での「滞在予定」（図表 1-10）については、「永住者・定住者」は日本に住み続ける者が多いが、「研修生・技能実習生」については 3 人に 2 人は母国へ帰ると回答しており、ライフコースの違いが浮き彫りとなった。

図表 1-9　出生地と居住期間

	日本生まれ (%)	居住期間の平均 (年) 日本	居住期間の平均 (年) 現地	日本での居住期間 (%) 1年	2年	3年	4年	5年〜	10年〜	20年〜
愛媛調査（全体）	1.1%	8.3	7.1	9.3%	20.0%	29.3%	0.0%	18.7%	16.0%	6.7%
永住者・定住者	2.9%	16.3	14.7	0.0%	4.2%	16.7%	0.0%	16.7%	41.7%	20.8%
研修生・技能実習生	0.0%	1.6	1.6	13.9%	36.1%	38.9%	0.0%	11.2%	0.0%	0.0%

N=94　　　　　　　　　　　　　　　　　　　　　　　　　　　　　　　　N=95

図表 1-10　日本での滞在予定

	日本に住み続ける	母国に帰る	日本や母国以外の国にいく	日本に住みつつ、母国と日本を移動する	わからない
愛媛調査（全体）	33.7%	38.8%	4.1%	2.0%	16.3%
永住者・定住者	64.9%	8.1%	0.0%	2.7%	18.9%
研修生・技能実習生	6.8%	61.4%	6.8%	0.0%	18.2%

N=98　$p<0.01$

　基本的な「日本語能力」については、全体的な基調としては滞在年数に比例して「永住者・定住者」の日本語能力は総じて高く、「研修生・技能実習生」の場合は日本語がまだ上達の途上にある者が多いことが見て取れる（図表 1-11-1、1-11-2、1-11-3）。

　図表 1-12 の「学歴」についての質問では、ほとんどが高卒以上で、大学院卒の回答者も見られるなど、本調査の回答者については比較的高学歴者が多くみられた。このことは、のちに見る収入の高さや仕事の安定度の高さとの関連が想起される。

図表 1-11-1　日本語能力（話す・聞く）

	日本で生まれ育った人と同じ	生活に困らないいぐらい	ときどき困る	ほとんどできない
愛媛調査（全体）	3.2%	34.7%	53.7%	8.4%
永住者・定住者	5.4%	64.9%	21.6%	8.1%
研修生・技能実習生	0.0%	11.9%	81.0%	7.1%

N=95　p<0.01

図表 1-11-2　日本語能力（読む）

	新聞、雑誌、小説が読める	簡単な漢字程度	ひらがなカタカナ程度	ほとんどできない
愛媛調査（全体）	8.6%	34.4%	43.0%	14.0%
永住者・定住者	10.8%	62.2%	13.5%	13.5%
研修生・技能実習生	5.0%	10.0%	72.5%	12.5%

N=93　p<0.01

図表 1-11-3　日本語能力（書く）

	不自由なく書ける	ひらがなで文章	単語を書ける	ほとんどできない
愛媛調査（全体）	4.7%	28.2%	49.4%	17.6%
永住者・定住者	5.9%	52.9%	29.4%	11.8%
研修生・技能実習生	0.0%	5.7%	71.4%	22.9%

N=85　p<0.01

図表 1-12　学歴

	不就学・小学校中退	小学校	中学校	高校	各種学校・専門学校	短大・大学	大学院	その他
愛媛調査（全体）	1.0%	1.0%	5.1%	13.3%	29.6%	15.3%	32.7%	2.0%
永住者・定住者	0.0%	2.7%	8.1%	18.9%	29.6%	13.5%	29.7%	5.4%
研修生・技能実習生	2.3%	0.0%	2.3%	11.4%	47.7%	22.7%	13.6%	0.0%

N=98 p<0.01

4-3 職業・労働関連

　業種・職種については、「永住者・定住者」では自営業、家族経営、パート等のバリエーションがみられ、職種としては販売やサービス業が多い。それに対し、「研修生・技能実習生」については生産工程や土木建築などが多く、農漁業という回答もあった（図表11・12）。職業や仕事の内容に関する自由回答では、製造業に関わる「船の溶接工」（7件）、「エンジニア」（2件）や、サービス業にあたる「教師」「ホテルのベッドメイク」「介護」（各1件）といった回答がみられた。

図表1-13　従業上の地位

	経営者・役員	自営業	家族従業員	常雇	派遣	臨時・パート・アルバイト	研修生	技能実習生
愛媛調査（全体）	1.2%	3.7%	3.7%	19.5%	8.5%	14.6%	23.2%	24.4%
永住者・定住者	3.6%	7.1%	7.1%	14.3%	17.9%	42.9%	3.6%	0.0%
研修生・技能実習生	0.0%	0.0%	2.4%	9.5%	2.4%	0.0%	42.9%	42.9%

N=82　p<0.01

図表1-14　仕事の内容

	農林漁業	事務	販売	サービス	保安	生産工程	土木・建築	専門	管理
愛媛調査（全体）	5.0%	10.0%	8.3%	11.7%	0.0%	33.3%	18.3%	10.0%	3.3%
永住者・定住者	0.0%	3.8%	19.2%	26.9%	0.0%	19.2%	11.5%	11.5%	7.7%
研修生・技能実習生	12.0%	4.0%	0.0%	0.0%	0.0%	52.2%	32.0%	0.0%	0.0%

N=60　p<0.01

　職場の規模については、総じて50人未満の小規模タイプが多く、「永住者・定住者」の場合は10人未満が58.6％、「研修生・技能実習生」では11人から25人までの小規模事業所が41.0％と目立った（N=81）。「同じ勤務先の従業員の国籍」は、いずれも日本人がほとんどという回答が多い。
　次の図表は、職場や仕事内容に関する満足度についていくつかの質問の回答結果を示したものである。収入面ではやや満足度が下がるが、それ以外の項目

については8～9割が「満足」と回答しており、労働環境全般に関する満足度の高さが特徴的であった。
　こうした満足度の高さは、図表1-16にあるように、回答者の8割以上が「同じ職場での勤務継続」を希望している傾向に反映されているように思われる。

図表1-15-1　収入（手当）の満足度　　N=79

	満足	まあ満足	どちらでもない	やや不満	不満
愛媛調査（全体）	34.2%	36.7%	21.5%	6.3%	1.3%
永住者・定住者	22.2%	29.6%	33.3%	14.8%	0.0%
研修生・技能実習生	31.6%	47.4%	15.8%	2.6%	2.6%

図表1-15-2　労働時間の満足度　　N=77

	満足	まあ満足	どちらでもない	やや不満	不満
愛媛調査（全体）	44.2%	36.4%	14.3%	3.9%	1.3%
永住者・定住者	33.3%	44.4%	14.9%	7.4%	0.0%
研修生・技能実習生	40.5%	37.8%	16.2%	2.7%	2.7%

図表1-15-3　仕事内容の満足度　　N=77

	満足	まあ満足	どちらでもない	やや不満	不満
愛媛調査（全体）	46.8%	37.7%	13.0%	1.3%	1.3%
永住者・定住者	40.7%	37.0%	18.5%	0.0%	3.7%
研修生・技能実習生	43.2%	45.9%	8.1%	2.7%	0.0%

図表1-15-4　人間関係の満足度　　N=77

	満足	まあ満足	どちらでもない	やや不満	不満
愛媛調査（全体）	55.8%	27.3%	14.3%	2.6%	0.0%
永住者・定住者	48.1%	37.0%	14.8%	0.0%	0.0%
研修生・技能実習生	51.4%	29.7%	13.5%	5.4%	0.0%

図表1-16　現在の仕事への継続意志　N=74

	ずっと続けたい	できるだけ続けたい	将来的には変わりたい	すぐにでも変わりたい
愛媛調査（全体）	40.50%	37.80%	21.60%	0.00%
永住者・定住者	44.80%	37.90%	17.20%	0.00%
研修生・技能実習生	37.10%	37.10%	25.70%	0.00%

4-4　人間関係や人づきあい

次に、日本での生活における人間関係や人づきあいについて概観する。「近隣の日本人とのつきあい」（図表1-17）については、親しい人の国籍を聞いた質問では、とりわけ「研修生・技能実習生」を中心に「日本人以外」とつきあっているという回答が多く、「日本人が多い」という回答は少数にとどまっている。また、近隣の日本人との付き合い（図表1-18）においても、「永住者・定住者」と「研修生・技能実習生」では大きな違いがみられた。あいさつを交わす程度の付き合いについてはあるものの、立ち話、家に招待、相談などのより深いつきあいについては研修生の場合はあまり見られず、日本人との付き合いはない、という回答も多くみられた。

図表1-17　親しい関係に占める日本人の割合　N=92

	日本人が多い	ほぼ同じ	日本人以外が多い
愛媛調査（全体）	18.5%	39.1%	42.4%
永住者・定住者	28.6%	37.1%	34.3%
研修生・技能実習生	7.1%	46.7%	26.7%

図表1-18　近隣の日本人との付き合い　N=93

	（1）あいさつ	（2）立ち話	（3）互いに家に招待	（4）遊びや買い物	（5）困った時の相談	（6）つきあいはない
愛媛調査（全体）	43.6%	38.7%	23.7%	12.9%	12.9%	11.8%
永住者・定住者	54.1%	55.6%	27.8%	16.7%	8.3%	2.8%
研修生・技能実習生	36.6%	24.4%	12.2%	4.9%	9.8%	19.5%

図表1-19は、日本社会や居住地域での活動や団体への参加について聞いたものである。全体としては、参加の多寡の違いはあるものの、同国人の団体・活動や同国人をサポートする団体や活動への参加が最も多く、趣味やスポーツ等のサークル、地域の行事、国際交流イベントなどに比較的多く参加している。それに比して、町内会や自治会などの（日本人が中心の）地域住民組織や老人会などの高齢者向けの活動については参加が少なかった。回答者のなかに高齢者がほとんど含まれておらず、ニーズや活動対象が合致しないという理由なのか、それとも地元の中高年齢層によって構成される組織や活動への参加の敷居が高いのかについては本調査の結果から特定することは困難であるが、高齢化が進む在日コリアン系住民の例にあるように、永住者・定住者が高齢期に差し掛かった時にどの程度これらの組織や活動に入っていくことができるのかについては注視する必要がある。

図表1-19　団体や活動への参加状況、参加率、参加希望　　N=98

団体および活動	参加していない	将来的には参加したい	あまり活動していない	積極的に活動している	参加率	無回答
町内会・自治会*	67.3%	7.1%	9.2%	2.0%	11.2%	14.3%
地域の行事**	51.0%	6.1%	23.5%	6.1%	29.6%	13.3%
地域の子ども会	59.2%	4.1%	15.3%	4.1%	19.4%	17.3%
ＰＴＡ**	62.2%	3.1%	14.3%	4.1%	18.4%	16.3%
老人会などの高齢者の活動	65.3%	17.3%	6.1%	3.1%	9.2%	17.3%
趣味やスポーツなどのサークル	45.9%	9.2%	18.4%	11.2%	29.6%	14.3%
民族団体・同国人の団体	30.6%	8.2%	29.6%	16.3%	45.9%	15.3%
国際交流のイベント	52.0%	8.2%	14.3%	7.1%	21.4%	17.3%
自分の文化や言葉を日本人に伝える活動	60.2%	8.2%	8.2%	5.1%	13.3%	18.4%
同じ国や民族の人を手助けする活動	33.7%	13.3%	23.5%	14.3%	37.8%	13.3%
その他のボランティア活動	48.0%	16.3%	7.1%	7.1%	14.3%	21.4%

在留資格とのクロス集計に対するカイ2乗検定の結果　* $p<0.05$　** $p<0.01$

　また、何か困った時にだれに相談するかという質問については、図表1-20にあるように、日本国外に住む家族や親族という回答が総じて多かった。カテゴリーによって違いがみられたのは、「永住者・定住者」については日本に住

む家族・親族や日本人の友人という回答が多かったのに対し、「研修生・技能実習生」などの場合は同国人の団体、国外に住む友人、派遣業者などの回答が多く、教会という回答もみられた。「差別を感じたことがあるか」については、約7割が「ときどきある」と回答している（図表1-21）。具体的な場面としては、「職場で」が58.3％で圧倒的に多く、「名前が学校で話題になった時」と「子どもの学校で」が9.7％、「近所の付き合いで」が8.7％、「政治的権利の面で」「社会保障の面で」が5.7％と続き、その他の生活の場面での差別体験は5％以下の割合にとどまった。

図表1-20　困った時の相談相手（3つまで回答）　N=74

	家族・親族(日本)	家族・親族(国外)	同国人の友人・知人(日本)	同国人の友人・知人(国外)	日本人の友人・知人	派遣業者・研修組合	民族団体・同国人の団体	教会・寺院	その他	誰にも相談しない
愛媛調査（フィリピン）	36.4%	66.2%	37.8%	18.9%	17.6%	14.9%	35.1%	9.5%	1.3%	6.8%
永住者・定住者	72.0%	68.0%	52.0%	12.0%	24.0%	4.0%	20.0%	0.0%	0.0%	8.0%
研修生・技能実習生	16.2%	70.3%	35.1%	24.3%	2.7%	24.3%	43.2%	13.5%	0.0%	8.1%

図表1-21　差別の経験　N=85

	よくある	ときどきある	あまりない	全くない
愛媛調査（全体）	9.4%	65.9%	16.5%	8.2%
永住者・定住者	9.1%	72.7%	15.2%	3.0%
研修生・技能実習生	11.1%	61.1%	19.4%	8.3%

4-5　英語ミサ参加者にとってのカトリック教会の存在意義

次に、本節の主題である愛媛県在住の外国人カトリック信徒の信仰生活についての回答結果を整理する。まず、教会への訪問頻度については、永住者・定住者は週1回程度、研修生・技能実習生については月1回程度が多くみられた（図表1-22-1）。これについては、前者が多く参加する松山教会の英語ミサが毎週日曜日の週1回開催、今治教会が毎月第1日曜日の月1回開催であることが反映されているように思われる（図表1-22-2）。また、あくまで参加者

に対する質問紙調査なので、時々参加する人が調査対象としてカバーできているかは定かではなく、熱心に教会に通う信者の方が回答の多くを占めていることが考えられる。また、母国での教会の訪問頻度については、週1回が約4割と半数近くは日本にやってくる以前から教会を訪れる習慣があったことがうかがえる（図表1-23）。

図表1-22-1　日本のカトリック教会への訪問頻度（在留資格別）

	週に2回以上	週に1回	2〜3週間に1回	月に1回程度	数か月に1回程度	半年に1回	その他	合計
永住者・定住者	2 7.4%	11 40.7%	5 18.5%	5 18.5%	2 7.4%	0 0.0%	2 7.4%	27 100.0%
研修生・技能実習生等	0 0.0%	3 8.6%	4 11.4%	23 65.7%	3 8.6%	1 2.9%	1 2.9%	35 100.0%
それ以外	1 7.1%	1 7.1%	1 7.1%	9 64.3%	1 7.1%	0 0.0%	1 7.1%	14 100.0%
合計	3 3.9%	15 19.7%	10 13.2%	37 48.7%	6 7.9%	1 1.3%	4 5.3%	76 100.0%

$p < .05$

図表1-22-2　日本のカトリック教会への訪問頻度（調査地別）

	週に2回以上	週に1回	2〜3週間に1回	月に1回程度	数か月に1回程度	半年に1回	その他	合計
伯方島	1 5.6%	1 5.6%	1 5.6%	12 66.7%	1 5.6%	0 0.0%	2 11.1%	18 100.0%
今治	0 0.0%	4 16.0%	1 4.0%	18 72.0%	1 4.0%	1 4.0%	0 0.0%	25 100.0%
松山	2 6.1%	10 30.3%	8 24.2%	7 21.2%	4 12.1%	0 0.0%	2 6.1%	33 100.0%
合計	3 3.9%	15 19.7%	10 13.2%	37 48.7%	6 7.9%	1 1.3%	4 5.3%	76 100.0%

$p < .05$

図表1-23　日本と母国の教会訪問頻度のクロス表

<table>
<tr><th colspan="2" rowspan="2"></th><th colspan="8">母国での教会訪問頻度</th></tr>
<tr><th>週に
2回以上</th><th>週に1回</th><th>2〜3週間に1回</th><th>月に1回程度</th><th>数か月に1回程度</th><th>半年に1回</th><th>その他</th><th>合計</th></tr>
<tr><td rowspan="16">日本での教会訪問頻度</td><td rowspan="2">週に
2回以上</td><td>2</td><td>1</td><td>0</td><td>0</td><td>0</td><td>0</td><td>0</td><td>3</td></tr>
<tr><td>66.7%</td><td>33.3%</td><td>0.0%</td><td>0.0%</td><td>0.0%</td><td>0.0%</td><td>0.0%</td><td>100.0%</td></tr>
<tr><td rowspan="2">週に1回</td><td>3</td><td>8</td><td>0</td><td>0</td><td>2</td><td>1</td><td>1</td><td>15</td></tr>
<tr><td>20.0%</td><td>53.3%</td><td>0.0%</td><td>0.0%</td><td>13.3%</td><td>6.7%</td><td>6.7%</td><td>100.0%</td></tr>
<tr><td rowspan="2">2〜3週間に1回</td><td>1</td><td>5</td><td>2</td><td>0</td><td>0</td><td>1</td><td>0</td><td>9</td></tr>
<tr><td>11.1%</td><td>55.6%</td><td>22.2%</td><td>0.0%</td><td>0.0%</td><td>11.1%</td><td>0.0%</td><td>100.0%</td></tr>
<tr><td rowspan="2">月に
1回程度</td><td>0</td><td>14</td><td>7</td><td>14</td><td>1</td><td>0</td><td>0</td><td>36</td></tr>
<tr><td>0.0%</td><td>38.9%</td><td>19.4%</td><td>38.9%</td><td>2.8%</td><td>0.0%</td><td>0.0%</td><td>100.0%</td></tr>
<tr><td rowspan="2">数か月に1回程度</td><td>1</td><td>1</td><td>0</td><td>2</td><td>1</td><td>0</td><td>0</td><td>5</td></tr>
<tr><td>20.0%</td><td>20.0%</td><td>0.0%</td><td>40.0%</td><td>20.0%</td><td>0.0%</td><td>0.0%</td><td>100.0%</td></tr>
<tr><td rowspan="2">半年に
1回</td><td>0</td><td>1</td><td>0</td><td>0</td><td>0</td><td>0</td><td>0</td><td>1</td></tr>
<tr><td>0.0%</td><td>100.0%</td><td>0.0%</td><td>0.0%</td><td>0.0%</td><td>0.0%</td><td>0.0%</td><td>100.0%</td></tr>
<tr><td rowspan="2">その他</td><td>0</td><td>2</td><td>0</td><td>0</td><td>0</td><td>0</td><td>2</td><td>4</td></tr>
<tr><td>0.0%</td><td>50.0%</td><td>0.0%</td><td>0.0%</td><td>0.0%</td><td>0.0%</td><td>50.0%</td><td>100.0%</td></tr>
<tr><td rowspan="2">合計</td><td>7</td><td>32</td><td>9</td><td>16</td><td>4</td><td>2</td><td>3</td><td>73</td></tr>
<tr><td>9.6%</td><td>43.8%</td><td>12.3%</td><td>21.9%</td><td>5.5%</td><td>2.7%</td><td>4.1%</td><td>100.0%</td></tr>
</table>

　教会訪問の目的について聞いたところ（図表1-24）、「神に祈りをささげるため」が9割を占めた。次いで「ミサや行事への参加」「同国人との交流」と続く。日本での滞在期間が比較的長い「永住者・定住者」と「その他」のグループでは、「教会の仕事やボランティア」を訪問目的に選択しており、こうした人たちが日の浅い同胞のサポートをする「世話役的存在」として活躍しているように見受けられる。

　また、教会という場所の意味づけ（図表1-25）であるが、7〜8割の人が「祈りや信仰のための場所」と回答しており、英語ミサの参加者においては教会を純粋に信仰生活の拠点として位置づけていることがわかった。それ以外には「同国人との交流の場」「悩み相談」「助け合いの場」といった回答が続き、異国での生活に際しての交流や支え合いの場としても機能しているようすがうかがえた。

図表 1-24　教会への訪問目的（複数回答）

	神に祈るため	ミサ・行事に参加するため	悩みを告白するため	生活問題の相談のため	日本での話し・遊び相手を見つけるため	同国人と交流するため	日本人と交流するため	教会の仕事・ボランティアのため	その他	合計
永住者・定住者	24 92.3%	6 23.1%	1 3.8%	3 11.5%	1 3.8%	6 23.1%	2 7.7%	3 11.5%	2 7.7%	26 100.0%
研修生・技能実習生	36 97.3%	11 29.7%	2 5.4%	4 10.8%	4 10.8%	4 10.8%	1 2.7%	0 0.0%	0 0.0%	37 100.0%
その他	14 100.0%	6 42.9%	0 0.0%	0 0.0%	3 21.4%	6 42.9%	2 14.3%	4 28.6%	1 7.1%	14 100.0%
合計	74 96.1%	23 29.9%	3 3.9%	7 9.1%	8 10.4%	16 20.8%	5 6.5%	7 9.1%	3 3.9%	77 100.0%

図表 1-25　カトリック教会という場所が持つ意味（複数回答）

	祈りや信仰のための場所	悩み相談のための場所	助け合いのための場所	日本での話し・遊び相手を見つける場所	同国人との交流を深める場所	日本人の友人・知人と交流を深める場所	自国の文化・アイデンティティを確かめるための場所	その他	合計
永住者・定住者	19 76.0%	3 12.0%	3 12.0%	1 4.0%	4 16.0%	1 4.0%	1 4.0%	1 4.0%	25 100.0%
研修生・技能実習生	25 73.5%	4 11.8%	5 14.7%	6 17.6%	8 23.5%	2 5.9%	4 11.8%	0 0.0%	34 100.0%
その他	11 84.6%	3 23.1%	0 0.0%	2 15.4%	5 38.5%	2 15.4%	3 23.1%	0 0.0%	13 100.0%
合計	55 76.4%	10 13.9%	8 11.1%	9 12.5%	17 23.6%	5 69.4%	8 11.1%	1 1.4%	72 100.0%

4-6　自由回答にみる回答者の意見や考え

　最後に、回答者の生の声から居住地域への印象について拾ってみたい。ポジティブな意見としては、「安全である」「犯罪がない」「健全でしずか」といった環境面、「仕事がある」などの経済面での評価がある一方で、「大都市から遠い」「大使館から離れていて不便」「ショッピングモールや楽しく過ごせる場所がな

い」「生活費が高い」といった不満も聞かれた。また、個人的な生活に関しては、「賃金をあげてほしい」「行政からの外国人へのサポートがほしい」などの経済面等からの支援、「シングルマザーで子育てが大変」「子どもが学校から持ち帰ったプリントなどに漢字が多くて夫のいない時はよく意味を取り違える」など子育て関連の悩みも聞かれた。

4-7　質問紙調査の結果からみる英語ミサ参加者の特徴

　まず、英語ミサ参加者の全体的な特徴、およびその集まりやつながりを特徴づけるのが、参加者の9割を占めるフィリピン系信徒のライフスタイルやそのコミュニティの集団特性であるといってよいだろう。このカトリック教会を基点とした滞日フィリピン人コミュニティについての先行研究としては、イバーラ・C・マテオの『滞日互助網－折り畳み椅子の共同体』(マテオ2003)を挙げることができる。この著作は、1990年代の東京の巴町にある聖母のみ心教会に集まってくるフィリピン系信者のようすや、「セントロ・フィリピノ」と呼ばれるフィリピン人自身による自助的な活動とその集まりについて著者が参与観察法によって詳細に描き出したものである。それによれば、日本以外の国においてもそうであるが、フィリピン人は多くの移住者や出稼ぎ労働者を国外に送り出しているけれども、例えば中国系やイタリア系のような「集住地域」をつくらず、地域にあるキリスト教の教会に集まり、ミサの開催時に一時的なコミュニティ空間を形成する (6)。これをマテオは「折り畳み椅子の共同体（collapsible community）」と呼称する。マテオの記述では、カトリック教会のミサなどの宗教行事と、日常生活に必要な情報の交換や仕事のあっせんなどを比べると、後者への参集者の関心の高さが示唆されている。

　本調査でも、ふだん通っているカトリック教会の意味づけについて質問をしており、そこでも同胞どうしの助け合いや交流に重きを置く傾向は見られるが、それよりも「神に祈りをささげる」「宗教行事に参加する」など、日本での信仰生活の支えとなる「宗教的な場」としての意味づけをしている回答者が圧倒的に多数であった。筆者の参与観察からも、英語ミサの前後の歓談や、節目の行事の後に開かれるフィリピンの郷土料理などを持ち寄ってのパーティーにお

いて、同胞とのリラックスした時間を過ごしている様子が見て取れたが、訪問の第一目的としての「信仰」や「ミサの参加」という宗教的な動機の強さについては筆者の予想を超えるものであった。これについては、日本有数の大都市である東京首都圏の内部にあり、仕事や生活面で必ずしも安定的ではない移住者・滞在者を多く含んでいるマテオの事例と、地方都市や中山間地域に居住しているものの、生活や就労の面では比較的安定している傾向を示している松山市や今治市のフィリピン系信徒の事例では属性や地域状況が異なる、という見方が可能であろう。あるいは 1990 年代と 2010 年代という時代の違い、とりわけ Facebook や Twitter などによるインターネット経由の情報伝達やコミュニケーション・ツール等が飛躍的な進歩を遂げ、若い世代のフィリピン人はこれらのツールを自由自在に使いこなしている状況からして、マテオの事例で見られた対面による情報交換や人脈づくりの重要性が下がっており、その分、「教会を訪問する」という行動自体の意味が、直接教会に行くことで得られる宗教生活の充実と、同胞に会うことによる社交的欲求の充足へとより特化されてきているというとらえ方もできるかもしれない (7)。

　次に、今回実施した質問紙調査の回答結果から得られた大きな知見として、先述のように、彼ら・彼女らが熱心に英語ミサに参加しており、純粋に神への祈りや信仰生活を第一目的として教会に訪れていることが挙げられる。谷大二らの指摘にあるように、外国人信徒への司牧の場合にはミサで用いられる言葉の問題が大きく、日本での習慣や祈りの言葉が理解できない、あるいは（彼ら・彼女らにとっての）外国語のミサでなじめない、といった不満が蓄積しやすい（谷ほか 2008：37-38）。そうした意味で、日本語以外の言語でのミサの実施は、異国の地で暮らす外国人のカトリック信者の人たちにとっては神への信仰心を充たしたり、母国と同様の信仰生活を現住地でも持ったりすることにより、とりわけ信仰の篤い人たちにとっては大きな心の支えとなるであろう。

　とはいえ、日本のカトリック教会の中で外国語のミサを持つこと、とりわけ「集住地域」において多様なエスニック・グループへの対応が迫られている教会にとっては、ひとつに多言語でのミサの開催を運用していくだけの時間とマンパワーが多く必要とされること、そして日本の教会の「多言語化・多文化化」が進むことによる古くからの日本人信徒や周辺住民・地域社会など教会内外か

らの異論や反発を招きやすいことなどの課題がある (8)。また、外国人信徒向けのミサを実施するに際してどの言語を採用するか、ということについても検討すべき事柄がいくつかある。数百人レベルで同じエスニック人口が教会のエリア内に在住しているようなところの場合、オリジナル言語でのミサの開催へのニーズは高く、実際に「集住地域」の教会では複数の言語でのミサが開催されている。こうした特定のエスニック集団に対応した司牧を行う教会のことを「エスニック・チャーチ」と呼ぶ場合があるが、こうしたタイプの教会の場合、教会が特定のエスニック・グループのための場所になってしまって、日本人や他の言語使用者との接点が薄くなってしまったり、母国での信仰スタイルを自然に体現できるがゆえに、教会および周辺環境への配慮が欠けやすくなったりする事例（歌や音楽の音量や周辺の違法駐車への苦情など）が指摘されている（ボニファシオ 2008）。

　また、逆に「非集住地域」において少数のエスニック・グループによる母国語のミサが実現するケースがある。例えば、東日本大震災の被災地である宮城県中部や三陸地方のいくつかの教会では、震災を機に同じ地域のフィリピン系の国際結婚女性が地域のカトリック教会に集まってコミュニティを形成し、母国語でのミサを定期的に持っているところもある。しかし、坪田光平の調査事例（坪田 2013）にあるように、少数の参加者によってタガログ語のミサを恒常的に運営することは決して容易ではなく、生活状況や人間関係の変化などにより参加者が激減してしまうことが起こりうるし、先述のように司祭やシスターの転任によってマイナー言語によるミサの運営が維持できなくなるケースもあり、比較的話者の多い「英語ミサ」よりもはるかに難しい運営が迫られるといえそうである。

　今回の一連の参与観察および質問紙調査を通じて筆者が感じたことは、外国人向けのミサが「英語ミサ」の形で行われていることの意義である。もちろん、英語であっても外国人向けであることには変わりなく、「日本人以外の信徒向け」の時間・空間の占有に対する不満などはやはり起こりうる。ただし、同一のエスニック・グループで「閉じて」しまうことが「英語ミサ」であることによって回避されており、松山や今治のミサの参加者の中には少数ではあるがアフリカ、ヨーロッパ、北米や中南米、コリアン系やベトナムなどフィリピン以

外のアジア地域からの参加者も少数ながら見られるし、日本人の信徒が参加していることもある。そこには、外国人向けであるけれども多様な国や民族の出身者に「開かれている」ようなマルチ・エスニックな時空間が醸成されていて、先述のような海外からの移住者・滞在者の居場所やつながりに事欠く「非集住地域」にあって、貴重な場所・機会のひとつとなっているのではないか、というのが実際に参加しての筆者の実感である(9)。

　以上において、松山・今治教会および伯方島での英語ミサへの参加者による質問紙調査の回答結果の概要を見てきた。続いて、こうした平常時とは全く異なる状況におけるカトリック教会の外国人支援活動としての、激甚災害発生後の被災地支援(とりわけ被災外国人を支える活動)について見ていきたい。

5. カトリック教会による東日本大震災後の被災外国人支援

5-1　激甚災害下の被災外国人の支援ニーズ

　被災外国人への支援について検討するにあたって、外国人住民や海外からの移住者が日本で暮らすにあたってどのような支援ニーズを抱えており、それらが災害発生時にはどのような生活上の課題として現れるのかについて確認する。田村太郎は、外国人住民が日本社会に参加・融和していく際の課題について「3つの壁」という表現で示している。一つは、「言葉の壁」であり、第二言語(日本語)での情報の収集や理解が困難であったり、自らの意志や主張をうまく表現できなかったりすることによって不利益が生じる局面が多々存在する。二つ目は「制度の壁」であり、国籍の違いや在留資格がいずれかによって日本国籍を持つ人と同じような行政サービスが受けられなかったり権利が保障されていなかったりする。そして三つ目が「心の壁」であり、外国人に対する偏見や差別の意識を周囲の日本人や日本社会そのものが持っていることによって、様々な不利益が発生するというものである(田村 2000：33-36)。

第1章　63

ここで確認した「3つの壁」は、激甚災害時にはどのような形をとって現われるであろうか。「言葉の壁」においてもっとも大きな問題は、日本語話者でも理解が容易ではない災害に関する専門用語の理解である。「リサイショウメイショ」「ギエンキン」「ヒナンカンコク」「カセツジュウタク」その他の用語は災害時の避難やその後の対応、生活再建においてきわめて重要なものであるが、日本語がネイティブでない人たちにとってはとりわけ理解が困難なものである。また、「制度の壁」については、先述の通りの国籍や在留資格によって災害時のサポートの中でも受けられないものが存在するし、パスポートや在留資格の書類などを災害時の混乱で紛失してしまった時の対応や、被災地在住の外国籍住民の母国への緊急避難（および大使館や支援団体等によるそれらの支援へのアクセス）など、外国人移住者・滞在者特有の案件や支援ニーズが存在する。最後に「心の壁」については、関東大震災時（1923年）の朝鮮人虐殺事件等に代表されるように、激甚災害などの非常事態においては日ごろからの偏見や差別の意識が増幅されたり、なじみの無い人や良く知らない人に対する警戒感や不信感が高まったりすることが往々にして起こりうる。

　鈴木江理子は、東日本大震災の被災地における外国人の分布について次のように整理している。災害救助法の適用対象となった青森・岩手・宮城・福島・茨城5県にある市町村の外国人登録者数は75,281人であり、その地域的特徴として（特に仙台市を除く宮城県と他の東北各県は）全国的に見ても外国人の「非集住地域」にあたること、女性の移住者が多いこと、中国や韓国・朝鮮籍が多くブラジルやペルーなど南米系の移住者が少ないこと（この傾向は特に被害の大きかった岩手・宮城・福島三県に絞るとなお顕著となる）、在留資格では国際結婚移住者を指すと思われる永住者の割合の高さを統計データから読み取ることができるという（鈴木 2012:15-16）。この震災における外国人移民への支援活動については駒井ほかの著作の各章において詳述されている（駒井・鈴木ほか 2012）。そこでは活動例としては安否情報の確認と発信、多言語による情報提供やニーズ調査、エスニック料理による炊き出しや物資等の支援、法律面での知識提供や手続きの支援、生活再建や再就労の支援など多岐に渡っているが、上記の「3つの壁」によって被災した外国人が直面するであろう諸問題について、地元および被災地外の各支援セクターがすぐさま対処した

様子がうかがえる。災害発生直後からのこうした東日本大震災被災地での支援活動の展開をみるにつけ、すべてが手さぐりで始まった阪神・淡路大震災の頃と較べると隔世の感があるが、東日本大震災の被災外国人支援に特有の問題として、原発事故による放射能汚染のことが海外でセンセーショナルに報じられた結果、首都圏を含む東日本に暮らす外国人移住者・滞在者のかなりの数が母国への避難・国外退去を企図し、各国政府や大使館も帰国支援に対し迅速に対応したこと等が挙げられる（大村 2012:50-53）。

　こうした被災地での外国人支援の一連の動きの中で、カトリック教会もまた、これまでの滞日外国人支援セクターとしての活動の蓄積と組織的な特性を生かした形で、広域にわたる東日本大震災の被災地域に対する支援活動を展開していったのである。

5-2　カトリック教会による被災外国人支援活動
　　　　　　―阪神・淡路大震災から東日本大震災へ

　本章の第2節で見てきたカトリック教会による外国人支援の活動は、あくまで平常時において何らかの苦境にある外国人支援に関わるものであったが、カトリック教会が災害被災地において外国人を支援する活動を大々的に行う最初の契機となったのは1995年の阪神・淡路大震災であった。この震災では、神戸市・芦屋市・西宮市等にある多くの教会が被災地に含まれており、そのうちのいくつかでは教会の建物にも被害が出たが、その後のカトリック教会による被災者支援活動の拠点として位置づけられた。

　阪神・淡路大震災による激甚被災地を管轄地域内にもつこととなったカトリック大阪司教区では、この災害に際し、支援物資やボランティアの受け入れかつ震災復興支援の活動拠点として、西から鷹取、中山手（現在の神戸中央）、住吉の3教会が指定された。中でも、中小工場が多く集積するエリアに火災や倒壊による甚大な被害が発生し、そこに住む多くの外国人住民が被災した神戸市長田区に位置するカトリック鷹取教会は、震災前から教会に通っていたベトナム人信徒の避難先や相談窓口となったが、各地から集まってきた災害ボランティアの活動拠点ともなり、その後の長きにわたる地域復興の過程において

重要な役割を果たすことになる。

　こうした阪神・淡路大震災時の被災地支援を通じてカトリック教会が得た経験とノウハウはその後の国内外の災害支援活動に生かされ、さらなる活動の蓄積をみた。そうした中で 2011 年 3 月に発生した東日本大震災では、カトリック教会はその活動の蓄積と組織としての特徴を生かした被災地支援活動を展開していった。その特徴として挙げられるのは、一つは岩手・宮城・福島の三県の激甚被災地に位置する教会を、周辺地域の復興支援拠点（ベース）として位置づけ、広域にわたる被災地に支援活動の拠点を効果的に配置し、それぞれのベースを全国の各教区が分業する形で支える「教区分担制」を敷いたことである。そしてもう一つは、同じカトリック信徒、あるいは日本社会のメンバーとして被災した人たち（とりわけ同じ国や地域の出身者）を支えようとする日本人および外国人のカトリック信徒の積極的な支援活動への参加が見られ、教会がそれらを下支えしたことである。

　以下においては、大規模広域災害としての東日本大震災への対応に強みを発揮した教区分担による支援拠点の設置と活動の経過について概観し、続いて後者の例として、首都圏のフィリピン系カトリック信徒による同胞支援とそれへのカトリック教会の外国人支援セクターの後方支援活動について取り上げる。

5-3　東日本大震災時のカトリック教会の支援活動
　　　　　―教区分担制による広域支援体制の構築

　図表 1-26 は、カトリック教会による各支援ベースの設置の流れを時系列に示したものである。岩手・宮城・福島の太平洋岸三県には、北から宮古、釜石、大船渡、大槌、米川、石巻、原町、いわきにそれぞれベースや現地活動拠点が設けられ、それぞれを日本各地の教区が分担して支える形が取られた。そして、被災地の各ベースに対する後方支援的役割を果たしたのが、震災直後の 3 月 16 日に仙台市の元寺小路教会内に設置された「仙台教区サポートセンター」であり、被災地の被害状況や支援ニーズ等に関する情報のとりまとめと他地域への発信、および支援物資の振り分けや地域外からのボランティアの登録・送り出しなどの役割を担っている（同センタースタッフへの電話インタビューよ

り。2014年2月10日)。

　また、被災外国人への支援に特化した組織としては、主に「外国人花嫁」として日本人の家庭に嫁いできた外国人女性が散住する三陸地方に設置された「滞日外国人支援センター」がある。このセンターは2011年11月に大船渡ベースに併設されたが、大船渡教会に赴任した外国人の司祭が地域の避難所や仮設住宅をまわって慰問し、次第にネットワークが形成され、設置に至ったという。このセンターの主な業務としては、ホームヘルパー2級の取得支援や日本語学習支援の諸活動と関連の事務作業などがあり、週末は仙台のオフィスでの外国人コミュニティづくりに関わっている。また、所用により外出する若い母親から適宜子どもを預かったりすることもあるという（滞日外国人支援センタースタッフへの電話インタビューより。2014年2月18日)。

図表1-26「教区分担制」によるカトリック教会の支援活動の展開

2011年	3月	16日	「仙台教区サポートセンター」の設置　ボランティアの受け入れ・派遣・宿泊支援、物資提供、情報発信
		20日	東京教区でカトリック東京国際センターを中心に被災外国人支援
		21日	塩釜教会を拠点としたボランティア活動の開始
		24日	石巻ベースの活動開始
	4月	2日	釜石ベースの開設　同30日に米川ベース開設
		22日	札幌教区が宮古市に、宮古ベースを開設
	8月	22日	長崎教区、大槌町の支援開始　12月13日に大槌ベース開設
	10月	1日	大阪教区、大船渡市の拠点にて活動を開始。12月大船渡ベース開設
	12月	23日	さいたま教区、「いわきサポートステーション もみの木」を開設
2012年	6月	1日	東京教区、避難区域再編に伴い、原町ベースを開設

（仙台教区サポートセンター2014）をもとに筆者が作成

　以上がカトリック教会による被災地への「直接支援」に関わる活動の概要である。続いて、もう一つの活動内容といえる首都圏のフィリピン人コミュニティによる被災フィリピン人支援活動と、それに対するCTICによる「間接支援」の展開について明らかにする。

第1章　67

5-4　首都圏のフィリピン系コミュニティの被災地支援活動と
　　　　　　　　　　　　　　　　カトリック教会の「間接支援」

　次に、東日本大震災時に展開されたカトリック教会の支援活動の中でもユニークなものといえる、首都圏在住のフィリピン系信徒のコミュニティによる同胞支援活動と、この自助的な活動をサポートした東京国際カトリックセンター（CTIC）の動きを見ていきたい。
　CTIC の通常業務の一つに、外国人信徒のコミュニティづくりのサポートがあることはすでに確認した。GFGC（Gathering of Filipino Groups and Communities）は、東京教区（東京都・千葉県）内の教会にあるフィリピン人共同体とその他のフィリピン人グループの代表が集まって、それぞれが抱えている問題を共有し、解決に向けた協力や、日本社会や東京教区への貢献について検討する集まりであり、CTIC のコーディネイトにより 2003 年から始まった。主な活動は、チャリティーコンサートの企画運営、研修会、スポーツデーの実施などである。以下に見るフィリピン系被災者の帰国支援や被災地ボランティアツアーの活動の母体となったのはこの GFGC であり、CTIC の支援のもと、震災直後には被災地域から成田を経由してフィリピンに帰国する人たち（主に若い母親と子どもたち）への支援を行い、その活動が収束したのちは、東北の被災地に残ったフィリピン系被災者の人たちへの現地支援へと活動を展開させていったのである。
　2011 年 3 月 11 日の震災発生直後に CTIC が最初に行ったのは、避難してきた被災外国人の受け入れと通常業務の中で付き合いのある外国人・移住者の信徒の安否や被害状況の確認であった。次に、東北地方や首都圏の避難者の受け入れ体制の整備に取り組むことになり、「東日本大震災外国人被災者支援センター」を設立、都内の 24 か所の教会や修道院に避難所を設置し、300 人の避難者への受け入れが可能な状況となった。そうした中でフィリピン大使館から CTIC へ「東京に避難してきたフィリピン系の被災者を成田から帰国させる事業の支援をお願いしたい」という要請があり、六本木のチャペルセンターに帰国者支援のための避難所を設置することになった。日ごろから構築されてい

たFacebookなどのツールによる情報ネットワークによって互いに連絡を取り合いながら、上述の首都圏のフィリピン人コミュニティ（GFGC）を中心とした帰国者支援活動と避難所運営が開始された。この活動の主な対象は、放射能不安などで子どもを連れてフィリピンに帰国する若年の母子が多く、帰国のための諸手続きの支援や日中の子ども預かり支援、その間の滞在に必要なサポートが主な業務となった（CTICスタッフへの面接インタビューより。2013年10月9日、CTIC内にて実施。避難所の運営概要や支援内容については図表1-27を参照）。

図表1-27　六本木チャペル内のフィリピン人避難者のための避難所の概要

〔設置時期〕震災発生後から2週間程度
〔受け入れ人数〕延べ452人
〔避難所ボランティアの仕事〕 　料理、掃除、受付（訪問者のチェック等）、子どもの世話（秋葉原の遠足等も含む）、レクリエーション（マジック、尺八演奏ほか）、法的手続きのサポート、大使館・法務局・航空会社等への送迎　など
〔支援内容〕 　物的支援……食料品、粉ミルク、衣類、衛生用品（シャンプー、石鹸、化粧品等）、紙オムツ、スーツケース、お土産　など 　経済的支援…パスポート発行料、書類の取り寄せ料、旅費　など
〔一日のスケジュール〕 　7時起床～8時朝食～9時-朝の祈り・活動～11時掃除～12時-昼食と昼寝　～4時個人の時間～6時夕食～9時ミーティング～10時消灯

CTIC提供の資料をもとに筆者が作成

そして、この帰国者支援の活動がおおよそ落ち着いた3月下旬ごろから、首都圏のフィリピン系市民による被災地の同胞への支援活動への機運が高まってくる。彼ら・彼女らが三陸地方のフィリピン人リーダーと連絡を取り合う中で、「フィリピン人向けのタガログ語ミサを開催してほしい」というニーズが現地より伝えられた。そこで、現地のフィリピン人をぜひ慰問したいというコミュニティメンバーの希望により、CTICの支援のもとGFGCメンバーのボランティア志願者が貸し切りバスに乗って、仙台、大船渡、気仙沼、陸前高田、福島などへの「ボランティアツアー」が2011年4月以降に計10回以上実施

第1章　69

された。行程としては、深夜にカトリック目黒教会を出発して途中の教会でフィリピン料理を準備した。現地入りした後は、被災したフィリピン人とのミーティングやミサの開催、その後の食事会を通じて、首都圏と被災地のフィリピン人同士が親交を温めた。

　フィリピン系の支援者や被災者へのサポートを担当したCTICスタッフの奥山マリア・ルイサ氏によれば、東北地方、とりわけ三陸沿岸の諸地域ではフィリピン人が集まって何かをするといった機会は震災前まではあまりなく、教会に通う人もさほど多くなかったという。まさに震災によって初めて、移住先で母国語によるミサが実現し、石巻・気仙沼・大船渡などで現地のフィリピン人が集い、それを他地域在住のフィリピン人（とそのグループ）が支えるという、まさに自助的な支援活動の展開がみられたとのことである。

6．外国人支援セクターとしてのカトリック教会の評価

6-1 外国人住民の「非集住地域」におけるカトリック教会の位置づけ

　本章では、外国人住民の「非集住地域」である愛媛県の外国人住民について、カトリック教会という「場」を題材に検証を行った。まず平常時におけるカトリックを信仰する外国人住民にとっての教会は、異国の地にあって信仰心や宗教生活の拠点となり、さらには同胞との出会いや生活上のトラブル等について助言を得たりする際にも頼りになる存在である。出身国別に見れば、日ごろからカトリック教会との結びつきが強いフィリピン系住民にとって重要な場所になっていることが確認できた。

　受け入れる側の日本のカトリック教会の側からは、こうした外国人信徒の増加は、日本人信徒の高齢化・信徒数の減少といった悩みを抱える日本のカトリック教会に活気をもたらすものとして歓迎する声が少なからず聞かれた。しかし、国や文化の違う信者が同じ教会に集うことによって問題が生じることも十分に起こりうる。今回の調査では確認できなかったが、他の事例報告においては、

外国人信徒向けのイベントやフェスティバル（ペルー人の土着の祭り）を教会で開催した際に、一部の外国人信徒（非信徒の外国人の場合もある）によるゴミの散乱や駐車違反などで近隣地域とのトラブルを起こし、日本人（あるいは同国人の）信徒の反感を招くような事態の発生が指摘されている（三木・沼尻2012）。また、信仰のあり方そのものやミサや宗教行事のスタイルの違いについて日本人・外国人双方の信徒から苦情や不満が寄せられることもある。たとえば、日本人の信徒からは「外国の人は日本語のミサや教会行事に積極的に参加しない」点を指摘するが、逆に外国人の信徒からは「ミサの言葉やルール・習慣の意味がわからず入っていきにくい」といった声が上がりやすい。また、「教会維持費」（信徒がミサでの献金以外に毎月納入するお金）を仕送りなどで経済的余裕もない外国人信徒が忌避しがちであることへの不満や、特定の教会への帰属を明確にする日本人信徒に対し、母語でのミサや行事を「はしご」する外国人信徒に不誠実さを感じたりするなどの誤解が生じることもあるようである（谷ほか2008：45-48）。

　そうした場合、移住者たちからすれば、たとえば集住地域に拠点を構えるブラジリアン・チャーチのように、運営も信者も同じ出身国者が占めている場のほうが居心地がよいと感じられるかもしれない。確かに、カトリック教会を拠点とした外国人住民の支援活動には、本稿においても散見されたように、いくつかの制約事項がある。ひとつには、こうした外国人住民への支援活動もカトリックへの信仰を第一義とする中で展開されるべきものであるという前提条件が挙げられる。大きな自然災害や世界的不況による大量解雇の発生などの非常時には「人道的な見地から」幅広い支援が展開されることはもちろんあるが、そうした場合を除けば、カトリック教会において行われる諸活動は、参集する信徒のための活動が主となる。非常時の対応においても、教会のスタッフや信徒によるボランティアによって運営されることが多く、東京やさいたま教区などのように外国人支援のための組織を置いている場合をのぞけば、常時外国人のために広く門戸を開いておくことは運営上困難である。したがって、平常時における教会と外国人住民とのかかわりは、おのずと教会に足を運ぶカトリック信徒とのつながりに重きが置かれることになる。

　このように、教会行事への参加やカトリックへの信仰心が重視されるという

ことは、エスニック・グループの傾向によって教会とのつながりの強さに濃淡が出てくることにもつながる。たとえば「フィリピン人はよく教会に来るがブラジル人はあまり来ない…」といった声が聞かれることがある。フィリピンと同様、ブラジルもカトリック教徒がマジョリティを占めるが、本国においても日常的に教会に通う信者の割合は決して高くなく、ブラジルのプロテスタント系宗派（ペンテコステ派など）や日本の新興宗教諸派（創価学会、生長の家など）が教勢を拡大していることなどから、日本にやってきたブラジル系移民がすべてカトリック教会に通うわけではない。ブラジル系移民が集住する東海や北関東などの地域では、ブラジル系のプロテスタント教会が多くの信者を集めているようである (10)。

　二つ目の制約としてあげられるのは、言語の問題である。外国人信徒には、教会でミサを受ける場合にはできるだけ自らの使用言語で行ってほしい、日本語のみのミサでは何をやっているのかわからない、という声もある。カトリック教会の場合、英語ミサについては外国人司祭・日本人司祭ともに対応可能である場合が多い。その点、フィリピン系信徒の場合は、英語が準公用語になっており英語によるコミュニケーションがある程度可能な信徒が多いことが有利に働いている。しかし、他の外国語でのミサの遂行が可能かどうかは、各教会のスタッフの陣容や人事異動の結果に左右され、外国人信徒のニーズに沿えないようなケースも多々存在する。また、仮に複数の言語でのミサ開催が可能であった場合でも、教会の運営面での負担は大きなものとなる (11)。北関東や中部・東海のカトリック教会では、信徒のニーズに対応すべく3つ以上の言語でミサを開催するところもあるようであるが、それ以外の多くのカトリック教会では日本語か英語のミサにそれ以外の言語の使用者も参加することになり、そこでは「カトリック教会では自分たちの言語・文化空間を確保することは難しい」という不満が外国人信徒の側に感じられることになろう。

　しかし違う見方をすれば、先に見たブラジル系プロテスタント教会などとは違って、カトリック教会では日本人信徒と同じ教会施設が使用される以上、多かれ少なかれ日本人の信徒との接点は必ず発生する。このことは、日常的な異文化交流の進展や、非常時でのエスニック・マイノリティ支援の体制構築を考える場合にはきわめて重要な特色であり、家庭や職場以外ではめったに日本人

と接する機会のない「非集住地域」に住む外国人住民にとっては、カトリック教会は日本社会への貴重な「窓口」となっているのである。

6-2 被災外国人への支援セクターとしてのカトリック教会の特徴

　また、本章の第 5 節においてカトリック教会によって東日本大震災の被災地（とりわけ外国人移住者・滞在者）を支援するために行われたいくつかの重要な活動をとりあげたが、被災外国人の支援セクターとしてのカトリック教会はどのような特徴をもって位置づけられるであろうか。
　この点について、阪神・淡路大震災時にカトリック鷹取教会の責任司祭であった神田裕氏は次のように述べている。

　「災害支援におけるカトリック教会の強みは、何といっても組織力とネットワーク。東北の各地の教会や仙台教区だけではどうしようもないが、それを 8 つの拠点をつくって全国の教会が被災地の支援エリアをカバーするという体制を取ることができた。それと、長期戦に強いこと。特に、放射能汚染の影響がある福島は今後数十年単位での支えが必要になる。『放射能は怖いけれど、高齢だから構わない』とシスターたちが福島のコミュニティを支援する活動を支えてくれているが、現地の教会にずっといる人による支援だからこういったことが可能になる」（カトリックたかとり教会での訪問インタビュー調査より。2013 年 9 月 21 日、同教会内にて実施）。

　この語りの中からも、カトリック教会の支援セクターとしてのスケールメリットが強調されながらも、そうした組織としての特徴が「社会的弱者や苦境にある者に寄り添う」というイエスの教えの実践を志す者たちの「共同体」とも呼べるような、現場の支援者の意志に基づいた活動の展開とうまくかみ合っている様子を見て取ることができる。とりわけ、カトリックを信仰する滞日外国人にとっては、寺尾寿芳が教会という「場」の意味を網野善彦の「アジール（避難所、平和領域）」という語を援用して説明しているように（寺尾 2003:135）、とかく弱い立場や独力では解決困難な生活課題に直面しがちな中

で、カトリック教会の存在に日常生活で直面する諸課題を理解し改善・解決していくための場、まさに「アジール」としての特性を見て取ることもできよう。

　そして、神田氏が「長期戦に強い」と指摘したゆえんは、各地の教会が災害発生の前からその地域の中に存在し続けてきた点にある。被災地の外部からやってきたボランティアや支援団体の悩み（いつまで活動を続けるか、どのタイミングで引き上げるか）に煩わされることなく、これまで通りに日常のタスクに取り組みつつ息の長い被災地・被災者への支援活動に取り組むことができる点が長期的な被災地支援に携わるうえでのカトリック教会の利点であり、小都市や人口の少ない地域にまでそうした活動拠点を有している組織は、仏教各派や一部の宗教団体を除いてそう多くはない。

　ただしその一方で、災害支援におけるカトリック教会の「弱点」として、神田氏は「動き出すのに時間がかかること」と「現場の裁量や自由が決して多くはないこと」を挙げており、カトリック教会の巨大な官僚制的な組織特性に由来する課題が存在することも同時に指摘されている。また、カトリック教会の地元の支援拠点としての教会（小教区）を見た場合、人口減少や高齢化が進む地方部にある教会においては慢性的な「マンパワーの不足」を指摘することもできよう。

　非常時の人道的支援活動の拠点としての役割をいずれかの教会が負う場合、その中心的な役割を担うのは司祭や修道者（シスター）、そして普段から教会に通ってくる一般の信徒たちであり、こうした人たちのボランタリーな活動によって支えられることになる。しかし、各地のカトリック教会の日本人信徒の減少および高齢化が指摘される中で（谷ほか 2008:25-29）、長期にわたって被災地域のニーズを支え続けることは決して容易ではない。とはいえ、第4節で紹介した愛媛県の宇和島教会の担当司祭へのインタビューにあるように、クリスマスイベントなどでは若い外国人信徒やその子どもたちが積極的に役割を果たし、教会が活気づいているという例もある。かつては「お客様」「新参者」といった扱いとなりがちであった日本の教会に通う外国人信徒が、本稿で見た首都圏のフィリピン系信徒の事例にあるように、同胞や日本人信徒を主体的にサポートするような立ち位置を取るようになってきている点も指摘しておきたい。

6-3 結びにかえて

　本章では、カトリック教会という宗教組織がもつ「外国人支援セクター」としてのポテンシャルを明らかにするため、その活動の歴史、地方のカトリック教会に集う外国人信徒の「宗教生活」および「支え合いの結節点」である外国語ミサの現場、そして阪神・淡路および東日本という二つの大震災時の被災外国人支援の動きとその前史や背景要因を見てきた。これらの考察を通じて、社会的弱者に寄り添いながら支援してきたカトリック教会における活動経験の蓄積と東日本大震災の被災地の支援で効力を発揮した広大かつ被害甚大な被災地域への広域支援を可能とするような組織特性の存在を確認することができた。

　被災地支援の文脈でいえば、東日本大震災の発生から5年が経過した現在、被災地の復興は依然道半ばとはいえ、初期の「避難・復旧」を支援する段階から次の「地域復興・生活再建」に向けて取り組んでいく段階へと入りつつある。それはすなわち、阪神・淡路大震災の時もそうであったが、発災から2年、3年と過ぎるうちに、「まだまだきつい」という被災地域住民の感覚と被災地の「外」の人たち、報道関係者、一般世論との間の「温度差」が顕著となってくることを意味する。被災地の人たちを苦しめた（あるいは現在形で苦しめている）災害が「過去」の出来事のように扱われ、社会全体における記憶の風化と被災地への関心の低下が問題になってくる。

　現地のニーズも、場所によっては地域生活のためのインフラが整い、住宅等が再建され、物質的な面では通常に近いライフスタイルに戻りつつある中、被災後の生活の疲れからくる体調の悪化や、（収入状況の回復が伴わない場合は）初期対応での支出や衣服・日用品などの買いそろえ等に伴うその後の家計状況の悪化が目立ってくる。こうした時期に求められるのは、発災直後のことを振り返りながら、具体的な生活課題に対処し、気持ちの面でも被災体験を受け止めて前向きなエネルギーを生み出していくための被災者・避難者たち自らの取り組みである。そして、支援者によるサポートも緊急対応としてカトリック教会全体のリソースを総動員したような形の支援から、各地域に長期的な視点で関わっていくような地道な支援活動が中心となってくる。

そうした場合、求められるのは外部からの支援というよりも、地域内の人的資源やネットワークを利用して人々を繋ぎ、まとめながら個々の生活再建に向けたサポートをしていくような形になるだろう。今後は、各地の中小都市に点在する地域の教会（小教区）を拠点に据えながらも、災害発生のはるかに前から地域に根を下ろして司牧活動を展開してきた被災地各地の教会を拠点とすることで可能となるような「細く長く」続けていく支援活動、キリスト教の社会活動の本領ともいえる被災地で苦境にある人たちへの「見守り」・「寄り添い」といったタイプの活動がいっそう主要なものとなっていくであろう。

　筆者が阪神・淡路大震災の被災地でフィールド・ワークを行っていた際に、同地の被災者から聞いた言葉がある。「いざという時には普段やっていることが生きてくる。普段やっていないことを急にやっても必ず失敗する」という言葉がそれであるが、本章で検討してきた外国人住民の「非集住地域」の多文化化に際してのカトリック教会の存在意義を考える上で示唆的である。グローバル化した現代社会において、災害や経済危機による大量解雇など、エスニック・マイノリティの人々が異郷の地で危機的な状況に直面した時にどのような支援体制を整えるかは、それぞれの地域において喫緊の課題である。しかし、外国人住民の数が少なく、支援団体の数や活動規模が限られているような地域における選択肢は決して多くない。その中にあって、カトリック教会で普段から行われている異文化間の交流や共同での行事開催の経験がいざという時の活動を容易にするという側面は強調されてよい。

　重要な点は、外国からやってきてまだ新しい土地の風習や制度に慣れていない人であっても、「あそこに行けば何とかなる」「あそこに聞けばアドバイスをくれる」と感じられるような場所がその地域にあるかどうかである。神戸市長田区のカトリックたかとり教会がそうであったように、非常事態に直面した時に普段から足を運んでいる外国人は教会をまず頼るであろうし、教会に行っていない人々であっても「あそこの教会には普段から外国の人が集まっている」という認識があれば、いざという時に目指すべきところとして思い出されるかもしれない。カトリック教会で行われている外国語によるミサや日本人との共同による行事の開催といった活動は、現代社会における様々な危機的な状況が発生した際に即座に態勢を整えて、日常の活動をベースにして非常時のニーズ

に対応する際の素地を準備する。また、カトリック教会が有する国内外のネットワークは、東日本大震災でも展開されたように人や情報・物資・ノウハウをいち早く現地に届けることができるだけのポテンシャルを持っている。

　グローバル化の進展する昨今において、地域内に住む外国人住民の多寡にかかわらず、日常時および非常時の対応の「多文化化」は不可避である。愛媛県をはじめ外国人の「非集住地域」において、本稿でとりあげたカトリック教会のような外国人信徒を有する宗教教団は、地域社会のデザインや再構築に際して重要な「資源」の一つとして位置づけることができるであろう。

（注）
(1) 1980年代以降のカトリック教会による外国人住民支援の詳細については、狩浦（2011）および谷ほか（2008）を参照。
(2) フィリピン系エンターテイナーをめぐる諸問題の経緯については、津崎（2012）を参照
(3) 阪神・淡路大震災下のたかとりカトリック教会における外国人住民支援については、伊藤（2010）と小田（2013）に詳しい。東日本大震災では、多言語センターFacilが中心となって気仙沼のフィリピン系住民のコミュニティに対するラジオ番組制作支援を行っている。被災地域への多言語メディア支援については金（2012）と吉富（2013）を参照。
(4) 東日本大震災の被災地へのカトリック教会の支援については、カトリック国際センターウェブサイト（http://www.ctic.jp/index.html、2012年9月28日閲覧）を参照。また、各被災地域での支援内容および分担状況については仙台司教区発行の「東日本大震災救援・復興活動ニュースレター Vol.4」カトリック仙台司教区（2011）に詳細な地図とともに示されている。
(5) CTICの設立の経緯については、川口（2008）に詳しい。
(6) 東京教区のフィリピン系信徒の生活の様子やフィリピン人共同体については、カスヤ（2008）の口述において詳しく語られている。
(7) マテオの事例と本調査の分析結果におけるメディア環境の変化については、第32回日本都市社会学会（2014年9月12日、専修大学）の研究報告時に寄せられた静岡県立大学の高畑幸氏からのコメントから多くの示唆を受けた。
(8) 「集住地域」における外国語ミサの運用については、谷ほか（2008）の第二章に北関東のいくつかの教会での多言語での対応について言及がある。
(9) とはいえ、本稿で取り上げた愛媛県内の3か所での英語ミサにおいて、英語を準母国語として使いこなすことになれているフィリピン系の人たちが多数を占めていることと、タガログ語・英語・日本語を交えて参集したフィリピン系信徒へのサポート（ミサへの参加からプライベートな相談まで）を行うことがで

きるフィリピン出身のシスターがおられることの意義は大きい。ミサや司牧の主要な部分は英語で行われ、細々とした情報の周知や手続き、質疑応答などが母国語のタガログ語で行われることによって、参加者にとって英語ミサがより参加しやすくなじみ深いものになっているものと推察される。
（10）　こうした「エスニック・チャーチ」が提供する外国人信徒にとっての「居心地の良さ」はその閉鎖性、すなわち日本人や日本社会との接点に乏しく、地域社会からは「見えない教会」になっているという問題を内包する。こうしたブラジル系移住者の複雑な信仰状況については星野（2012）を参照。ただし、星野は外国語で開催されるミサに日本人信徒が姿を見せることがまれであることから、カトリック教会内にも実際のところは日本人信徒との「エスニックバウンダリー」が存在することを指摘する（星野2012：93）。
（11）　3つ以上の言語でミサを実施している教会の例を挙げると、たとえば愛知県豊田市の聖心教会では、日曜日の午前9時と午後6時に開催される日本語ミサのほかに、ポルトガル語が第1日曜日、スペイン語が第2土曜、タガログ語が第3日曜の午前11時から実施されている（深浦2011：207）。また、静岡県浜松市の浜松教会では、毎週日曜の日本語ミサ以外に英語が第2日曜日の午後1時、スペイン語が第3日曜日の午後4時、ポルトガル語が毎週土曜日の午後7時30分から行われている（同教会HPを参照、http://www.geocities.jp/hamamatsukyokai/top/misazikan.html、2012年9月28日閲覧）。白波瀬と高橋の調べでは、浜松教会のミサへの参加人数（2011年時点）は、日本人が約200人、ブラジル人が約300人、ペルー人が約100人、フィリピン人が約100人とかなりの大所帯となっている（白波瀬・高橋2012：69-70）。

参考文献

ボニファシオ、フィリップ、2008、「インタビュー記録3：フィリピン人共同体 – 司祭の立場から」、『上智アジア学』26号、135-152
カトリック仙台司教区、2011、「東日本大震災救援・復興活動ニュースレター　Vol.4」（http://www.sendai.catholic.jp/SDNL04a.pdf、2011年7月10日発行、2012年9月28日閲覧）
カリタスジャパン編、2014、『カリタスジャパン　東日本大震災活動報告書』
川口薫、2008、「インタビュー記録2　カトリック東京国際センター（CTIC）の活動」『上智アジア学』第26号、113-134
星野壮、2012、「日系ブラジル人教会と信徒の今後—言語と信仰の継承をめぐって」三木英・櫻井義英編著『日本に生きる移民たちの宗教生活—ニューカマーのもたらす宗教多元化』ミネルヴァ書房、87-114
伊藤守、2010、「FMわぃわぃのメディア実践—ディアスポラ、メディア、公共空間」岩渕功一著『多文化社会の＜文化＞を問う—共生／コミュニティ／メディア』青弓社、211-237

狩浦正義、2011、「コラム④共の会について」佐竹眞明編著『在日外国人と多文化共生―地域コミュニティの視点から』、明石書店、201-207

カスヤ、マリア・カルメリタ、2008、「インタビュー記録4：日本のフィリピン人共同体（特集：日本のカトリック教会と移住民）」、『上智アジア学』26号、153-175

菊池功、2005、『カリタスジャパンと世界―武力なき国際ネットワーク構築のために』サンパウロ

金千秋、2012、「阪神・淡路大震災から東日本大震災へ　多文化共生の経験をつなぐ―地域における多言語放送が多文化共生社会構築に果たせる可能性―」東北大学グローバルCOEプログラム「グローバル時代の男女共同参画と多文化共生」編『GEMCジャーナル』No.7、36-47

駒井洋監修・鈴木江里子編著、2012、『東日本大震災と外国人移住者たち』明石書店

マテオ、イバーラ、2003、『「滞日」互助網-折りたたみ椅子の共同体』、フリープレス

三木英・沼尻正之、2012、「再現される故郷の祭り―滞日ペルー人の『奇跡の主』の祭りをめぐって」三木英・櫻井義英編著『日本に生きる移民たちの宗教生活―ニューカマーのもたらす宗教多元化』ミネルヴァ書房、115-138

大村昌枝、2012、「未曾有の大災害、外国人散住地域では、なにが起きたのか－地域における『共生』を問う」駒井洋監修・鈴木江理子編著『移民・ディアスポラ研究2 東日本大震災と外国人移住者たち』明石書店、34-55

小田武彦、2013、「震災で育てられた共同体―阪神淡路大震災とカトリックたかとり教会」関西学院大学キリスト教と文化研究センター編『ミナト神戸の宗教とコミュニティ』、神戸新聞総合出版センター、243-271

白波瀬達也・高橋典史、2012、「日本におけるカトリック教会とニューカマー―カトリック浜松教会における外国人支援を事例に」三木英・櫻井義英編著『日本に生きる移民たちの宗教生活―ニューカマーのもたらす宗教多元化』ミネルヴァ書房、55-86

仙台教区サポートセンター、2014、「東日本大震災支援活動 カトリック教会の歩み―寄り添いながら明日へ」

鈴木江理子、2012、「東日本大震災が問う多文化社会・日本―『共に生きる』ために」駒井洋監修・鈴木江理子編著『移民・ディアスポラ研究2 東日本大震災と外国人移住者たち』明石書店、9-32

高畑幸、2010、「地域社会にみる多文化共生―名古屋市中区のフィリピン・コミュニティの試み」加藤剛編『もっと知ろう!!わたしたちの隣人―ニューカマー外国人と日本社会』世界思想社、146-172

――、2011、「興行から介護へ―在日フィリピン人、日系人、そして第二世代への経済危機の影響」駒井洋監修・明石純一編著『移民ディアスポラ研究1　移住労働と世界的経済危機』明石書店、107-121

田村太郎、2000、『多民族共生社会ニッポンとボランティア活動』明石書店

谷大二ほか共著、2008、『移住者と共に生きる教会』女子パウロ会

津崎克彦、2010、「フィリピン人エンターテイナーの就労はなぜ拡大したのか―歓楽街のグ

ローバリゼーション」五十嵐泰正編『労働再審②　越境する労働と＜移民＞』大月書店
寺尾寿芳、2003、「カトリック教会共同体の多文化主義的マネジメント－現代日本における可能性」、『宗教研究』77号（2）、369-391
徳田剛、2012、「地域社会のグローバル化におけるカトリック教会の役割―愛媛県の教会における英語ミサの実践例から」、聖カタリナ大学キリスト教研究所『紀要』第15号、17-30
――、2014、「愛媛県のカトリック系移住者・滞在者の生活課題と信仰―英語ミサ参加者への質問紙調査の結果から―」、聖カタリナ大学キリスト教研究所『紀要』第17号、35-52
――、2015、「被災外国人支援におけるカトリック教会の役割と意義―東日本大震災時の組織的対応とフィリピン系被災者への支援活動の事例より―」、『地域社会学年報』第27集、113-126
坪田光平、2013、「フィリピン系結婚移民とエスニック教会―「エンターテイナー」をめぐる価値意識に着目して」『社会学年報』No.42、97-107
山田經三、1999、『アジアの隣人と共に生きる日本の教会－二十一世紀に扉をひらいて』新世社
吉富志津代,2013、『グローバル社会のコミュニティ防災―多文化共生のさきに』大阪大学出版会

（付記）
　本章の内容は、日本カトリック大学連盟・2013年度研究助成（共同研究「非集住地域における外国人の共生」、研究代表者：徳田剛）の研究成果をとりまとめたものであり、徳田（2012）、徳田（2014）、徳田（2015）に一部加筆したものである（徳田（2015）の本稿への掲載については、地域社会学会年報編集委員会より転載許可を得た）。研究の遂行にあたっては、カトリック東京国際センター、カリタスジャパン仙台教区サポートセンター、大船渡教会・滞日外国人支援センター、カトリックたかとり教会およびたかとりコミュニティセンター、カトリック松山教会、同今治教会、北条修道院の関係者に多大なご協力をいただいた。また、松山・今治教会の英語ミサと伯方島の出張英語ミサの参加者のみなさまには休日のミサ後の貴重な時間に聞き取りや質問紙調査へのご協力をいただいた。以上の関係諸氏に対し、ここに篤く御礼を申し上げます。

第2章

「非集住地域」における日本語学習支援活動を通した外国人住民の支援と包摂―ベトナム人技能実習生の事例から―

二階堂 裕子

1. 研究の背景と目的

1-1 「非集住地域」における外国人の社会的統合

　1990年の出入国管理及び難民認定法改正を機に、日本では日系南米人が急増し、愛知県豊田市や静岡県浜松市などの工業都市では、日系南米人のエスニック・コミュニティが顕在化している。また、グローバル都市である東京都でも、新宿や新大久保地区などにニューカマー外国人による「集住地域」が形成されている。こうした動向を背景に、都市部における外国人コミュニティを対象とした調査・研究が意欲的に進められ、その成果が蓄積されてきた（池上編著 2001、小内ほか編 2001、大久保 2005、梶田ほか 2005など）。

　しかし、近年における在日外国人の増加を促しているのは、都市部の「集住地域」で就労・生活する人々ばかりではない。少子高齢化や人口減少が著しく進行している中山間地域では、深刻な労働力不足の緩和策として、近年、外国人研修生・技能実習生（以下、「技能実習生」）の受け入れが進みつつある。こうした過疎地域では、エスニックな下位文化を生成しうるほどの人口量がなく、外国人は圧倒的多数の日本人と日々接触しながら生活する場合がほとんどである。現在のところ、こうした「非集住地域」で暮らす外国人が在日外国人全体に占める割合は多くない。しかし、労働力の確保が困難で産業の衰退が不可避

の状態である当該地域では、今後、貴重な労働力として技能実習生の受け入れがさらに加速すると見込まれるがゆえに、その存在は無視できない。

それにもかかわらず、「非集住地域」の外国人、とりわけ滞在期間が厳格に制限されている技能実習生を対象とした研究において、今後を見据えた社会的統合の可能性を探究しようとする試みは見当たらない。

1-2 外国人技能実習生・研修生制度をめぐる「問題」

技能実習生の就労状況を取り上げた研究では、労働現場や生活管理における人権問題や逃亡・失踪問題が議論の焦点となり、日本社会や行政に対して、労働市場の底辺で働く彼ら・彼女らの人権保障対策を要請するものが目立つ（「外国人労働者問題とこれからの日本」編集委員会 2009、上林 2002、2012など）。これらはいずれも看過できない課題であり、技能実習生制度のあり方そのものを問い直す必要があることは、言うまでもない。

しかし、外国人の「非集住地域」において、ホスト社会の人々と外国人住民の双方にとって望ましい社会的統合のあり方とその実現に向けた道筋を検討しようとするならば、「低賃金労働力として搾取される技能実習生」と「搾取する側の企業（日本社会）」という従来の構図では十分に捉えきれない部分にも、目を向けなければならない。浅野らは、技能実習生を自らの発展的再生産を求める主体として位置づけ、研修・技能実習を通して、彼ら・彼女らが国籍や民族を超えた階級的主体を形成する可能性のあることを指摘した（浅野編 2007）。

つまり、技能実習生にとって日本での労働とはどのような意味合いをもつのか、また、彼ら・彼女らの主体性が職場や地域社会にどのような影響を与えるのかという点を視野に入れる必要があるのである。

1-3 本稿の目的

そこで、本稿では、「非集住地域」における外国人と日本人の関係構築のあり方を考察する試みのひとつとして、急激な経済成長が続くベトナム出身の技能実習生に焦点を当て、彼ら・彼女らの生活構造を総合的時系列的に理解する。

そのために、まず、日本でベトナム人技能実習生の受け入れが進んでいる社会的経済的要因を整理し、そのうえで、彼ら・彼女らが技能実習生となった動機や主観的意味を明らかにする。その際、実質的な「就労」である実習経験のほか、日本語学習への取り組み状況にも注目し、それらの意義について考察する。以上を踏まえたうえで、過疎地域における短期滞在の外国人労働者と日本人との連帯の可能性を検討したい。

なお、筆者は、2008年11月より、ベトナム人技能実習生を受け入れている企業や日本語学習支援を行っているＮＰＯのほか、ベトナムにおいて事業を展開している日系企業や現地の技能実習生送り出し機関を対象に調査を継続してきた。本稿は、それらの調査から得たデータに基づいている。

2. 日本における外国人技能実習生制度の状況

2-1 技能実習生制度をめぐる動向

外国人研修・技能実習制度とは、「技能実習生への技能等の移転を図り、その国の経済発展を担う人材育成を目的としたもの」（国際研修協力機構（JITCO）作成のパンフレットより）で、技能実習生は最長3年の期間、日本の企業等と雇用関係を結び、就労する。近年、人手不足の解消を目的とした技能実習生の受け入れは、増加の一途を辿っている。2000年に「研修」の在留資格をもつ外国人登録者数は36,199人であったのが、2014年には「研修」と「技能実習」(1)を合わせて163,560人に達し、外国人登録者全体に占める割合は7.8％となっている（図表2-1）。

中でも「３Ｋ業種」といわれる建設業のほか、農業や漁業の分野でも、その需要が急激に高まっている（図表2-2）。国籍別で見ると、中国の割合が圧倒的に多い。また、ベトナム人は、2000年の2,280人から2014年には26,575人へ増加し、順位は第4位（全体の6.3％）から第2位（同16.2％）に上昇している（図表2-3）。

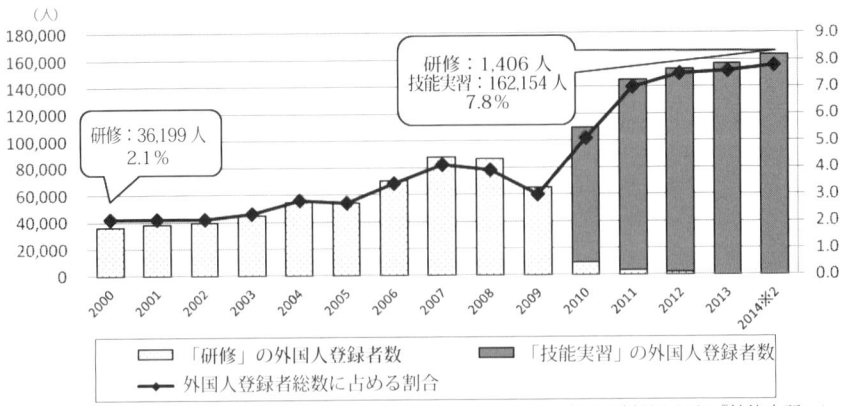

※1 2010年の入管法改正により、従来の「研修」に該当する者の多くが新設された「技能実習」に該当することとなった
※2 2013年までは各年末現在、2014年は6月現在の数値をそれぞれ示す
出所：入管協会『在留外国人統計』（各年版）により作成

図表2-1 「研修」と「技能実習」※1の外国人登録者、および外国人登録者総数に占める割合の推移

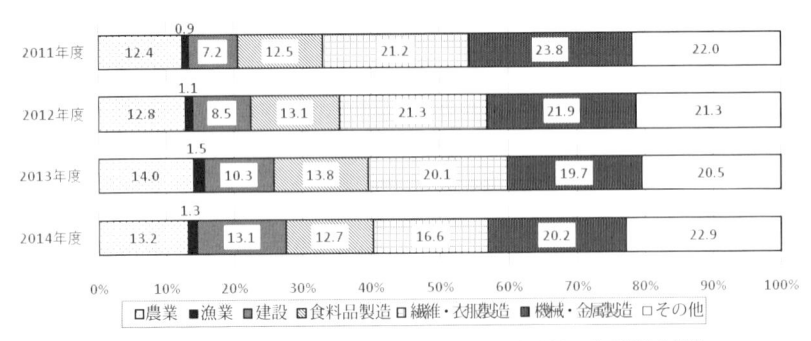

※1 外国人技能実習制度・研修制度の推進を目的に創設された公益財団法人国際研修協力機構
※2 入国1年目に与えられる「技能実習1号」の終了時に技能検定基礎2級等に合格した者は、入国2年目と3年目に「技能実習2号」の在留資格へ移行する
出所：JITCO「技能実習生・研修生統計」より作成

図表2-2 JITCO※1が支援を行った技能実習2号※2の産業別人口割合の推移

84

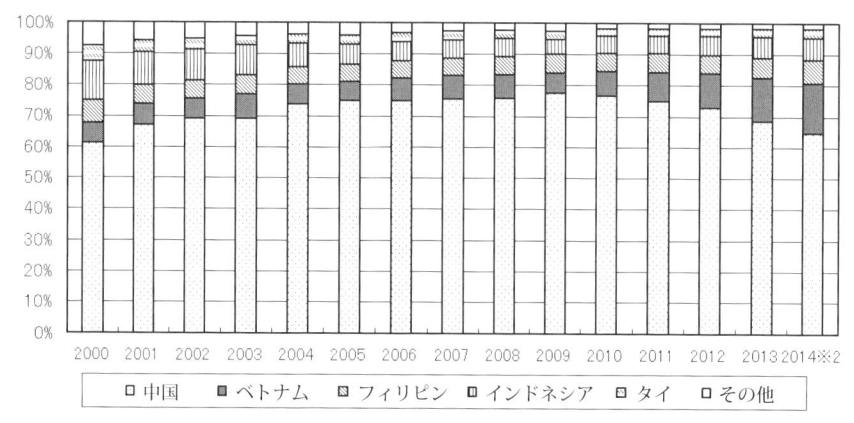

※1 2010年以降の数値は、「研修」に「技能実習」の在留資格をもつ登録者数を加えたもの
※2 2013年までは各年末現在、2014年は6月現在の数値をそれぞれ示す
出所：入管協会『在留外国人統計』（各年版）により作成

図表2-3 「研修」と技能実習」※1の外国人登録者の国籍別構成比の推移

　さらに、「技能実習」の在留資格をもつ外国人登録者数を2010年と2014年で比較してみると（図表2-4）、日本全体で100,008人から162,154人へ増加している。また、都道府県別の推移を見た場合、すべての都道府県で増加傾向が見られる。とりわけ増加率が高いのは、東京都市圏のほか、北海道や九州地方であり、人口減少と少子高齢化にともなう労働力不足の解消が焦眉の課題となっている過疎地域においても、技能実習生の需要が著しく高まっている様子がうかがえる。

図表 2-4 「技能実習」の在留資格をもつ外国人登録者数（人）

	2010年末現在技能実習合計	2014年6月現在技能実習合計※	2014年/2010年	
総数	100,008	162,154	1.62	
北海道	2,576	5,475	2.13	＊
青森	539	866	1.61	
岩手	1,124	1,519	1.35	
宮城	865	1,405	1.62	＊
秋田	546	717	1.31	
山形	786	1,146	1.46	
福島	1,072	1,405	1.31	
茨城	6,377	9,607	1.51	
栃木	1,899	3,264	1.72	＊
群馬	2,314	4,624	2.00	＊
埼玉	3,442	5,698	1.66	＊
千葉	3,677	6,742	1.83	＊
東京	1,259	2,633	2.09	＊
神奈川	1,623	3,103	1.91	＊
新潟	1,207	1,761	1.46	
富山	2,089	3,250	1.56	
石川	1,625	2,635	1.62	＊
福井	2,001	2,800	1.40	
山梨	420	814	1.94	＊
長野	2,343	4,185	1.79	＊
岐阜	6,902	9,899	1.43	
静岡	4,387	6,605	1.51	
愛知	10,278	17,951	1.75	＊
三重	4,188	6,383	1.52	
滋賀	1,700	2,578	1.52	
京都	841	1,413	1.68	＊
大阪	3,226	5,444	1.69	＊
兵庫	2,936	4,729	1.61	

奈良	857	1,203	1.40	
和歌山	343	596	1.74	＊
鳥取	771	1,027	1.33	
島根	1,048	1,288	1.23	
岡山	3,293	4,653	1.41	
広島	5,580	8,972	1.61	
山口	1,427	1,989	1.39	
徳島	1,465	2,153	1.47	
香川	2,071	3,125	1.51	
愛媛	2,701	3,851	1.43	
高知	432	766	1.77	＊
福岡	1,835	3,482	1.90	＊
佐賀	703	1,172	1.67	＊
長崎	1,005	1,567	1.56	
熊本	1,403	2,677	1.91	＊
大分	955	1,513	1.58	
宮崎	917	1,360	1.48	
鹿児島	878	1,851	2.11	＊
沖縄	82	179	2.18	＊

※「未定・不詳」の79名を含む

＊は、全国の平均1.62倍以上の都道府県

出所：入管協会『在留外国人統計』（各年版）より作成

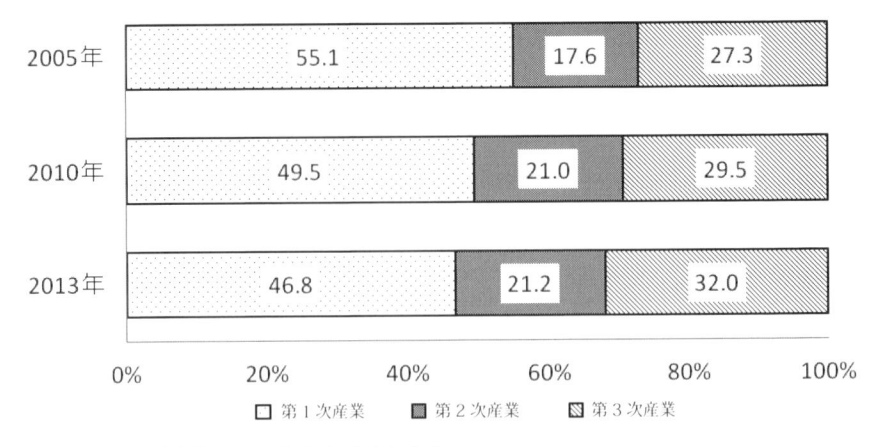

年	第1次産業	第2次産業	第3次産業
2005年	55.1	17.6	27.3
2010年	49.5	21.0	29.5
2013年	46.8	21.2	32.0

出所：ベトナム統計総局HPの統計データより作成

図表 2-5　ベトナムにおける産業別人口割合の推移

2-2 ベトナム人技能実習生増加の要因

①ベトナム側の状況

　ベトナムの総人口は 8,971 万人（2013 年）で、前年と比較した人口増加率は 1.1％となっている（ベトナム統計総局）。年齢別人口構成割合を見ると、年少人口 22.7％、生産年齢人口 70.7％、老年人口 6.6％となっており、日本と比べて国全体が若い（2013 年、国連教育科学文化機関調べ）。また、2005 年と 2013 年の産業別人口構成割合を比較すると、第 1 次産業は 55.1％から 46.8％へと減少しているのに対し、第 2 次産業は 17.6％から 21.2％へ、第 3 次産業は 27.3％から 32.0％へとそれぞれ増加している（図表 2-5）。こうした産業構造の変動をうけて、都市人口割合は 2000 年に 24.1％であったのが、2013 年には 32.2％へ上昇し、都市化が進んでいる現状がうかがえる（ベトナム統計総局調べ）。

　また、1986 年以降のドイモイ（刷新）政策のもと、ベトナムは「社会主義市場経済」を導入し、民間企業の設立や外国企業との合弁などを推し進めながら、急激な工業化・近代化を遂げてきた。2000 年から 2014 年（推計値）までの経済成長率は平均 6.5％と高成長が続いている（国際通貨基金調べ）。国民 1

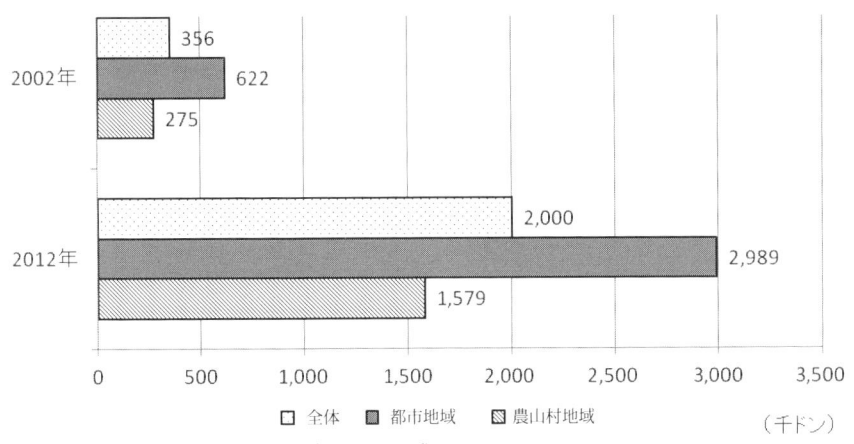

```
2002年  356
        622
        275

2012年  2,000
        2,989
        1,579
```

□ 全体 ■ 都市地域 ▨ 農山村地域　　　　　（千ドン）

出所：ベトナム統計総局 HP の統計データより作成

図表 2-6　ベトナムにおける国民 1 人当たりの平均月収の推移

人当たりの平均月収は 2002 年の 356,000 ドン（約 1,940 円）から 2012 年の 2,000,000 ドン（約 10,890 円）となり、この 10 年間で 5.6 倍の伸びを示している。ただし、2012 年の数値を地域ごとに見ると、都市部は 2,989,000 ドン（約 16,270 円）であるのに対し、農村部は 1,579,000 ドン（約 8,590 円）となっており、地域間格差が広がっている様子もうかがえる（図表 2-6）（ベトナム統計総局調べ）。こうした状況に対し、拝金主義の風潮の蔓延や貧富格差の拡大などが指摘されている（牛山　2004、坪井　2008）。

このように、都市化や工業化が著しく進行し、貨幣経済が急激に浸透するなか、ベトナム人の若年層のなかには、海外での就労により多額の現金を効率よく短期間に手に入れたいと考える人が多い。

さらに、就労先として、日本を選択した理由を元技能実習生らに問うたところ、「日本製のバイクや家電製品の性能の高さから、日本で技術を習得したいと思った」、「『おしん』(2) を見て、日本の社会に好感を持った」という返答がしばしば聞かれた。現在流通している工業製品やマスメディアに対する評価が、渡航先の選択に与える影響力は大きいことが見て取れる。

②日本側の状況

　こうしたベトナムにおける目覚ましい経済発展を背景に、製造業を中心とする日本企業のベトナム進出が加速している。ベトナム進出企業の交流を目的に設立されたベトナム日本商工会（事務局：ハノイ）では、1992年の設立時に26社であった加盟企業が、2014年11月現在では583社になった。同様の趣旨で設立されたホーチミン日本商工会（事務局：ホーチミン）でも、設立当初（1994年）の69社から2014年4月現在で690社へと、大幅に会員数を伸ばしている。

　日本企業がベトナム進出に踏み切る背景には、低廉な労働力が豊富に確保できることや、中国一極集中のリスク回避の受け皿としてベトナムが注目されてきたこと（池部　2004）がある。また、兵庫県内にある金属加工業者は、製品価格を抑えるため、今後は人件費の安い海外へ進出するよう取引先企業から促されており、これを受け入れない場合は取引中止もありうるという窮地に立たされている。こうした熾烈な企業間の価格競争が展開されるなか、近い将来のベトナム進出を視野に入れつつ、あらかじめ人材の確保と育成を図ろうと、ベトナム人技能実習生の採用に踏み切る企業も見受けられる。

　このほか、技能実習生を受け入れる企業にとって、技能実習生は深刻な人手不足を緩和しうる貴重な労働力である場合が少なくない。技能実習生の受け入れ企業を資本金規模別（図表2-7）、および従業員規模別（図表2-8）にみると、零細企業の占める割合が高いことが見て取れる。

　こうした企業では、日本人従業員の確保がきわめて困難であるところも多い。なかでも、都市部から離れた地域に立地する企業の場合、パート・アルバイトとして勤務する女性を雇用することが難しく、ましてや残業や休日出勤にも応じる女性労働者の確保となると、ほとんど期待できないという。よって、こうした要請を満たす労働力をいかに確保するかが死活問題となっている。つまり、技能実習生が単に「安価な労働力」であるがゆえに、企業での受け入れが進んでいるという認識は、必ずしも十分に現状を捉えたものであるとは言えない。技能実習生1号 (3) の賃金（月額）支給額の平均は123,582円で、分布状況をみると（図表2-9）、「11～12万円未満」および「12～13万円未満」の合計が全体の7割を占めている（国際研修協力機構調べ）。ある企業の採用担

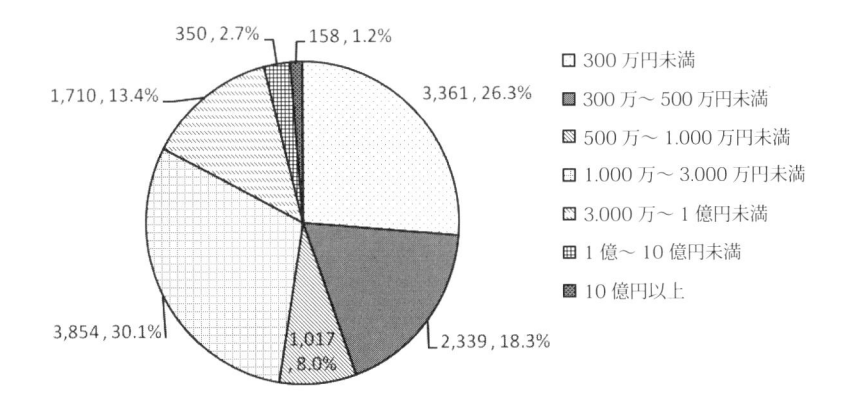

出所：国際研修協力機構『2013年度版外国人技能実習・研修事業実施状況報告書（JITCO白書）』より作成

**図表 2-7　資本金規模別にみた
JITCO支援外国人技能実習生（1号）・研修生受け入れ企業の割合**

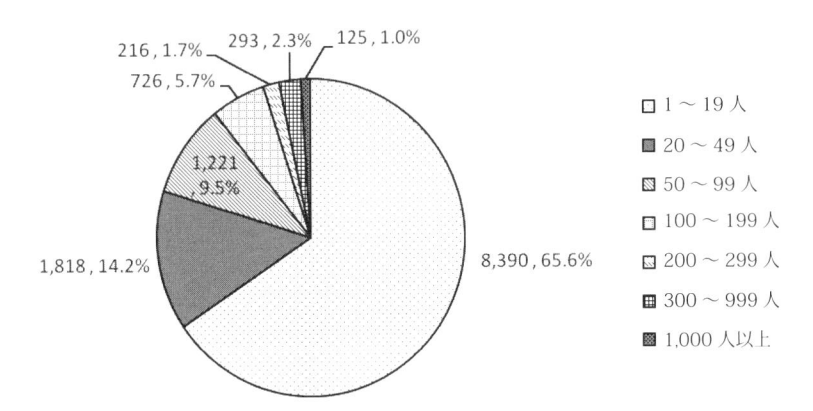

凡例：
- 300万円未満
- 300万～500万円未満
- 500万～1,000万円未満
- 1,000万～3,000万円未満
- 3,000万～1億円未満
- 1億～10億円未満
- 10億円以上

データ：
- 3,361, 26.3%
- 2,339, 18.3%
- 1,017, 8.0%
- 3,854, 30.1%
- 1,710, 13.4%
- 350, 2.7%
- 158, 1.2%

出所：国際研修協力機構『2013年度版外国人技能実習・研修事業実施状況報告書（JITCO白書）』より作成

**図表 2-8　従業員規模別にみた
JITCO支援外国人技能実習生（1号）・研修生受け入れ企業の割合**

凡例：
- 1～19人
- 20～49人
- 50～99人
- 100～199人
- 200～299人
- 300～999人
- 1,000人以上

データ：
- 8,390, 65.6%
- 1,818, 14.2%
- 1,221, 9.5%
- 726, 5.7%
- 216, 1.7%
- 293, 2.3%
- 125, 1.0%

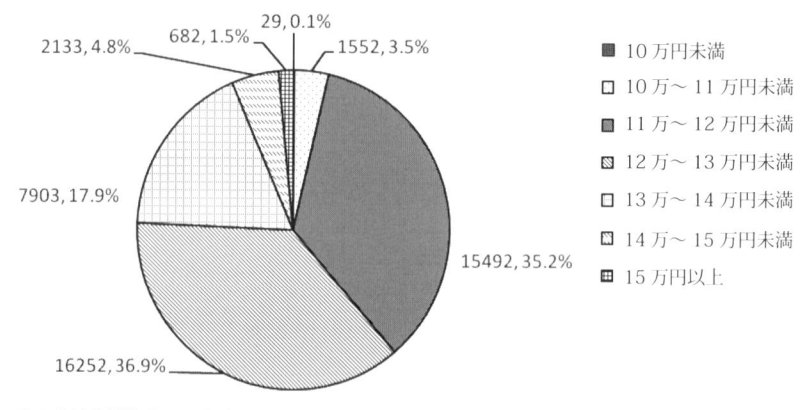

凡例:
- 10万円未満: 29, 0.1%
- 10万～11万円未満: 1552, 3.5%
- 11万～12万円未満: 15492, 35.2%
- 12万～13万円未満: 16252, 36.9%
- 13万～14万円未満: 7903, 17.9%
- 14万～15万円未満: 2133, 4.8%
- 15万円以上: 682, 1.5%

出所：国際研修協力機構『2013年度版外国人技能実習・研修事業実施状況報告書（JITCO白書）』より作成

図表2-9　JITCO支援外国人技能実習生（1号）の賃金（月額）支給状況

当者によると、技能実習生に支給する給与のほか、入国後1か月間行われる講習に要する費用、技能実習生の往復渡航費、申請やその他手続に要する費用などの支出を合計すると、日本人従業員を雇用する場合と比べて、企業の経済的負担が小さいとは言い難いという。このように、零細企業や過疎地域などの立地条件の悪い企業のなかには、技能実習生受け入れの主たる目的が、人件費削減よりも労働力確保にあるところも見受けられる。

　また、企業が技能実習生を採用する際、「ベトナム人」というエスニシティが重要な要素となる場合もある。ベトナム人採用企業に採用の理由を尋ねると、他国籍の技能実習生と比べて、「ベトナム人は自己主張が強くなく、手先が器用でよく働くから」という回答がしばしば聞かれる。兵庫県内のある金属塗装業者の場合、技能実習生の採用を検討する際に、同業他社の役員から「ベトナム人の気質は日本人のそれと似ているし、ベトナム人の技能実習生がいると職場が明るくなる」と勧められたことが決め手となった。そして、実際に採用してみると、中高年の日本人従業員が多いなか、「若くて運動能力が高いので、きびきびとよく動く」ほか、「無邪気で子どもっぽいところがあるので、職場内が和気あいあいとした雰囲気になった」という。このように、ベトナム人を技能実

習生として採用している日本企業では、彼ら・彼女らを「素直」「手先が器用」「日本人と似た気質をもつ」「無邪気」と評価し、それがエスニシティによるものとしてベトナム人に高い価値を見出している。そして、そうした価値判断が情報として関連企業の関係者の間に口コミで伝わり、他の企業が技能実習生を採用しようとする際に、それが技能実習生の国籍選択に重要な役割を果たす場合も少なくない。

以上のように、ベトナム人技能実習生の受け入れが進む背景には、ベトナム側と日本側双方の事情が密接に関わっている。では、こうした状況の中、技能実習生として日本で就労するベトナム人にとって、3年間の就労経験とはどのような意味を持つのだろうか。次節では、元技能実習生の生活史を取り上げ、彼ら・彼女らの生活に与えた就労経験の意義について考察する。

3. ベトナム人技能実習生にとって日本での技能実習とは何か

3-1 Aさん（20代男性）の事例

ベトナムでは、ホンダのバイクをはじめとする日本製品の人気が非常に高いことから、Aさんは子どものころから日本に対する憧れを抱いていた。また、機械関係の仕事に興味があり、日本のそうした分野で働きたいと考えていたという。

高卒後、機械関係の専門学校で3年間学び、ホーチミンの鉄工所で6か月ほど就労した。しかし、急激なインフレが進むなか、支給される給与だけでは預金もままならず、将来に不安を覚えるようになった。預金の目的は、両親の住居を新築することである。ベトナムでは、年金など老後を支える社会保障制度が十分に整備されていないこともあり、高齢となった親の扶養は子どもの義務であるという認識が強い。しかし、今の仕事を続けていると、両親の家はもちろん、将来自分が家庭をもった時に住居を構えることも難しいと考え、Aさんは海外での就労を決意した。子どもが経済的に成功すれば十分な親孝行も期

待できるので、両親も彼の渡航を応援してくれたという。

　就労先の候補として韓国も検討したが、技術のレベルは日本の方が高いと判断し、日本行きを選択した。まず、現地の技能実習生送り出し機関で3か月ほど日本語や日本の習慣などを学び、その後希望する職種の日本企業X社（本社：大阪市）による面接を受けて、採用が決まった。

　以上の経緯を経て、Aさんは2006年9月からの3年間、京都府内のステンレス製品を製造する工場で働いた。いわゆる「3K」の職場であるX社では、日本人従業員の確保が困難となったことから、近々海外に工場を設立しようと見込んでいた。その際、現地社員として活躍できる人材を探しており、Aさんが初めての外国人技能実習生として採用されたのである。初めの1週間は、Aさんの日本側の受け入れ機関であり、この会社が会員として所属するH協同組合の職員が付き添った。

　工場内の作業そのものは、ベトナムで従事していた仕事の内容とほぼ同じであったので、それほど苦労はなかった。しかし、ベトナム人と日本人とでは、仕事に対する考え方がまったく異なっていた。ベトナム人は、仕事を早く終わらせようと最初から急いで作業を進め、安全の確保を度外視する傾向にあった。しかし、日本人の場合、仕事に慣れるまではゆっくりと作業を進め、その後徐々にスピードを上げた方が品質も向上すること、的確に作業を行うため、指示された内容をきちんとメモに書き留めること、そして、安全の確保は何よりも優先されるべきで、安全靴の着用などを忘れてはならないことなどが徹底されていた。技能実習期間を通じて、Aさんは、こうした日本人の仕事に対する勤勉さや安全性重視の姿勢をおおいに学んだという。

　作業は何とかこなすことができたものの、日本語の使用にはかなり苦労した。AさんがX社のベトナム人技能実習生1期生であるため、同郷の先輩から支援を受けることもできない。H協同組合が作成したベトナム語表記の資料を参考にしたが、必ずしも十分ではなかった。そこで、Aさんは、日本人従業員と積極的に会話しようと試みた。職場の人々は親切に日本語を教えてくれたほか、上司は漢字を覚えるのに有効と考え、作業日誌の記録係を彼に任せてくれた。これに加えて、Aさんは、毎日1時間の日本語学習を自らに課し、日本語能力を高めようと努めた。幸か不幸か、不況のせいで残業がほとんどなかったた

め、終業後、勉強に費やす時間は十分にあった。また、一緒に遊べるベトナム人も近隣にいないので、寂しさを紛らわせるためにも日本語学習に力を注いだ。そうした彼のようすを見て、職場の人が工場近くで開催されている日本語教室を教えてくれた。週に1度、市民センターで市民ボランティアの人たちが行っている教室に通い、中国、インドネシア、メキシコなどの出身者とともに学んだ。学費として半年ごとに支払う1,000円は、春の焼肉パーティや夏の花火大会などのイベントで使われ、これらも良い思い出となった。こうしてAさんは、日本滞在中に日本語能力を着実に習得し、日本語検定2級に合格を果たした。

2009年9月にベトナムへ帰国した後、Aさんは日系企業に就職し、そこで毎日日本語を駆使しながら能力を高めた。2010年8月、X社がベトナム工場の操業を開始するのを前にそちらへ転職し、現在はベトナム工場の運営を任されている。同じ専門学校を卒業し、現地企業で働いている友人らと比べた場合、収入や生活の質は自分の方が高く、現在の仕事や生活に対する満足感は大きい。今後は仕事に使う車を購入し、もっと工場を大きくしたいと考えている。なぜなら、現在X社が中国の企業に発注している仕事もこちらが受けられるようになるなど、より大きなビジネスを手掛けられるからである。こうした将来を見据えて、Aさんは最近英語の勉強も始めたという。

Aさんにとって、日本での技能実習生活とは、仕事に対する姿勢を変革させる機会だったという。また、当初は無理だと思われた難問に立ち向かい、その課題をクリアすることで、努力は報われるのだということを知り、自分に対する自信と誇りをもつことができた。

さらに、日本語能力の獲得が、帰国後の日系企業への就職につながったことから、日本での経験はAさんの将来設計の幅を広げる機会ともなった。H協同組合から他の企業へ派遣された同期の仲間のなかには、日本語を学ぶこともなく、残業を重ねて多くの収入を手にした結果、消費癖のみを身につけて帰国し、早々に貯金を使い果たした人もいるという。重要なのは、日本で高収入を得ることではなく、技術に関する知識や日本語を身につけ、帰国後にそれらを活用してキャリアアップを図ることだとAさんは語る。Aさんに日本行きを勧められた弟は、現在、日本の溶接工場で働いている。

3-2 Bさん（20代女性）・Cさん（20代男性）の事例

　Bさんは、高校生の頃から海外渡航を希望していた。高卒後、韓国の製靴企業で働き、多額の収入を得たことから、今度は日本での就労を考えたという。日本滞在中に知り合って結婚した夫のCさんによると、2000年頃のベトナムでは、激しいインフレの影響により、手にした現金の価値が瞬く間に下がってしまう状態であったため、海外就労から得られる高賃金は魅力的であった。渡航前、Bさんの日本に対するイメージは特になかったが、友人がすでに日本で働いていたことが決め手となった。家族は日本行きを心配したが、持ち前の明るい性格で何とか乗り切れると説得し、了解を得たという。

　BさんとCさんは、ともに広島県内にある別の溶接工場で働いた。未経験の仕事であるが、日本語による説明が理解できないので、見よう見まねで仕事を覚えた。仕事を終えて寮に帰宅すると、しばらくは動くことも億劫となるほど、溶接の作業は重労働であった。とりわけ女性のBさんにとっては、きつい仕事であった。しかし、「みんな残業が大好き」であったという。なぜなら、残業代は時給500円程度であったが、高賃金を得るためには深夜や休日も厭わず仕事をしなければならなかったからである。同じ職場で働いていた中国人の技能実習生も、Bさんと同様に、長時間労働に従事していたという。

　帰国間際になって、BさんとCさんは「もっと稼ぎたい」という欲望を抱くようになった。また、ベトナムとは異なり、現金さえあれば欲しいものを思いのまま手にすることができる日本での生活に快適さを覚え、それも帰国を躊躇させる要因となった。派遣先企業は技能実習生に毎月の「強制預金」を課していたが、それとその月の給与を受け取らずに、彼女らは逃亡を図った。その後、民間の支援団体に援助を求め、弁護士を介して元派遣企業と交渉し、預金と未払い賃金を取り戻した。そして、妊娠を機に関係機関に出頭し、2年間の逃亡生活を終えて帰国した。

　Bさん夫婦の日本滞在中に、ベトナムのインフレはさらに加速していた。そのため、持ち帰った現金を両親へのプレゼントと家屋の修理代、そして小さな雑貨店の開店資金にあてると、すぐに底をついてしまった。さらに悩ましいの

は、日本で身についた金銭感覚が残り続け、ベトナムでの一般的な住民生活を取り戻すのにかなりの時間を要したことである。日本で得られる給与は、ベトナムの一般的な給与のおよそ10倍の額であったため、帰国後しばらくは労働意欲も湧かなかったとCさんはいう。仮に、日本での滞在期間中に日本語を学び、日本語検定3級以上を取得していたならば、現地の日系企業への就職も可能となったかもしれないが、そうした機会もないのが現状だと語る。

　Bさんにとって、日本で得たものとは、多額の現金だけではない。時間や約束を守り、他人から信用される人になること、店に並べる商品の陳列方法を工夫することにより、客の購買意欲が刺激され、売上が上がることなど、現在の商店経営に活かすべき教訓も多く、これらを実践しているという。そうは言っても、日本での就労がもたらす最大の魅力は、やはり高収入を手にできることである。とくにBさんは、「日本の快適さが忘れられない」といい、今も日本での生活をたびたび思い出すほどである。彼女らは、繰り返し何度でも技能実習生として来日できるよう、日本の技能実習制度を改正して欲しいと話した。

4. 日本語学習支援活動の意義

4-1 ベトナム人技能実習生にとっての就労経験とは

　以上のインタビュー記録をもとに、ベトナム人が技能実習生として来日する動機やその意味について整理したい。

　まず、海外での就労を志す背景として、急激なインフレの進行がある。貨幣経済が浸透するなかで、高齢者に対する社会保障制度の不備を補完するため、あるいはベトナムの社会通念に沿うため、老親扶養に必要な資金を蓄えることが重要視されている。また、自らの結婚、起業、消費財の購入などにあてる資金の獲得の確実な手段として、技能実習生となることが選択される。日本に対する憧れは、Aさん以外の元技能実習生からもたびたび聞かれた。良質な日本製品の浸透や日本人の辛抱強さを描いたドラマの放映が、日本への関心を喚起

するきっかけとなっている。よって、とりわけ工業技術を習得したいと考えるベトナム人は、渡航先として日本を選択しやすいといえる。

では、日本での就労経験がベトナム人技能実習生にもたらすものは何か。第1に、重労働と引き換えに、ベトナムでは得難い多額の現金を手にすることができる。第2に、与えられた仕事に対する真摯な態度や安全性を重視した取り組みなど、労働というものに対する新たな認識である。ある元技能実習生によると、ベトナムでは仕事の進め方を同僚や後輩に教えると自分の担当分が奪われてしまい、それが労働者としての自らの価値を下げると考える傾向にあるのに対し、日本では職場における情報の共有や先輩による後輩の指導といった連携が重視されているという。こうした日本独特の職場における協力体制が生産性の向上を促し、日本を経済大国へと発展させたのではないかという指摘は、多くの元技能実習生から聞かれた。そして第3に、十分な日本語能力の獲得を条件とした帰国後の階層の上昇移動である。日本語の学習意欲を高める要因のひとつは、周囲に母国語で会話できるような同胞が少ないか皆無の状態で、必然的に日本人との会話が求められる環境にあることだろう。さらに、日本語能力を身につけるためには、本人の向上心のほかに、学習に費やせる時間と体力が必要である。よって、長時間の残業を強いられた（あるいは自ら引き受けた）技能実習生の場合は、日本語能力の習得は困難となり、結果として帰国後に日本での経験を十分に活かせず、キャリアアップの機会も減少しやすい状況が見て取れた。

4-2 日本語学習がもたらす効果

以上から、日本での技能実習を通じて、技能実習生が労働に対する新たな認識や十分な日本語能力を習得することができれば、それは彼ら・彼女らにとって、帰国後に所得や職業的な地位の上昇を図るための手段となりうることが明らかとなった。

さらに、日本語能力と日本の企業文化を身につけた元技能実習生は、人件費節減のため海外進出を迫られている日本の企業にとっても貴重な存在である。彼ら・彼女らは、海外での操業開始直後から、即戦力として働いてくれることが見込めるからだ。ここに、技能実習生と就労先企業の間における相補関係の

可能性が見て取れる。よって、企業が技能実習生の日本語学習を支援することは、日本での職場内における意志疎通を容易にすることにとどまらず、生き残りをかけた企業の戦略としても有効であるといっても過言ではない。

5. 「非集住地域」における日本語学習支援活動がもたらす可能性

　これらに加えて、日本語学習の取り組みが市民ボランティアの手で進められることの意義についても触れておきたい。技能実習生の日常は、派遣先企業と企業が用意した住居の間を行き来することに終始しがちで、地域社会との接点も少なく、いわば囲い込まれた生活となりやすいことがしばしば指摘されている。そして、こうした状況が原因で、地域住民にとって技能実習生が「顔の見えない」存在となりやすく、ときにトラブルの発生を招いてしまう場合もある。しかし、日本語学習を通じた両者の交流がもっと促されたならば、そうした問題の解消にも繋がりうるのではないかと考える。

　そうした関係構築の可能性を示唆しているのが、岡山県久米郡久米南町で生活するベトナム人技能実習生と地域住民の事例である。同町は岡山県中部に位置しており（図表2-10）、人口約5,200人、高齢化率41.3％（2014年現在）である。高齢化率は県内の市町村の中で最も高く、過疎化と高齢化が著しく進む町である。

　町内には、隣接する町のゴム製品工場で働くベトナム人が暮らす民家が数軒ある。その一つは、長らく空き家となっていた建物を寮として活用したもので、18歳から30代前半までの女性14人が共同生活を営んでいる。

　この民家を借り上げているN社の担当者によると、同社では80人のベトナム人

図表2-10　岡山県久米南町の位置

女性を技能実習生として受け入れている。若年層の労働者の確保が極めて困難であるこの地域において、ベトナム人技能実習生は大変貴重な存在であるという。また、彼女らは、地域社会の祭りや忘年会などの行事においても欠かせない存在である。N社では、かつて技能実習生が地域住民の畑に無断で入り、トラブルとなった出来事を受けて、技能実習生と地域住民との交流機会を設けようと努めてきた。この地域では、若年層の流出に歯止めがかからず、秋祭りの際に神輿の担ぎ手にも事欠く状況が久しく続いていた。そうした中で、技能実習生の行事への参加は、地域住民に大変喜ばれている。また、日常的に、技能実習生がベトナムのカレーや春巻きを作って住民にふるまったり、住民からゴミの分別ルールを教わったりといった交流が生まれている。そして、住民と積極的に関わった技能実習生の多くは、十分な日本語の能力を習得し、帰国後は現地の日系企業に就職する傾向にあるという。

　この事例のように、技能実習生の就労先は、日本人労働者の確保が困難な中山間地域である場合が少なくない。そうした地域において、技能実習生と地域住民が日常的に付き合う機会があれば、互いの生活様式や価値観を知る契機にもなり、両者にとってその意義は大きい。さらに、日本語学習の場と機会が設けられることによって、技能実習生のキャリアアップを支援することにも繋がりうるといえる。

　以上をふまえるならば、ホスト社会の人々と外国人の双方が、現在、そして未来にわたってなんらかの利益や幸福を享受できるような社会的統合のあり方が求められる。そのためには、職場や地域社会において外国人と日本人がインフォーマルな関係を取り結び、両者が目標や価値を共有することが不可欠である。

　さらに、それが外国人非集住地である場合、そうした関係構築の契機は、外国人と日本人の双方がニーズや切迫した課題を抱えている状況に見いだされ、両者がともに地域活動や経済活動に従事するなかで、信頼に満ちた友好関係が形成されうる。そのような可能性をもつ場や機会の一つとして、本稿では日本語学習支援活動がもつ意義を示した。

　　注
（1）　2010年に新設された在留資格で、「研修」の在留資格をもつ外国人には生活の

実費としての研修手当てが支払われるのに対して、「技能実習」をもつ外国人には労働の対価としての賃金が支払われ、被雇用者として労働関係法令等が適用される。
（2）1983 年 4 月から 1984 年 3 月まで放送されたＮＨＫ連続テレビ小説で、その後、アジア圏を中心に広く海外でも放映された。
（3）技能実習生 1 号とは、入国 1 年目の実習生を指す。これに対して、入国 2・3 年目の実習生は「技能実習生 2 号」という。

参考文献

浅野慎一編著　2007　『増補版　日本で学ぶアジア系外国人―研修生・技能実習生・留学生・就学生の生活と文化変容―』大学教育出版
池上重弘編著　2001　『ブラジル人と国際化する地域社会―居住・教育・医療―』明石書店
池部亮　2004　「工業化・現代化への道」今井昭夫・岩井美佐紀編著『現代ベトナムを知るための 60 章』明石書店
牛山隆一　2004　「社会主義市場経済」今井昭夫・岩井美佐紀編著『現代ベトナムを知るための 60 章』明石書店
大久保武　2005　『日系人の労働市場とエスニシティ―地方工業都市に就労する日系ブラジル人―』御茶の水書房
小内透・酒井恵真編　2001　『日系ブラジル人の定住化と地域社会―群馬県太田・大泉地区を事例として―』御茶の水書房
「外国人労働者問題とこれからの日本」編集委員会　2009　『〈研修生〉という名の奴隷労働―外国人労働者問題とこれからの日本―』花伝社
梶田孝道・丹野清人・樋口直人　2005　『顔の見えない定住化―日系ブラジル人と国家・市場・移民ネットワーク』名古屋大学出版会
上林千恵子　2002　「日本の企業と外国人労働者・研修生」梶田孝道・宮島喬編『国際社会 1　国際化する日本社会』東京大学出版会
　　　　　　　2012　「外国人労働者の権利と労働問題―労働者受け入れとしての技能実習制度」宮島喬・吉村真子編著『移民・マイノリティと変容する世界』法政大学出版会
坪井善明　2008　『ヴェトナム新時代―「豊かさ」への模索』岩波書店
守屋貴司・傅迎坤　2011　「日本における外国人研修生・技能実習生に関する研究―滋賀県を中心として」守屋貴司編著『日本の外国人留学生・労働者と雇用問題―労働と人材のグローバリゼーションと企業経営』晃洋書房
国際通貨基金（IMF）ホームページ　http://www.imf.org/external/pubs/ft/weo/2014/02/weodata/index.aspx　（2015 年 2 月 24 日最終閲覧）
国連教育科学文化機関（UNESCO）統計研究所国際連合（UN）ホームページ　http://www.uis.unesco.org/Pages/default.aspx　（2015 年 2 月 24 日最終閲覧）
公益財団法人国際研修協力機構（JITCO）ホームページ　http://www.jitco.or.jp/　（2015 年

2 月 24 日最終閲覧）
ホーチミン日本商工会（JBAH）ホームページ　http://www.jbah.info.vn/jp/index.php　（2015
　　年 2 月 24 日最終閲覧）
ベトナム統計総局（GSO）ホームページ　http://www.gso.gov.vn/default_en.aspx?tabid=47
　　6&idmid=4&ItemID=10802　（2015 年 2 月 24 日最終閲覧）
ベトナム日本商工会（JBAV）ホームページ　http://jbav.vn/　（2015 年 2 月 24 日最終閲覧）

（付記）
　本稿は、平成 23 〜 25 年度科学研究費補助金（挑戦的萌芽研究）「『非定住型』外国人の
社会的統合の可能性―技能実習生を焦点とする社会学的実証研究」（研究代表者：二階堂裕
子）、および、2013 年度カトリック大学連盟研究助成「外国人住民の『非集住地域』におけ
る包摂と地域振興に関する研究」（研究代表者：徳田剛）による研究成果の一部である。

第3章

「非集住地域」における民族的コミュニティの研究
―四国の小さな民族学校を支える諸活動を中心に―

魁生由美子

1. 在日コリアン「集住地域」と「非集住地域」の概況

1-1　データからみる在日コリアン「集住地域」と「非集住地域」

　法務省在留外国人統計（旧登録外国人統計）によると、2007（平成 19）年を機に、日本に在留する外国人の最大多数は「中国」となり、戦前の植民地政策以降、在日外国人の最大多数であった「朝鮮・韓国」の人口減が顕著となった。近年の「韓国・朝鮮」人口の推移は図表 3-1 のとおりである。日本全国の状況と同様に、「韓国・朝鮮」人口は減少し、65 歳以上の高齢者が占める割合が増加し、とくにここ 3 カ年については、毎年 1%以上の上昇を続けている。また、0 歳から 14 歳の年少人口が漸減している。これは少子化が進行しているという背景に加えて、1985 年の国籍法の父母両系主義への改正が大きな要因となっている。つまり、この国籍法改正により、「韓国・朝鮮」男性と日本

図表 3-1 「在留外国人統計」
（2011（平成 23）年以前「登録外国人統計」）「韓国・朝鮮」の推移

	2014(H26)	2013(H25)	2012(H24)	2011(H23)	2010(H22)	2009(H21)	2008(H20)	2007(H19)	2006(H18)
総数	501,230	519,740	530,048	545,401	565,989	578,495	589,239	593,489	598,219
0-14 歳	29,224	31,098	32,996	35,402	38,221	40,436	43,014	45,258	47,855
0-14 歳割合	5.83	5.98	6.23	6.49	6.75	6.99	7.3	7.63	8

人女性の婚姻夫婦間に生まれた子どもは、日朝または日韓の二重国籍者となり、在日コリアンの外国人登録者数の減少をもたらした（金敬得 2005：122-123）(1)。さらに日本国籍を取得する者、いわゆる「帰化」者の数も「韓国・朝鮮」人口の減少の要因となっている。日本国籍取得者は 2013（平成 25）年で 4,331 人、1952 年以降でみると累計は 35 万人を超えた（一般社団法人在日コリアン・マイノリティー人権研究センター 2014：75）。

次に、本調査研究の対象である四国地方（徳島県、香川県、愛媛県、高知県）と愛媛県における「韓国・朝鮮」人口の推移は、図表 3-2 および図表 3-3 のとおりである。

ここでまず、「集住地域」を擁する都道府県の人口規模と比較することで、四国地方、および愛媛県の「韓国・朝鮮」人口の寡少さを確認しておきたい。2014（平成 26）年末、日本全国で「韓国・朝鮮」人口の多い都道府県は、上位から大阪府（114,373 人）、東京都（96,193 人）、兵庫県（46,680 人）、愛知県（35,114 人）、神奈川県（29,880 人）、京都府（28,265 人）、福岡県（17,252 人）、埼玉県（17,198 人）、千葉県（16,247 人）、広島県（9,219 人）、山口県（6,608 人）、岡山県（5,638 人）となっている。

図表 3-2 「在留外国人統計」
（2011（平成 23）年以前「登録外国人統計」）「韓国・朝鮮」の推移（四国地方）

	2014 (H26)	2013 (H25)	2012 (H24)	2011 (H23)	2010 (H22)	2009 (H21)	2008 (H20)	2007 (H19)	2006 (H18)
総数	3,309	3,414	3,475	3,510	3,548	3,650	3,679	3,824	3,942
0-14 歳	236	246	248	252	257	290	296	335	355
0-14 歳割合	7.13	7.21	7.14	7.18	7.24	7.95	8.05	8.76	9.01

図表 3-3 「在留外国人統計」
（2011（平成 23）年以前「登録外国人統計」）「韓国・朝鮮」の推移（愛媛県）

	2014 (H26)	2013 (H25)	2012 (H24)	2011 (H23)	2010 (H22)	2009 (H21)	2008 (H20)	2007 (H19)	2006 (H18)
総数	1379	1435	1458	1467	1505	1566	1551	1624	1673
0-14 歳	116	124	126	121	124	138	141	152	154
0-14 歳割合	8.41	8.64	8.64	8.25	8.24	8.81	9.09	9.36	9.21

ちなみに中国地方（鳥取県、島根県、岡山県、広島県、山口県）と四国地方の「韓国・朝鮮」人口を合算すると 26,653 人である。図表 3-2 で四国地方全域をみると 3,309 人、最大の人口を擁する大阪府と比較すると 34 分の 1 以下、四国で最も人口の多い愛媛県は、図表 3-3 のとおり 1,379 人となっており、大阪府の 82 分の 1 以下である。筆者が経年的に調査を行っている日本最大の在日コリアン「集住地域」である大阪市全域では 74,089 人、とくに集住が著しい大阪市生野区では 25,499 人が「韓国・朝鮮」であり、同区の総人口の 19.68%を占めている（平成 25 年 9 月末時点）。いうまでもなく、日本国籍を取得したコリア系日本人も多数居住しており、これを含めると同区における在日コリアンの割合は 4 分の 1 ともいわれている。面積 8.38 平方キロメートルの大阪市生野区と比較すると、面積 18,301 平方キロメートルと広大な四国地方の「韓国・朝鮮」人口は 7 分の 1 以下、生野区の 677 倍の面積をもつ愛媛県の人口は 17 分の 1 以下である。四国地方の総人口（平成 25 年 1 月 1 日時点 3,907,462 人）のうち「韓国・朝鮮」人口は 0.087%、四国唯一の民族学校である四国朝鮮初中級学校（以下、四国朝鮮学校と記す。引用文はそのまま記す）の所在地である愛媛県（平成 25 年 1 月 1 日時点 1,413,596 人）では同 0.1%である。松山市についてみると、総人口 517,231 人（平成 22 年国勢調査）のうち「韓国・朝鮮」人口は 585 人（平成 22 年国勢調査）となっており、割合は 0.1%である。

　以上、茫洋たる数値ではあるが、大阪市を代表とする「集住地域」と比較して、四国地方、そして愛媛県は「非集住地域」であることがわかる。広大な面積に、寡少な「韓国・朝鮮」人口が居住している。

　愛媛県内の各市町村の在留外国人についてみると、「韓国・朝鮮」より、「中国」が多く、市町村によっては「韓国・朝鮮」よりも東南アジア（フィリピン、ベトナム、インドネシア、タイ）が多い（徳田 2012: 17-30）。かつて愛媛県内最大の在日コリアン集落が存在した新居浜市についても見ておきたい。多数の朝鮮人労働者が働いた「別子銅山」を擁する別子山村は、2003（平成 15）年 4 月 1 日に新居浜市と合併している。ここ 10 年間では、短期滞在者数の増減と推察できる変動がデータに出ているが、「中国」の人口が「韓国・朝鮮」を上回った年もある。それでもなお、図表 3-4 のとおり、新居浜市の「韓国・朝鮮」

人口割合は、愛媛県、松山市の約2倍程度の0.2%強となっており、かつての集住地域の名残であるともいえる（愛媛新聞在日取材班 2004: 64-98）。

図表3-4　新居浜市「韓国・朝鮮」人口割合推移（『新居浜市統計書（平成25年版）』より）

年次	韓国・朝鮮	中国	フィリピン	在住外国人総数	住民基本台帳人口	住民総数	「韓国・朝鮮」人口割合
2003 (H.15)	317	146	133	712	127,931	128,643	0.25
2004 (H.16)	259	177	138	735	127,327	128,062	0.2
2005 (H.17)	330	284	120	861	126,936	127,797	0.26
2006 (H.18)	341	317	107	900	126,622	127,522	0.27
2007 (H.19)	341	380	131	999	126,327	127,326	0.27
2008 (H.20)	300	395	103	945	126,044	126,989	0.24
2009 (H.21)	324	357	92	907	125,765	126,672	0.26
2010 (H.22)	292	300	95	824	125,256	126,080	0.23
2011 (H.23)	289	287	85	813	124,880	125,693	0.23
2012 (H.24)	301	301	82	813	124,990	124,990	0.24

1-2　在日コリアン集住地域と非集住地域の民族教育と生活

　次に、在日コリアンの民族教育の現状について、「集住地域」である大阪市と「非集住地域」である四国地方を比較し、それぞれの特徴および課題について概観しておきたい。

　大阪市には、複数の民族学校に加えて、公立学校に設置された民族学級、さらにNPO団体等によって運営される韓国・朝鮮語のクラス、民族舞踊のクラス等々、韓国・朝鮮の民族性を継承し、地域文化として発展させていく活動が活発に行われている。

　大阪市下には現在、学校法人大阪朝鮮学園が運営を行う初級学校（公立学校の小学校に相当）が7校、中級学校（公立学校の中学校に相当）が2校（うち1校は初級と併設）あり、隣接する東大阪市にも初級学校1校と、高級学校（公立学校の高校に相当）1校がある。大韓民国（以下、韓国と記す）系の民族学校では、学校法人金剛学園小・中・高校があり、中立の立場で民族教育

を行う学校法人白頭学園が運営する建国幼・小・中・高校がある。大阪市に近い茨木市には学校法人コリア国際学園の中高一貫校がある。また、民族学級は、2010年4月現在、大阪府内に170数校、うち大阪市内には100数校に設置されており、民族学級に参加している子どもたちは約2,800人にものぼる(2)。民族教育に取り組む教育者の活動も極めて多様かつ活発である。たとえば、1992年10月には外国人教育研究のネットワークである大阪府在日外国人教育研究協議会が設立され、教員らが調査研究を行なうとともに、現場へのフィードバックを進めている。「集住地域」に居住する「韓国・朝鮮」にルーツを持つ子どもたちは、学校教育および地域における社会教育について、通学可能な範囲内に複数の選択肢をもっている。

　このような「集住地域」である大阪市の状況と比較すると、「非集住地域」の民族教育は極端に限定的であるといわざるを得ない。四国地方において民族教育を行っている学校は、四国朝鮮学校ただ一つである。瀬戸大橋で岡山県と接続している香川県の場合は、岡山朝鮮初中級学校の方が交通の利便性が高いケースもある。いずれにせよ、通学可能圏以外に居住する子どもたちは寄宿舎に入って、9年間を過ごすことになる。公立学校の小学校と中学校に相当する初中級学校卒業後、引き続き民族教育を受けようとするならば、広島朝鮮高級学校に進学し、やはり寄宿舎での学生生活を送ることになる。とりわけまだ幼い子どもたちが親元を離れて寝起きすることの心細さは、どれほどのものであろうか。非集住地域の朝鮮学校であるがゆえに引き受けざるを得ない寄宿舎生活は、学芸会公演の題材にも取り入れられ、学校関係者と何よりも幼年の学生たちにとって試練含みの経験となっていることがうかがえる(3)。

　次に、「集住地域」における民族性を尊重した生活のための利便性についてみておきたい。多文化共生が、人口構成上は実現している「集住地域」において、現在、在日コリアンはどのように暮らしているのであろうか。日本最大の「集住地域」である大阪市では、韓国・朝鮮の生活様式に必要なものは日々の食材や祭祀用の品々を含めて十分にそろえることができる。「オイソ　ポイソ　サイソ　오이소 보이소 사이소　見てえな　来てえな　買うてえな」と書かれた横断幕がかかった百済門を構えた御幸森通りの各商店街がその代表である【写真－1】。ちなみにこの「オイソ　ポイソ　サイソ」とは韓国慶尚道の方言

である。韓国最大の魚市場である釜山市のチャガルチ市場でも、同じことばをハングルで掲げた門を各所でみることができる。釜山のチャガルチ市場や雑貨市場である国際市場と同じような賑わいの商店街が複数密集した鶴橋駅周辺から御幸森通りの一帯を、在日コリアンは愛着を込めて「猪飼野」と呼ぶ（曺智鉉 2003）（高賛侑 2011）（金時鐘 2013）。そこでは「ないものはない」といわれるほど、韓国・朝鮮のものなら何でも入手することができる。モノに加えて、人間も多い。先にデータ

【写真−1】 御幸通商店街
（2015 年 3 月、筆者撮影）

で見たとおり、在日コリアンの人口も密度もけた違いの大阪市では、冠婚葬祭や各種イベント、そして日々の近所づきあいを通じて、在日コリアンの親族や友人、知人とのつながりが賦活・強化されている。

　とはいえ、「集住地域」であるから固有の民族性を維持しやすいとはいい切れない。大阪市生野区のような「集住地域」においても、在日コリアンの世帯が自宅の表札に通名を掲げている場合は決して少なくない。1995 年 1 月 17 日に発生した阪神淡路大震災の被災地である兵庫県神戸市においても長田区を中心として在日コリアンが集住しているが、近隣で内心「同胞」であると知りつつ、互いに明かさず、通名を使った付き合いをせざるを得ない場合もあるという(4)。在日コリアンによるさまざまな組織や活動が集中して存在する「集住地域」においても、民族的アイデンティティにまつわる葛藤はいまだ解消されず、むしろ「集住地域」であるがゆえに抱える葛藤もあるにちがいない。さらに、在日外国人に対する社会保障の未整備や、明文化しづらいところで経験する様々な不利益や制約は、先ほど触れた日本国籍の取得を典型とする同化への政治的なプッシュ要因として機能する。

1-3　ヘイトスピーチと朝鮮学校排除をめぐる動向

　近年は、在日コリアンを標的としたヘイトスピーチに歯止めがきかないという現状もある。ヘイトスピーチとは、「人種、民族、国籍、性などの属性を有するマイノリティの集団もしくは個人に対し、その属性を理由とする差別的表現であり、その中核にある本質的な部分は、マイノリティに対する『差別、敵意又は暴力の煽動』（自由権規約20条）、『差別のあらゆる煽動』（人種差別撤廃条約第4条本文）であり、表現による暴力、攻撃、迫害」（師岡 2013: 48）である。

　2014年8月29日、国連人種差別撤廃委員会は日本政府に対してヘイトスピーチ問題に「毅然と対処」し、法律で規制するよう勧告する「最終見解」を公表した。この「最終見解」は、慰安婦問題についても言及し、日本政府に対して「日本軍による慰安婦の人権侵害について調査結果をまとめる」こと、その上で心からの謝罪や補償などを含む「包括的かつ公平で持続的な解決法の達成」や、そうした出来事自体を否定しようとするあらゆる試みを非難することを求めた（朝日新聞 2014年8月30日 朝刊）。このような国際的な批判を受けてもなお、在日特権を許さない市民の会、通称「在特会」をはじめとする差別団体はヘイトスピーチを行い続けている。

　21世紀に入り、日本社会の人口と経済の縮小が明白になり、「失われた20年」とも称されている。これに加えて、2011年3月11日に発生した東日本大震災および福島原子力発電所事故による甚大な被害で、社会はより一層不安定化した。グローバリゼーションの進展と、労働者派遣法を典型とする労働市場の規制緩和により、安定的な雇用から弾かれやすい人々が政策的に大量に生み出されてきた。不安定化した社会で、日本国籍を有する日本人であること以外にアイデンティティの根拠を見つけることのできない不安定な人びとが、ヘイトスピーチで実動し、さらなる賛同者を求めて扇動を行っている。

　しかし、ヘイトスピーチ実動者の聞き取り調査を行った樋口直人は、以上で述べたような社会の不安定化を排外主義の直接的要因とする通説に異議を唱えている。樋口が聞き取り調査を行った対象者について見ると、大卒等の高学歴、

専門職をもつものが多く、非正規よりも正規の被雇用者、ブルーカラーよりもホワイトカラーの就労者が圧倒的に多かったというのである。樋口によると、2000年代前半、日韓W杯や反日デモ、拉致問題等、東アジアの近隣諸国との関係悪化を契機として、右翼論壇が排外的な言説を「垂れ流」し、それをさらにインターネットが「デフォルメし広げ」、「さらに00年代後半に登場したネット動画が、憎悪を行動に転換させ」、「憎しみはヘイトスピーチという形で街頭に飛び出していった」のである。これら一連の排外主義は、1990年代以降の歴史修正主義の蔓延を背景とし、近隣諸国との外交問題をもっぱら「韓国や中国、北朝鮮への憎悪」に転化し、さらに日本国内の在日コリアンを攻撃する根拠にしてきたと指摘している（樋口2014a）（樋口2014b）（朝日新聞2014年10月10日朝刊）。

　複数の動画サイトで確認することができるが、近年のヘイトスピーチは、低劣な差別表現と貧しい語彙のみによって在日外国人や近隣諸国を罵倒する内容を、音割れのする拡声器でがなり立てるというスタイルを徹底している。事実、悪声で大げさであればあるほど良いというコードが存在しているという。ＮＨＫの特集番組「クローズアップ現代　ヘイトスピーチを問う〜戦後70年 いま何が〜」（2015年1月13日（火）放送）は、4年前から右派系市民グループの活動を行う会社員が、「相手の喉元に突撃する。ストレートに相手の嫌がる抗議をする」と語る場面を流した。「相手を傷つけるって感覚は持ってない？」という質問には、「もうほぼ持ってないですよね。もうとんでもない下品な言葉を書き並べてもいい」と答えている。「暴力的な言葉を使うことにこそ意味があると考え」、「より過激な言葉を選ぶよう促され」るというのである(5)。

　チープなジャージやニット等をさらに着崩してみせる疑似ヤンキー的な身なり、中年男女の和装等、彼ら・彼女らは意匠を凝らした装いでヘイトスピーチの「舞台」にやってきているように見える。ただしそれら渾身の装いが、どこかしらバランスを欠いている人物が多い点も印象的である。吐き出される差別言辞は、表現が単純で、語彙は少ない。それらは右翼論壇の記事をなぞってまとめたものであり、必要とされるリテラシーは低い。つまり、ヘイトスピーチの原稿準備のために、それほど勉強する必要がない。そのような差別街宣の活動に関わる彼ら・彼女らは戦後日本社会が生んだチープで不安定な鬼子の群れ

である。樋口が主張するとおり、戦争責任の所在を追究することなく、諸外国への加害の歴史を自問することを忌避してきた戦後日本の歴史修正主義の一つの産物がヘイトスピーチである。歴史修正主義を牽引してきた大学教員や評論家は、歴史研究者やジャーナリストが提訴した裁判で発言の責任を問われている(6)。ただし、ヘイトスピーチを繰り返す鬼子たちが欲しているのは、各界の専門家による客観的検証ではない。ヘイトスピーチにすぐさま使えそうな「在日特権」を典型とするデマゴーグがインターネット上に記名なしで流布されているが、差別扇動者が欲するのは、そのような捏造され誇張された「真実」である(7)。

「在特会」に代表される差別団体は、京都市で朝鮮初級学校や在日コリアンを対象とする高齢者施設、つまり社会でもっとも手厚く保護すべき子どもと高齢者を標的として、直接的に攻撃する事件を起こしている。また、大阪市生野区や東京の新大久保をはじめとして、在日外国人が多数居住する地域を中心に、各所で街宣活動を行っている。インターネット上では差別的表現が時々刻々噴出し、特定の人物を対象とした差別事件も生じている。後述するように、四国朝鮮学校も攻撃対象となり、民族教育を支持する日朝の学校関係者が事件に巻き込まれた。

ヘイトスピーチの実態、ならびに法的規制の問題については、専門書、被害側および加害側の当事者による著述、ジャーナリストによるルポルタージュ等、出版が続いている(前田朗編 2013)(中村 2014)(金尚均編 2014)(李信恵 2015)。詳細はそれぞれの文献にあたっていただくこととして、ここではきわめて素朴な視点から、ヘイトスピーチで喧伝される「在日特権」について疑義を呈しておく。仮に「在特会」らが主張するように、在日コリアンに対する特別な権利が実際に存在するのであれば、朝鮮籍または韓国籍を持った在日コリアンであることこそが利益をもたらし、日本の国籍を取得することは利益を捨てることになるはずである。実際は日本国籍を持たないことに付随するさまざまな不利益と負担が大きいために、自らのルーツたる朝鮮籍・韓国籍を日本国籍に変更するという選択をする人々がいるのである。周知のとおり、朝鮮文化においてはルーツを示す名前(イルム)や、家系図が非常に大切に扱われる。そのような文化的背景をもちながらも日本国籍を選択するということの意味は非常に重

い。日本人男性との結婚を契機に、日本国籍の取得を選択した在日コリアン女性は、「国籍が違うだけでこんなに暮らしやすくなるとは思っていなかった」と率直に語っていた。日本国籍以外の国籍をもちながら日本社会で生きることは、法的な地位で「マイナス」に落とし込まれることであり、日本国籍を取得することは、少なくとも「ゼロ」の地点に底上げされるということなのであろう。

　ここで、日本社会において国籍や民族の別により、不利益や負担が生じている事態の背景について整理しておきたい。戦後、ＧＨＱ（連合国総司令部）が主導した憲法制定に向けた準備作業において、外国人の法的平等に関する記述が「矮小化」されていった過程を田中宏が簡潔に整理している（田中 2013: 60-64）。

　日本政府は、「国際人権規約」（1977 年批准）、ベトナム難民の受け入れを契機とした「難民条約」（1982 年）等、「外圧」を受けてこれら条約を批准した。また 1994 年、「子どもの権利条約」、翌年 1995 年に「あらゆる形態の人種差別の撤廃に関する国際条約」が批准された。内外人平等を超えて、民族的少数者の人権を積極的に擁護しなければならないという国際的な通念は、当然日本も共有しなければならない。しかし、日本は国際的な通念の共有にはまだ至っておらず、むしろ退けようとしているかのようである。2013 年 3 月、人種差別撤廃委員会は、「（人種差別撤廃）委員会は、子どもの教育に差別的な効果をもたらす行為に懸念を表明する」として朝鮮学校の高校無償化除外に対する懸念を表明し、教育における差別を禁止するユネスコ条約への加入を勧めたが、日本政府はこれに対応する姿勢を見せていない（田中 2013: 209-216、262-265）。

　2013 年 2 月 25 日、東京の朝鮮高校の校長、男女二名の高校生、オモニ会会長とともに、在特会の街宣活動で使用された差別プラカード等を英訳して日本外国特派員協会の記者会見に臨んだ田中の記述を引用しておく。ちなみに記述の末尾に触れられている 3 月 1 日は、現在、韓国の独立運動の記念日であり、祝日となっている。

　　当日、私が用意した資料の一つは、少し前の 2 月 9 日（旧正月）、東京・新大久保のコリアンタウンでおこなわれた反コリアン排撃デモの写真とそ

のプラカードに英訳を加えたものである。いわく、「ハヤク　クビツレ　チョウセンジン」「朝鮮人　首吊レ　毒飲メ　飛ビ降リロ」「良い韓国人も　悪い韓国人も　どちらも殺せ」と。私は、中央政府や地方政府による朝鮮学校差別は、こうした動きを助長することになっていないかとコメントした。

　ある記者の「警察はこうした動きにどう対処したのか」との質問に、「日本には人種差別禁止法がないので何もしません。強いていえば、このデモを許可しただけです」と私は答えるしかなかった。「ジャパン・タイムズ」紙が社説、「Treat all students equally（すべての学生を平等に）」を掲げたのは、3月1日だった。(田中 2013: 264)

1-4　在日コリアンの戦前・戦後

　ここからは、在日コリアンの戦前・戦後を概略的に振り返り、日本社会における外国人に対する差別と剥奪の歴史を学びなおすための糸口を書き留めておきたい。

　日本の近代化政策の大きな一翼を担った植民地政策は、食糧と経済的基盤を奪われた朝鮮の人々を郷土から押し出し、根扱ぎにされた朝鮮人を労働者として日本へと吸引する圧倒的な政治的動力を発揮した。その結果、多くの朝鮮人が日本へと渡航した（姜在彦 1992: 230-233）。朝鮮半島出身の「帝国臣民」として生き抜くためには、仕事を求めて日本各地に赴き、労働力を安価に提供せざるを得なかったのである。また戦局の悪化と労働力不足の深刻化を背景として、朝鮮総督府は企業を仲介し、労働者募集を行った。この実質的には日本政府が行った「統制募集」（1939年4月）は、1942年2月、より直接的な「官斡旋」＝「強制連行」へと変更された。

　先に触れた「猪飼野」では、1921年から1923年にかけて行われた平野川運河の拡張工事に朝鮮から来た多くの労働者が従事したが、その賃金は日本の労働者の約半分であったという（曺智鉉 2010: 21-22）。1945年の第二次世界大戦敗戦には、約200万人の朝鮮人が日本国内にいたと推計されており、日本の全人口の約2.9％に相当していた。日本の敗戦は朝鮮出身者の立場からみるならば朝鮮の解放であり「光復」である。1946年3月までの7カ月間

で、自力で船を準備できた約 140 万人が朝鮮に帰国した（姜 1992: 234）（朴三石 2012: 30-31）（『歴史教科書　在日コリアンの歴史』作成委員会編 2006: 69-70）。しかし、祖国への帰国は、困難の連続に阻まれることになった。戦後の日本国内は、当時「竹の子生活」という言葉が登場したように、家財や衣料を食料とヤミで交換しなければ餓死するほどの混乱と貧困の状態にあった。そして、アメリカとソ連のイデオロギー対立と冷戦の影響を直接的に受けた朝鮮半島においては、1948 年の済州島四・三事件、さらに 1950 年 6 月 25 日の朝鮮戦争勃発等、次々と戦闘が発生した。それら激動の中で祖国へと帰国し、再定着するタイミングを逸した場合、多くが意に反して、そのまま日本に定住せざるを得ない事情を抱えることとなった。徐京植は、エッセイで家族の戦前と戦後を次のように語っている。

　わたしは 1951 年に京都市で生まれた。朝鮮人であるわたしが日本で生まれたのは、今から 70 年近く前（引用者注　1920 年代後半）に、祖父が朝鮮からわたってきたからである。日本が朝鮮を植民地支配していたその時代、多くの朝鮮人が故郷を捨て生きるために日本に流れてきたが、わたしの祖父もそのような人々の一人だった。最初は私鉄の工事現場で働いた祖父は、やがて廃品回収を業とした。わたしの父は、祖父に連れられて京都市の貧窮地区を転々とし、何とか小学校だけは卒業したようだが、すぐに自転車屋の丁稚になった。母方の祖父もまた同じころ日本にやってきた。当時は京都市の郊外だった太秦で、大きな農家の下働きをした。わたしの母は小学校にすらいけないまま数え年の九歳から西陣織の機屋に子守奉公にでた。
　わたしの両親が同郷のよしみで引き合わされ結婚したのは一九四〇年、日本が英米との戦争になだれ込む年のことである。ふたりは周山（引用者注：京都北部）という村で小作農として働き、母が田を守る間に父は繊維製品のブローカーのような仕事で日本中を渡り歩いた。危険を承知で父が徴用を忌避したのも、家族を飢えさせないためのぎりぎりの選択であった。わたしの両親は、差別と貧困のただ中で、そのようにして一家を守り、わたしたち 5 人の子どもを育てたのである。

1945 年、日本が戦争に敗れ朝鮮は解放されたが、父は日本にとどまった。一足先に朝鮮の故郷に還った祖父たちの暮らしは安定せず、父が日本で稼いで仕送りする必要があったからだ。やがて朝鮮は南北に分断され、1950 年には朝鮮戦争が起こって、父が帰国する機会は失われた。わたしが四人目の息子として生まれたのは、まさにそういうときであった。（徐 1998: 184-185）

　映画「にあんちゃん」（1959 今村昌平監督）の原作である『にあんちゃん——十歳の少女の日記——』は、炭鉱夫であった在日一世の父親と死別した 1952 年、当時わずか 9 才であった安本末子が書きはじめた日記をまとめたものである。高度経済成長期、すでに斜陽産業であった佐賀の炭鉱を舞台に、危険で苛烈な炭鉱労働に従事する人々によって形成された過密な集住バラックでの極貧生活で、母と父を相次いで失い、さらに困窮しながら必死に生き抜く在日朝鮮人の 4 人きょうだいが描かれている。きょうだいを取り巻く在日同胞の大人も炭鉱労働者、廃品回収業、炭焼き等々、みな貧しく、ギリギリのところで支え合ったり、貧しさゆえに支え合えなかったりする場面が連続する。給与の遅配や「金券」での支給が常態化し、人員削減が進む炭鉱で、まっさきに解雇の対象となるのが朝鮮人であった。ここでいう「金券」とは、「炭鉱の経営する売店にのみ通用する一種の商品券というべきものであろうが、現実には疑うべくもない『私幣』である」（上野 1960: 9）。末子の一番目の兄には、臨時雇い扱いの最低限の賃金で、かろうじて労働機会が与えられていたが、知人の経営陣への口添えもむなしく、結局解雇される。そこまでの経緯の一番初めにあたる部分を引用しておく。

　兄さんはいま、三年もまえから、すいせんボタ（石炭の水洗い）のさおどり（石炭車の運搬）をしてはたらいていますが、とくべつりんじ（特別臨時）なので、ちんぎん（賃金）がすくないのです。ちんぎんというのは、はたらいたお金のことです。それが、ふつうの人より、だいぶんすくないのです。どのくらいすくないのといったら、ざんぎょう（残業）を二時間しても、なんにもならないというほどです。

お父さんがおったときは、ふたりではたらいていたから、それでもよかったけど、いまはせいかつにこまるから、にゅうせきさせてくださいと、ろうむ（労務）のよこてさんにたのんだら、できないといわれたそうです。どうしてできないのといったら、吉田のおじさんのはなしでは、兄さんがちょうせん人だからということです。（安本 2010: 14-15）

　筑豊の炭鉱に自ら住まい、作家活動を行った上野英信は、筑豊を「朝鮮人労働者の『地底のアウシュヴィッツ』」とよび、戦前から戦後まで続いた残忍な非人間的虐待と差別について克明に記している。上野は、朝鮮人と同じく「狂暴極まりない圧政と搾取」（上野 2006: 50）の直下に立ち、筑豊の朝鮮人労働者の足跡を書き残している。19才で来日し、40代前半で自殺した朝鮮人炭鉱夫Cさんには妻子がいた。1924年、貧しい農民の子として忠清南道に生まれたCさんは、部落ごとに割り当てられた「国民徴用」の「『地獄行き』くじ」を不運にも引きあてた。「お定まりの私刑と、それを逃れるための命がけの脱走をくりかえし」たCさんは、日本の敗戦後も、「日本人の顔を見ては、突如『役人がきた！』『警察がきた！』とおびえる日」が続き、虐げられた心はついに癒されることはなく、「恐怖から逃れようとして焼酎に浸り、乱酔しては呪詛に狂うた」。「書くことだけが耐えることだった」という妻の、壮絶な雑記帳から上野が引いている。

　おとうさん、おかあさん、なぜもっともっと長生きしてくれなかったの。きっと会える会えると信じて朝鮮の地を離れたのに、とうとう一度も会えずして、永久に永久にもうお目にかかれない……三十五銭の弁当を買って連絡船に乗って連れてこられた港下関。日本の土を踏んだ時には、きっと朝鮮よりもいいところであり、金になることを信じながら、いままでの恩返しでもして、おとうさんに喜んでもらえるような人間にでもなれることを想い、父のうれしそうな笑顔を眼に浮かべながら、当時十九歳の主人は、天にも昇るような気持だったに違いない。
　福岡の上山田炭鉱に連れてこられたその日から、考えてもみなかった、夢にも見なかった人生が始まったのである。ストーブの中にふとい鉄棒を

入れ、赤々と焼けた鉄棒で背中と左腕を焼かれたのだ。熱いといえば何が熱いといって、強く強く、押しながら焼く、背中に五ヵ所、左腕に一ヵ所、焼けあとがあった。いったい何をやったというの。なんの罪もない人間をひどいひどい。(上野 2006: 27-29)

「三人のこどもの父親であり、朝鮮というりっぱな国の人民」であると妻が記したＣさんは、1966 年、林の中で縊死体となって発見されたという。翌1967 年には、1899 年生まれの朝鮮人が、同じく山林で縊死体となって発見された。上野は「足を棒にしてたずね歩」き、別れた日本人の妻とのあいだに息子があり、老いた独居の朝鮮人は東京にいるという息子に「月額七千九百円ばかりの生活保護金のなにがしかを、ひそかに息子に送ってやっていたらしい」ことを突き止めている。

　工事現場、廃品回収、西陣織、炭鉱等の過酷な労働に貼りつけられた差別と貧困、そして望郷と恨 (한=ハン)。在日コリアンならば、類似のエピソードをどこかで聞いているであろうし、家族や知人に直接の体験者がいる、もしくはかつていた場合も少なくないはずである。

　戦後の在日コリアンの法的地位もまた、他律的に翻弄され続けた。

　ＧＨＱは 1945 年 11 月 3 日に在日朝鮮人を「出来る限り解放国民として処遇される」という通達を出したものの、すぐさま統制を開始した。「朝鮮人、中国人、琉球人および台湾人の登録に関する総司令部覚え書き」(1946 年 2 月 17 日) が在日朝鮮人の帰国希望の有無等を登録させ、さらに外国人登録令 (1947 年 5 月 2 日) により「当分ノ間、之レヲ外国人トミナス」とされた。さらにサンフランシスコ平和条約の発効 (1952 年 4 月 28 日) の直前、現在の法務省に当たる法務府が民事局長名で出した通達「平和条約の発効に伴う朝鮮人、台湾人等に関する国籍及び戸籍事務の処理について」(1948 年 4 月 19 日) によって、韓国併合 (1910 年 8 月 22 日) の時点で朝鮮人に付与した日本国籍は剥奪され、「朝鮮」国籍とされた。日本政府は、朝鮮人の意思によらず強制的に付与した日本国籍を、やはり朝鮮人の意思によらず強制的に剥奪したということである (田中宏 2013: 53-76) (田中他 2005: 187-201)。

　ここで再び、本論の中心的なテーマへと接続をはかりたい。戦後日本の社会

保障、地域の行政、社会生活上のさまざまな局面における在日コリアンに対する差別と排除については各学術分野からの専門的分析、在日コリアンの日常経験に着眼したライフヒストリー等、多くの先行研究が蓄積されてきた。それら諸研究は、先に概観したような日本社会の強大な力のもとで翻弄されつつも、在日コリアンがただ剥奪され、「同化」させられるままに生きてきたわけではないことも教えてくれる（金敬得 2005: 61-67）。大阪市生野区をはじめとする在日コリアンの集住地域においても、権利の獲得と差別撤廃に向けた力強い運動が続けられてきた。たとえば、義務教育課程に学ぶ機会がなかった一世のための夜間中学や、朝鮮語学習をはじめとする民族教育により民族性を確定していく民族学校や夏期学校、地域の社会教育、外国人登録の際に強制されていた指紋押捺を拒否する運動等々、差別と排除に対抗する活動が各地域に根を張って展開されてきた。これらの運動は、在日コリアンを住民主体として内包するコミュニティ生成のための、もっとも重要な原動力のひとつになっている。人口が集中し、地域資源が蓄積され、かつ公共の交通機関が整備された集住地域においては、目標のある運動と志のある市民の連帯によって、民族的コミュニティの形成が促進されてきた。

　ところで、「集住地域」であるか「非集住地域」であるかを問わず、在日コリアンにとって権利の獲得と差別撤廃は戦後一貫した目標であった。そして日々の生活において民族性を尊重し、受け継ぐためのコミュニティを支え、そのコミュニティの核となる教育を可能とする環境、すなわち学校をつくり、守っていくことは、後述するように、在日コリアンの至上命題であった。ただし、これらの目標を達成するための条件については、「集住地域」と「非集住地域」で格段の差があるといわざるを得ない。「非集住地域」は、近隣に在住する同胞がきわめて少なく、相互に往来するための経済的・時間的な負担が非常に大きい。では、「非集住地域」においては、民族的コミュニティは形成されてこなかったのであろうか。民族性を担保するための地域資源が非常に限られた状況で、在日コリアンは、どのような地域生活を送っているのであろうか。多数者である日本人の地域社会の中で、民族性を保持する活動がどのようになされてきたのか。また、在日コリアンが居住する自治体は、在日コリアンを一市民として認知し、教育をはじめとする公共サービスの対象として位置づけてきた

のかどうか。また、地域社会に多様性をもたらす意義ある市民として、しかるべき社会政策を準備してきたのかどうか。

　本論は、愛媛県松山市に居住する在日コリアンのコミュニティの現況について明らかにすべく、四国朝鮮学校に着目した。そして、四国朝鮮学校を支える「同胞」たる在日コリアンと、同じく地域市民として支援活動に関わる複数のグループが開催するさまざまな地域の行事に参加し、そこで知己を得た市民から資料の提供を受け、聞き取り調査を行った。非常に素朴な参加型の研究で得た資料および聞き取りデータに、先行研究の文献・資料の検討を加えて再構成し、以下、地方の在日コリアン非集住地域に関する基礎資料として提示したいと思う。

2. 四国唯一の民族学校
　―四国朝鮮学校の概要と歴史的背景―

2-1　四国朝鮮学校の位置と施設

【写真－2】四国朝鮮学校にて 愛媛大学教育学部有志
（2013年11月公開授業、筆者撮影）

　四国地方唯一の民族学校である四国朝鮮学校は、先に確認した通り、四国でもっとも多数の「韓国・朝鮮」人口が在住する愛媛県松山市に位置している。ＪＲ松山駅の西側1キロほどの位置にある小高い山にある。朝鮮新報社が発行する日本語雑誌『月刊イオ』(8)の「なぜ山や丘の上にある朝鮮学校が多いの」という記事を見ておきたい。

　子どもの安全、のびのびと遊べる環境を第一に考えながらも、土地代が

安い場所を探さなければならない。そのような条件が整うのは、まだ人の手が加えられていない山や丘の上などが多かった。同胞たちは一から土地を切り拓いたという。……植民地時代に抑圧と蔑視をうけ、解放後も差別の中で生きた1世。「人々が見上げる場所に学校を建てよう」。民族教育に注ぐ情熱と自尊心も理由の一つだった。(『月刊イオ』2014年8月号:17)

敷地は松山隣保館丸山荘と松山市考古館に隣接しており、近隣には私学の愛光学園がある。学校敷地内には、2階建ての校舎、自宅からの通学ができない学生のための寮施設、サッカーゴール、鉄棒、砂場を備えた運動場がある。現在の校舎は1964年に建設されており、半世紀を経て老朽化が進んでいる。公立学校では整備されている体育館、水泳用プールは設置されていない。

【写真-2】で確認できる校舎前の銀杏の木は、1964年の校舎建設時に植えられた記念樹である(名田 2008: 218)。また、校門を入ってすぐ右手に大きく育った楠の木は、1969年2月、学校法人認可の記念として植樹されたものである(名田 1995: 12-13)。校舎の最上部には「아버지 어머니 고맙습니다(お父さん、お母さん、ありがとうございます)」とハングルで書かれている。

2-2　四国朝鮮学校の沿革

次に、四国朝鮮学校の沿革をみておきたい。

1945年の日本敗戦は、在日朝鮮人の立場からすると「解放」、「光復」である。当時、日本国籍をもっていた日本国内の朝鮮人は、解放直後から朝鮮への帰国を準備すべく、それまで朝鮮語を身に着ける機会がなかった子弟のために朝鮮語を教授する国語教習所を日本各地に続々と開設した。愛媛県下においても、1947年時点で8カ所の国語教習所があったという(9)。元愛媛新聞記者で長年にわたり四国朝鮮学校の支援を続けている名田隆司氏は「愛媛県内では8カ所の朝鮮語教室が開かれたことが確認されています。新居浜で2カ所、東予、今治、松山では日の出町と垣生にもできている。一つの教室に二、三人くらいから十人ぐらいの生徒です」と述べている(名田　2008: 22-23)。

在日本朝鮮人連盟(以下、朝連と記す)は解放の直後から在日朝鮮人運動を主

導した団体である。朝連は各地の国語教習所を「学校」へと再編成すべく、カリキュラムと教材の整備を進めた。「1948年2月時点で佐賀、熊本、徳島、高知を除いた全都道府県に初等学院が設置され、その数は500校を超えた。生徒数も48年2月には5万人を超え、教員の数も48年10月の時点で1,200名強に達した」という（鄭 2013: 134-136）。そのような解放後の熱い大きな民族運動の中で、愛媛県下各地においても国語教習所が開設され、体系的な「朝鮮学校」がつくりあげられていった（図表3-5）。解放直後から朝連が独自に編纂した教科書に関する実証的研究を行っている池貞姫の指摘を参照しておきたい。

　終戦直後の朝鮮人学校教科書群は、その編纂母体となった朝連という左派陣営組織のイデオロギーが部分的に反映はしているものの、そのイデオロギー普及というよりは、植民地支配から解放された朝鮮民族の喜びや苦悩、そして朝鮮人として主体的に生きるという展望を率直に反映し、その思いを次世代の在日朝鮮人子女に語り継ぐものであった。
　次に、教科書は、この当時の朝鮮人としての素養を涵養するという姿勢が貫かれており、それは何よりも、全教科の教科書を朝鮮語で編纂するという朝鮮語教育重視の方針に端的に表れている。また、国旗を初めとした数々の象徴や歴史的人物・民族的事業を度々取り上げることにより、朝鮮的なものになじませ、肯定的なイメージを与えようとする意図が顕著であった。それは、日本による植民地支配下、同化政策にさらされた朝鮮人子女の民族性を回復し、民族の矜持を持たせようというものであった。そして、朝鮮民族の肯定的なイメージ形成の意図と表裏一体に、日本の植民地支配に対して痛烈な批判やその示唆が加えられていることも看過できない。（池 2012: 51-59）

　1946年5月に朝連が作成した教科書『初等國語讀本　上巻』には、母音、子音をはじめとするハングルの文字としての構成、そして「動植物、食材、楽器、農機具、親族名称などの身近な単語」、「朝鮮の衣服、太極旗、朝鮮人によくある名前、木槿、朝鮮独立、白頭山、鴨緑江、済州島、京城など民族の象徴物や地名を表す単語」がイラストとともに盛り込まれていた。それらは、朝鮮

に帰国すると即座に必要となる実用「国語」の基本である。そしてまた、次の項で詳しくみるように、何があっても取り返したい、取り戻したいと語られる「自分の魂である言葉や文字」のエッセンスであったに違いない（池 2013）。

図表 3-5　四国朝鮮学校の沿革

1945.8.15	祖国解放（愛媛県在住　約 8,500 ～ 9,000 人）
1945.11.1	「朝鮮語教室」開設（県内 8 ヶ所）
1947.7.4	松山朝鮮初等学院創立
1948.4	校名変更（松山朝鮮学校）
1949.10.19	「朝鮮人学校閉鎖令」→強制閉鎖
1949.1	移動教室（寺社など）
1951.4	松山朝鮮学校、松田製材所倉庫にて再開（松山市築山町）
1952.4	中級部併設「松山朝鮮人小中学校」
1954.4.24	新校舎移転（木造 4 教室：松山市小坂町）（生徒数 55 名）
1959	寄宿制度実施（生徒数 156 名中　寄宿舎 68 名）
1964.11	現在地に新築移転（校名を四国朝鮮初中級学校に改称）
1969.1.27	学校法人認可（各種学校）
1991.11	愛媛県合唱連盟加盟
1993.9	愛媛県・松山市中学校体育連盟「準加盟」
2010.11	学校創立 65 周年（生徒数 29 名）

「2012 学年度四国朝鮮初中級学校公開授業」プログラム、「2014 学年度四国朝鮮初中級学校学芸会～軌跡、継承～」プログラムから筆者編集

2-3　四国朝鮮学校を創った愛媛の在日朝鮮人

「李南山は、愛媛における民族学校の生みの親である」。

1924 年、生活のために来日した尹且俊氏を追って、1937 年、妻の李南山氏は赫洙と元順の二人の子どもを連れて、夫のいる松山市にたどり着いた。「日本語が不十分な南山親子は、『愛媛県松山市日之出町』と書きつけた紙片を握りしめ、紙片を示しながらの日本行きであったという。日之出町で再会した且俊は、給与ももらえず、手紙を書く間もなく、九州各地の炭鉱を転々とした後、この松山に流れてきたのだという」（名田 1995: 41-42）。

兄の赫洙は岡山、尼崎、松山と出稼ぎをし、日本語の不自由な南山は日本の子供たちにからかわれながら、廃品回収業のリヤカーを引く毎日であった。元順はそのリヤカーの後ろを押して歩き、勉強などできる環境ではなかった。
　解放後の李南山は、どこからそのようなバイタリティーが出てくるのかと思うほど、地域の先頭に立って活動をした。
　「子供二人、学校に行かせることができなかったことがつらかった。孫の時代にはそのような思いはさせたくない。子供や孫たちを、自分たちと同じようにしてはいけない。言葉を取り返してやらなくては…」と口ぐせのように語っていたという。
　李南山には孫になる赫洙の長女・尹文子が六歳になったのをきっかけに、文子と近所にいた子供たちのために、正式に朝鮮語を習わせようと、自らの六畳間を空けた。(名田 1995: 42-43)

李南山氏が借りていた日之出町の借家の六畳間を朝鮮語教室のために提供し、同じ町内の姜老石氏を先生に迎えて、3名の子どもたちが学び始めたのが、1945年11月中旬頃であったという。次は、元順氏による当時の回想である。

　オモニは毎日、米袋を肩にかついで、先生への食事用のひと握りの米を集めるため同胞の家を廻っていた。米がないときなど、自分の食べる分を減らして、先生ご飯ができましたからといって食べさせていた。私自身も時々、食べられないことがあって、紐でお腹を締めるとそれでも二回ぐらいはがまんが出来た。(名田 1995: 43-44)

戦後すぐの当時、「ひと握りの米を出すことは、命をけずることと同じであった」が、「オモニが袋を持って同胞の家を廻ると、誰も嫌がる者はいなかった。自分が食べる分のちゃわん一杯分の米を出す人、川で魚を捕ってくる人など、それぞれに精一杯の協力をしていた」と赫洙氏は語っている。言葉を取り返すということとそのための努力が、解放後の朝鮮人にとってきわめて切実で、か

第3章　　123

つ無上によろこばしいことであったことが想像できる。この小さな教室で、最盛期には15名の子どもたちが学んだという。

　松山市内の公立中学校で勤務し、校長職を経て退職した中林重祐氏が1991年11月に行った李福姫氏の聞き取りを引用しておきたい。朝鮮学校の創立に奔走する当時のようすが生き生きと語られている。そしてまた、この語りは、在日コリアンが「ウリマル」、「ウリハッキョ」というとき、それらにどれほどの重い意味と激しい思いが込められているかということを教えてくれる。

　　まず思ったことは、自分の魂である言葉や文字を取り戻したということでした。その年（引用者注：1945年）の11月1日、松山市日の出町中一丁目の同胞のアリランの奥さんの家をお借りして、絵の先生であったノ（盧）さんが先生になり、寺子屋のようなのが開かれました (10)。
　　この11月1日が、今も創立記念日になっています。子どもたちは15名くらいだったですが、年齢はばらばらです。もちろん、戦時中は日本によって名前も言葉も奪われていたのですから、子どもたちはウリマル（自分たちの国の言葉）を知らないし、文字も知りません。他方、一世にしてみれば、強制連行されたり祖国で生きる道を絶たれて日本に来ていたのですから、日本語だってきちんと習っているわけがありません。日本語を片言でしゃべっていても、日本の文字は読めません。……八百屋さんへ買い物に行く。「これ、いくらですか」「そこに書いとるだろうが！」と怒鳴られる。わからないから聞いているのに……。
　　学びたくても学ぶことができなかった悔しさが、どっと吹き出しましたよ。（なんとしても学校を建てたい！）というのが、同胞の強い願いでした。在日朝鮮人連盟ができましたので、県全体の同胞が力を合わせました。
　　金を、物を、労働力を……何でも出せるものを出そう！「ウリハッキョ（自分たちの学校）を！」ということで、戦後の苦しい時期に懸命でした。
　　こうして47年7月、築山町に土地をかまえ、木造50坪の2教室、先生が2人で生徒28名の「松山朝鮮人学校」が発足しました。朝鮮人はお金を出しても、自分名義では土地を得られなかったので、日本人の名義を借りて建てました。日本の子どもたちは「ブタ学校、ブタ学校」とはやしたて

ていましたが、事実、豚小屋が建ち並ぶ敷地だったから、まあ、そう言われてもしかたなかったでしょうね。学校と名は付いたものの、水道もない始末でした。水ももらいに行かねばなりません。もちろん敷地の周囲の塀などはありません。みんながそれぞれ一本、二本と木ぎれを集めてきては、境界線に杭打ちをしました。(中林 1993: 96-98) (11)

このように貧しいながらも力を一つに集めた民族教育の揺籃期における活動は、1946年以降、ＧＨＱと日本政府によって露骨な弾圧を受けることとなる。端的な事件は、1949年10月19日、連合国軍総司令部による「朝鮮人学校閉鎖令」の発令である。中林氏が引用した愛媛新聞の当時の記事(1949年10月20日)を再掲しておきたい。記事によると「松山市築山町朝鮮初等学院(38名)と新居浜市橋本町私立朝鮮小学校(生徒数120名)の解散並びに財産接収」の指令が出された。

　松山市築山町の松山市朝鮮初等学院の強制接収は19日午後5時40分から行われた。
　県から東郷総務部長・森信地方課長ら11名が同学院に出向き辛乙権校長立会いのもとに執行、居残っていた生徒十数名は接収理由をきかされ、学院の危機に大声をあげて泣き、机・椅子などが室外に持ち出されるやこれにとりすがって泣くなどあわれをさそい、午後8時ごろ接収を終わった。
　なお生徒38名は日本の公立小学校に転入することとなった。(愛媛新聞 1949年10月20日)

この記事に関する中林氏による聞き取りでは、李福姫氏は「強制接収」の当日を振り返っている(名田氏によると、李福姫氏は学校が接収された当時、女性同盟愛媛県本部委員長であり、オモニ会の中心的活動家であった)。

　父兄も先生も子どもたちも、みんなスクラムを組んで「ウリ・ハッキョ(自分たちの学校)をまもれ」とたたかいましたが…。みんな警官隊によって外に放り出され、学校は警官隊に包囲されてしまった。

みんながスクラムを組んだまま学校に入ろうとする、警官隊が押し返す、また押していく…棍棒で殴られて、傷の痛みに一生苦しんだ人もいます。（中林 1993: 101-104）

　当時の新聞記事と、「強制接収」の現場にいた当事者の語りに大きな差異があることがわかる。記事では、在日朝鮮人側の身体を張った必死の抵抗が、ごく断片的に扱われ、子どもが大泣きして取りすがり、「あわれをさそ」ったと記されている。その一方で、当事者は、抵抗側が警官隊に身体ごと強制排除され、棍棒で酷く殴られ「傷の痛みに一生苦しんだ人」もいると語っているのである。民族教育を否定し、日本の公立学校への就学を押し付けるこの時期の朝鮮人学校弾圧は、「出発間もない朝鮮学校を揺籃期につぶすことによって、在日朝鮮人の日本人化をはかるという朝鮮植民地支配の民族差別に満ちた同化教育政策を、戦後において再び追求しようとするものであった」（朴 2012: 34-35）。また、藤永壯は「在日朝鮮人の民族教育に関わる歴史を振り返ると、日本国家は一貫して朝鮮人独自の教育機関を抑圧し、子どもたちを日本の学校へ通わせようとする同化政策を方針としてきたと言える。日帝植民地時代、在日朝鮮人は大阪、愛知、兵庫、京都などの府県で 1920 年代半ばごろから朝鮮語教育を主目的とする教育機関を設立していたが、1930 年代半ばまでには強制的に廃校させられ、子どもたちは日本の学校への就学を強要された」と述べている（藤永 2013）(12)。

　ここで敗戦直後の民族教育に関わる日本の政策について、整理しておきたい。ＧＨＱは、在日朝鮮人は「出来る限り解放国民として処遇される」（1945 年 11 月 3 日）という通達を出した。この時期のＧＨＱは、「在日朝鮮人が権利擁護をかかげデモ行進を実施すると、アメリカ軍兵士が日本の右翼への警備にあたるなど、在日朝鮮人とＧＨＱは蜜月関係にあった」という（西村 2004: 19-20）。ただし、冷戦が激化するにともない、ＧＨＱは対日占領政策を転換し、民主化を抑止するとともに、共産主義的活動の阻止が進められた。それは共産主義的、社会主義的イデオロギーに親和するメンバーの多い朝連、そして朝鮮学校にも波及した。以下で見ていく通り、「出来る限り解放国民として処遇される」という通達からわずか 1 年半足らずで、時々刻々、露骨な統制を強化

していったのである。

　1947年4月12日、当時の文部省学校教育局は「現在日本に在留する朝鮮人は日本の法令に服しなければならない。したがって一応朝鮮人児童についても日本人の児童と同様就学させる義務」があるという通達を出した。この時点では、「朝鮮人がその子弟を教育するため、小学校又は上級の学校、若しくは各種学校を新設する場合に、府県はこれを許可して差支えないか」という問いに「差支えない」と回答しており、在日朝鮮人の民族教育について容認する姿勢を見せていた。しかし、1948年1月24日「朝鮮人設立学校の取り扱いについて」という通達では、在日朝鮮人子弟の公立または私立の小中学校への就学を義務づけるとともに、小中学校の設置について学校教育法による認可を義務づけた。さらに、「学齢児童又は学齢生徒の教育については、各種学校の設置は認められない」と明記し、独自の教科書で朝鮮語による授業を行う朝鮮人学校を排除する方針を打ち出した。この通達を受けて、1948年3月から4月にかけて、各都道府県は朝鮮人学校閉鎖の命令を出し始めた。

　この学校閉鎖の命令に対して、兵庫県と大阪府では最大規模の抵抗運動がおこった。兵庫県による学校閉鎖の命令を受けた在日朝鮮人は先に見た松山市朝鮮初等学院のように断固抵抗したが、同年4月23日に仮処分が強行された。翌24日には数千人とも一万人ともいわれる在日朝鮮人を主とする市民が兵庫県庁を包囲し、知事は学校閉鎖の撤回・借用校舎の明け渡し延期等を文書で約束した。しかし、ＧＨＱが戦後初の「非常事態宣言」を発し、学校閉鎖の撤回等の無効を宣言するとともに、1,700名以上ともいわれる在日朝鮮人を無差別に検挙した。この一連の朝鮮人学校閉鎖に対する決死の抵抗を「阪神教育闘争」という。在日コリアンは、この事件を4月24日のハングル読みで「サー（사）・イー（이）・サー（사）」と呼ぶ。毎年、大阪の闘争中に射殺された16歳の金太一氏の追悼や研究会が開催され、語り継がれている。例年この時期が近付くと、闘争当時の人物群が写った写真がtwitterやfacebook等のSNSに投稿され、それら写真の人物が自分の家族や親戚であると名乗りを上げる人が続く。大部分の日本人市民は意識すらしないであろうが、在日コリアンにとっては今も痛み続ける生々しい記憶であることがわかる。

　以下は、「阪神教育闘争」の経験者による語りを含む一文である。

48年になってから（民族学校、引用者注）廃止の方向への圧力が強まり、在日韓国・朝鮮人は必死になってこれに反対しました。中でも阪神教育闘争は大きなうねりでした。自主的な学校がなくなれば民族の灯火が消えてしまうという危機感が漂いました。先生や父母ばかりではなく、生徒も一緒になって反対運動に駆け回りました。……
　西宮に住む沈東蓮さんによれば「学校を守らなければ日本の学校に逆戻りや。また、チョーセン、チョーセンっていじめられる。いややあんな生活は二度といやや。勉強がしたかったのです。民族学校が好きだったんです。朝鮮語が学びたかったんです。ただその一心でした」。（梁 1996: 84-90）

　さらに追い打ちをかけるように1949年9月には朝連に対する解散命令、第2次朝鮮人学校閉鎖命令が出された（中山 1995: 21-40）。このようにな民族教育に対する徹底的な弾圧と闘いながら、「自分の魂である言葉や文字」を取り戻し、子ども世代に伝えるために、全国で在日朝鮮人運動が根強く継続された。愛媛県下においても、ＧＨＱならびに日本政府による民族教育弾圧は、粘り強く押し返されていくことになる。ふたたび李福姫氏の述懐を引用しておきたい。

　自分らの学校がなくなってしまった。だが、子どもらを勉強させないまま放っておくわけにはいかない。日本学校へ行った子もいます。
　でも34名のうち20名はどうしても日本学校を嫌がっていこうとしません。日の出町の二階で、またつづけました。日本学校に行った子らも、それは泣く泣くだったですよ。……
　学校再建の狼煙をあげたのは、女なんですよ。男は動きませんでした。せっかく創ったのにつぶされてしまって…ということで、もう男どもの連盟は動いてくれなかったんです。最初の運動会をするまで、学校の再建・運営は、女性同盟の手で行われました。子を思うオモニの強さですよ。オモニたちは、募金箱を持って街頭に出ました。子どもたちも一緒です。大街道（松山市の繁華街）や駅に出て、一円カンパを訴えました。51年4月からは、築山町の

松田製材のご好意で、そこの倉庫を借りて授業をしました。(中林 1993: 104)

名田氏によるノート「オモニたちが残したウリ・ハッキョ」からも引用しておく。

　松山では、ユンさん(引用者注：尹元順氏)のオモニであるナム(南)さんたちが努力して学校を再建させました。1949年の10月、日の出町からほど近い石手川の対岸の築山町に、確か二教室だけの学校なんですが。その学校がつくられた途端、日本の警官らによってつぶされてしまった。そのころにはすでに、愛媛県には教室から発展した学校が宇和島にも一校ありました。新居浜にも一校、それから今治にも一校ありました。合計四校。その学校がそれぞれ時間差はありましたが、警察官の強制によってつぶされていきました。
　その弾圧に対し、その時学んでいた生徒たちと父母、それから先生たちが抵抗しますが、結果的には日本の警察官によってつぶされてしまいます。学校がつぶされてしばらくは、青空教室の時期が続きます。朝鮮語や朝鮮の歴史を学ぶということは当然の権利であるという強い信念と意志によって、その後も学校を続けていくことになる。一年間か一年半ぐらいだと思いますけど。
　青空教室でその当時学んでいた人に話を聞くと、天気のいい日は石手川の河原に机を置き、冬場や雨の日には近くの神社や寺などの軒先を借りて勉強したといっていました。だから、いつも力のある男子学生が机をかついで移動していたと、思い出を話してくれました。そういう苦しい時代でも、民族教育を絶やすことなく、ずっと続けてきたということなんですね。それが、現在の朝鮮学校に結びついている。(名田 2008: 25-26)

図表3-5でも確認できるとおり、1950年代から60年代にかけて四国朝鮮学校の学生数はピーク時で150名以上におよんだ。
　1955年5月、在日本朝鮮人総聯合会(以下、朝鮮総聯と記す)が結成され、1958年から大運動として展開された帰国運動、続いて1959年12月から始まった帰国事業が、朝鮮学校の大きな追い風となった。日本生まれで、朝鮮語を知らない子どもたちに言葉と文化を学ばせなければならない。青空学校、寺

社での授業など、学校は自主運営により存続し、再び復興していく。ただし、学校の運営に充てる資金は、政府や自治体からは補助されない。民族教育への熱意がさらに高まり、しかし、経済的には非常に厳しい状況下にあった1957年、朝鮮戦争停戦直後の朝鮮から「教育援助費」、「奨学金」として当時の日本円で約1億2千万円が送金されてきた。その後、毎年の送金は継続しており、2015年4月には2億3804万円が送られたという。これまでに合計161回、総額475億6919万390円が送られてきた（朝鮮新報2015年4月14日）。総力を挙げてつくりあげた「ウリハッキョ」を、日本社会は壊滅に追い込もうとし、祖国からは支援金が贈られたことを在日コリアンは忘れないであろう。

朝鮮学校の隆盛期のようすをふたたび李福姫氏の述懐からみておきたい。

　子どもたちも成長し、52年（昭和27）年4月には、中級部も併設した「松山朝鮮人小中学校」となりました。
　54年4月、オモニや子どもたちの一円募金をもとに、同胞有志の寄付金、それにお金の出せない者は労力をという涙ぐましい努力で、小坂町120の2に、420坪の土地をかまえて、待望の学校ができました。
　「何もできないので、これを始末してタシにしてください」と、飼っていた豚を連れてくる人もいました。300坪の運動場ができました。先生が4人、生徒が55人。こうなると、オモニたちの夢は、（子どもたちに運動会をさせてやりたい！）ということでした。「一万五千円あれば運動会ができる。子どもたちに運動会をプレゼントしよう」が、女性の、母親の、女性同盟の合言葉になりました。
　先生方は給料の一部を返上しました。酒・醤油・米などの現物カンパも集められ、56年（昭和31年）に最初の運動会が行われたのです。
　子どもたちの走る姿を見て、涙が出ました。（中林1993: 105-106）

日々の生活に追われる貧困の中で、なぜそのような思いまでをして学校を守らねばならなかったのか。

その理由は、李南山氏の口ぐせであったという「子供二人、学校に行かせることができなかったことがつらかった。孫の時代にはそのような思いはさせた

くない。子供や孫たちを、自分たちと同じようにしてはいけない。言葉を取り返してやらなくては」という語りに凝縮されている。李福姫氏が語ったとおり「自分の魂である言葉や文字を取り戻」すためである。そしてまた、当時の日本社会における差別から朝鮮人である自分たち、朝鮮語で表現するところの「ウリ（우리）」を守るためでもあったはずである。そして、在日朝鮮人にとって、民族教育の拠点である学校は、植民地支配からの真の解放のための欠くべからざる条件であるからである。「自分の魂である言葉や文字」を取り戻し、民族の尊厳を次世代へ継承していくために、学校を自主的に運営する権利を獲得すること。これは、日本による植民地支配からの真の解放への基底的な条件であるはずなのである。板垣竜太は、戦前から解放後までの民族教育をめぐる動向について史料を読み解き、「民族教育権は近代以降の植民地主義の克服という歴史性を帯びて提起されてきた概念である」と述べている（板垣 2013: 171）。ここまで見てきたとおり、在日朝鮮人は真の解放のための条件を奪われたまま現在にいたっている。戦後の日本社会は、朝鮮学校に対する弾圧や制裁という形式により、隠された植民地支配を継続してきたということである。このような逆境にあって、在日朝鮮人が中心となり、労働と日々の暮らしの中からそれぞれ可能な限りのものを出し合って、「ウリハッキョ」を守ってきたのである。

　朝鮮学校が政府による弾圧のもとで過酷な揺籃期にあった半世紀以上前の日本社会では、社会生活のさまざまな場面で露骨な朝鮮人差別があった。もちろん、21 世紀の日本もまた、ヘイトスピーチ街宣を典型として、公共の場における差別が発生している (13)。ただし、戦後の混乱期から立ち上がろうとする日本社会においては、あってはならない露骨な差別が日常にありふれ、特に、教育現場の教師や警察官等、公的な立場にいる人々によってなされる場合があったことを忘れてはならない。政治による排外主義というマクロな差別と、生活の足場である地域社会におけるミクロな差別が重層的に存在し、それが政策的に抑制されるどころかあられもなく露出された時代であったといえる。1960 年代、大阪市生野区という一大集住地域の公立学校における差別の事例を見ておきたい。

　　ある日本人教師が、こういった。「ここは朝鮮人が多い。日本人と朝鮮人

と仲良く勉強して、遊んでいる。ここで朝鮮人が日本人になるなら、差別はなくなるねん」。少年は学校が終わるとすぐにオモニに走り寄った。「僕らも日本人になったらあかんの？」 その瞬間の、オモニの悲しい顔を忘れられない。「あかん。私らは朝鮮人や」彼が通った猪飼野の日本の小学校は、半数が韓国人だった。(허영선 2011 原文の韓国語を引用者が日本語に訳した)

上の事例は、教師が在日コリアンの少年が学校で差別されないように配慮した発言であるという理解もありうる。しかし、これは同化を強要していくこと自体が差別であるという認識を欠落させた、また本人の心に寄り添っているかのように見えるだけにより厄介な差別に他ならない。この差別に関連して金明秀による簡潔な解説を見ておきたい。

　在特会らの言動に見られるように、人種や民族によって人間に優劣を設けたり、異なる人種や民族を相いれない存在として遠ざけたりする態度をレイシズムというが、これまでの研究から、日本におけるレイシズムには少なくとも2種類のあらわれ方があることがわかっている。排外主義的レイシズムと同化主義的レイシズムである。
　排外主義的レイシズムとは、日本の伝統や血統とは異なる集団を劣等視したり、互いの差異を誇張したりすることで排除しようとする態度で、多くの人にとっての一般的なレイシズムのイメージはこれにあたるだろう。一方、同化主義的レイシズムとは、異文化集団に日本社会の「普通」で「正常」な文化への同化を強制する態度を指す。逆に言えば、「異常」で「奇妙」な文化を捨てさって、異質性が"見えない"状態にまで同化しないかぎりは対等な社会の構成員とは認めないという態度である。(金明秀 2013)

「非集住地域」の公立学校に通う在日コリアンの子どもたちはどのように過ごしていたのであろうか。四国朝鮮学校のソンセンニム（先生）を勤めた李温在氏の1950年代の述懐を再掲しておきたい。李温在氏の故郷は朝鮮半島北部平安北道新義州、小さいころから教師になるのが夢であったという。朝鮮で受験

した地元の女学校の選抜では6名中1名のみ、地主の娘が選ばれ、李温在氏は選抜から外された。当時通った小学校の校長が愛媛県大洲市出身であった縁で、1942年4月、愛媛県立長浜高校の前身である長浜高等女学校に留学がかなった。「とにかく、頭からつめの先まで日本人に成り切ろうとした。天皇陛下のために、いつでも死ねると槍の訓練もした」という（愛媛新聞在日取材班 2004: 19-20）。徹頭徹尾の皇国臣民であろうとした勉強家の李在温氏は、結婚後、子育てをする中で、皇民化教育で剥ぎとられた「朝鮮」をふたたび取り戻していく。

　子どもが小学校四年生のときに、級長の選挙があって、そのとき「金本」いう名前だったんですけどね、それで、みんなが後ろで「誰それは先生の子どもだ」「誰それは町長さんの子どもだ」「金本くんは朝鮮人だ」言うてコソコソ話して選挙した結果、まあ次点になって、級長に落ちたのは別にかまへんけど、「朝鮮人、朝鮮人」て言われたから、まあそれが悔しかったっていうことがありました。
　私は、昼に編み物教室で編み物を教えていて、子どもが「ただいま」って帰って来て、普通にしていたのですが、寝る前にワーっと泣いて抱きついて「なんで僕は朝鮮人に生まれたんか、なんで朝鮮人なのか」って言う。自分では一生懸命に、お父さんも朝鮮人、お母さんも朝鮮人、日本にこういう事情で来て……地図見て、ここに朝鮮という国はあるでしょう、と一生懸命説明したけど、私もそれがすっごくショックだったんですよ。（名田 2008: 103-104）

李温在氏の夫である申養寿氏は、1959年、在日本朝鮮人総聯合会愛媛県本部教育部長を務めていた。故郷は慶尚南道陜川、1941年、慶尚北道大邱の印刷工場に働いていた15才のとき、勉学を志して来日した。広島県大長のミカン農家での3カ月にわたる労働を振り返って、「貝入りみそ汁に麦飯。食事はうまいし、腹いっぱい食べられた。夜食にはミカンが山盛り」（愛媛新聞在日取材班 2004: 17）と述懐している。宗主国である日本の質素な食事にまつわる思い出は、植民地朝鮮の困窮を想像させる。いうまでもなく、その困窮は日本による剥奪によって根扱ぎにされたことに起因し、そのために被った辛苦であったはずである。自分から何かを奪っていった者が差し出す糧であっても、

腹の減った困窮者には旨いものである。しかし、その種の悔しい経験と慙愧たる思いは、生涯忘れることができないのではないであろうか。申養寿氏は朝鮮半島の分断後も国籍は朝鮮とし、朝鮮総連愛媛県本部の幹部として活動を行った。四国朝鮮学校との関わりでは、「教育会長という直接学校を運営管理する、専従の活動家」という立場で、愛媛県から学校法人の認可を得るべく大変な苦労をした。その苦労は、3年3ヶ月のあいだ、認可に関わる要人に面会するために奔走し、「三足の靴がちびた」ほど激烈なものであったという。苦労の末、1969年1月に学校法人の認可を得た。名田氏によると、「県知事から法人認可が得られなかったら、学校は存続できなかったという、厳しい時」であった（名田 1995: 222-238）（名田 2008: 54-58）。

　日本社会のなかで老若男女問わず浴びせかけられる日常的な差別の現実から、「ウリ」を守り、育てることができる朝鮮学校は、在日朝鮮人にとっての平和の領域、つまりアジールである (14)。剥奪された朝鮮の文字や言葉、文化を「ウリハッキョ」で取り戻すべく、在日朝鮮人は各自の事情に応じてお金のある人はお金を、物がある人は物を、労働力のある人は汗を出して、文字通り物心両面での支援を惜しむことなく学校を築き上げてきた。

3. 四国朝鮮学校の＜いま・ここ＞を支える諸活動

3-1　四国朝鮮学校の現況

　図表3-5でみたとおり、全盛期には150名を超えた学生数は、その後減少し続けてきた。2002年から四国朝鮮学校の取材を行い、ドキュメンタリー番組「ウリハッキョ・民族のともしび」（2003年7月28日放送）を制作したテレビ愛媛の村口敏也氏は、校舎裏の寮施設は、「1980年代までは、四国一円からの子どもたちで満杯だったが、その後減少を続け、1998年についにゼロとなった」と述べている（村口 2004: 83）。図表3-6をみると、年度によって微増があるものの、新入生は極めて少数であることがわかる。卒業生は、学

校創立をどの時点までさかのぼるかにより相違が生じるが、延べ数は800名近いと推計されている。

朝鮮語で書かれた独自編集の教科書を用いて、朝鮮語で授業が行われている。当然のことであるが、朝鮮学校における「国語」とは朝鮮語であり、日本の公立学校の「国語」は日本語を学ぶ科目である。朝鮮学校は、2003年4月、2013年4月と教科書の改訂を進めている。また、ICT（Information and Communication Technology）化の2018年度本格導入を目指している（『月刊イオ』2014年8月号：51-57）。

初級1学年から3学年の低学年は、活動を一緒に行う準複式をとっており、かつ、各学年に担任を配置しているので、行政上の単学年学級に相当する。初級高学年の4学年と5学年は担任一人で複式学級である。初級6学年は在籍なしであった。中級部卒業後の進学は、ほぼ100%広島朝鮮学校高級部である。

図表3-6　2013年度四国朝鮮学校の生徒数および教職員数

	生徒数	教員数
初級1学年	3（男2、女1）	男1
初級2学年	2（男1、女1）	女1
初級3学年	1（男1）	男1
初級4学年	3（男1、女2）	男1
初級5学年	3（男1、女2）	0
初級6学年	0	0
中級1学年	4（男3、女1）	男1
中級2学年	3（男）	男1
中級3学年	5（男3、女2）	男1
その他		3
総計	24	10

教員数は、校長（教務主任兼任）の1名（男性）と時間講師2名（男性1名、女性1名）を含んで、総計10名である。後述するとおり国からの補助がなく、地方自治体からのわずかな助成しか受けていない朝鮮学校では、教職員の給与は極限まで抑制されている。とくに集住地域より財政のひっ迫が激しい非集住

地域の四国朝鮮学校では、「若い人だと、月およそ十万円」である。「先生の給料の支給が数カ月ストップすることも珍しくない。…県外から赴任している先生の多くが粗末な生徒寮に寝泊まりしているのも、経済的な理由が大きいのだ。いまだに親から仕送りを受けている人も少なくない」という（村口 2004: 86-88）。そのような極めて厳しい条件にもかかわらず、民族教育に取り組むのはなぜなのか、村口氏が取材を行った当時のソンセンニムの声を再掲しておきたい。

　小さい時に、いろんな差別の中で育ちましたし、その中で朝鮮学校にしかない思いでというのがたくさんありました。そういうものを小さい子どもたちに引き継いであげないと、民族心も薄れていきます。時代が時代ですから、三世、四世の世代になってくると、民族的意識がなくなってしまうので、そういうものを子どもたちに伝えてあげたいんです。
　言葉では言い表せないようなところがあるんです。日々何かを学んでくれている子どもたちの顔を見るだけで、もう十分というところもあったり、またこの子が十年後二十年後にどうなっているのかなっていう、今すぐ結果が出ない楽しみとか。それはお金で測れない部分です。（村口 2004: 87-88）

『ウリハッキョ　民族のともしび』の出版からすでに 10 年がたった。ソンセンニムが「今すぐ結果が出ない楽しみ」と語っていたとおり、2014 年の時点で、当時の学生が成人して母校である四国朝鮮学校の教壇に立っていたり、在学生の父母として学校を直接支えていたりする。学校を巣立った子どもたちが、新しく築いた家族と連れだって、納涼祭や運動会、学芸会等の折々に、また学校に戻ってくる。そのようにして、民族教育の「ともしび」は連綿と次の世代へと引き継がれてきた。ただし、財政状況のひっ迫はより深刻化している。愛媛新聞の「松山　四国朝鮮学校　寄付金減少　財政ピンチ」と題された 2013 年の記事を再掲しておきたい。

　教室には老朽化した設備が目立つ。戸が壊れたまま使い続けている収納棚。旧型のブラウン管テレビやカセットタイプのビデオデッキ。呂東珍校

図表3-7　朝鮮学校の分布状況（2012年4月現在）（朴 2012: 33）

都道府県(27)	大学	高級	中級	初級	（幼）	合計(幼稚園除く)
東京	1	1	5	9	3	16
埼玉			1	1	1	2
千葉			1	1		2
神奈川		1	1	3	3	5
茨城		1	1	1		3
栃木			1	1		2
群馬			1	1		2
新潟			1	1		2
宮城			1	1		2
北海道		1	1	1		3
福島			1	1		2
愛知		1	1	4	4	6
長野			1	1	1	2
岐阜			1	1	1	2
福井			1	1		2
静岡			1	1		2
三重			1	1	1	2
京都		1	1	2	2	4
滋賀				1	1	1
和歌山			1	1	1	2
大阪		1	2	8	8	11
兵庫		1	3	6	6	10
広島		1	1	1	1	3
岡山			1	1	1	2
愛媛			1	1		2
山口			1	1	1	2
福岡		1	1	2	3	4
合計	1	10	33	54	38	98

第3章　137

長（引用者注　2013 年当時）は「教材を毎年きちんと整えるだけで手いっぱい。設備を更新できる資金はない」と嘆く。

　同校は学校教育法上、自動車教習所などと同じ「各種学校」扱いのため、一般の私立学校に支給される運営費助成金を受けられない。県や市から各数十万円の補助金を受けているが、年間数千万円の運営費の 7 割以上を不安定な寄付や賛助金に頼る。

　だが、長引く景気低迷の打撃は深刻。呂校長らが寄付者を回っても「今年は苦しいから」「自分も大変なのに寄付なんて」と断られる例が急増。約 20 年前に比べ半分以下になっている。

　「子どもたちが朝鮮人のアイデンティティーを守りながら勉強できる四国唯一の場所を失うわけにはいかない。気の毒だが、教員の給与削減でしのいでいる」（呂校長）　教育に燃える 20 代の若い教師のやる気だけで支えられている状態だ。（愛媛新聞 2013 年 12 月 11 日）

　ところで、朝鮮学校はなぜそのような極限の財政的ひっ迫に見舞われているのであろうか。いくつかの背景を整理しておきたい。2012 年 4 月現在、朝鮮学校は図表 3-7 のとおり、日本各地に所在している。法律上の位置づけについて見ておくと、四国朝鮮学校を含む朝鮮学校は、「各種学校」となっている。「各種学校」とは、自動車教習所や予備校等と同様の位置づけである。2-3 で見たとおり、愛媛県では申養寿氏が「各種学校」認可を獲得すべく全力の運動を行なった。それは、独自に編纂した教科書を使い、朝鮮のことばと文化を直接使った教育を行うための選択であった（朴 2011: 177-210）（池 2012: 51-59）。

　この「自分の魂である言葉や文字」を守り受け継いでいくための「各種学校」という選択が、皮肉なことに、さまざまな制約の根拠とされてきた。朝鮮学校に課された制約は、①大学受験資格問題、②助成金問題、③税制上の差別問題、④その他、各種奨学金制度対象からの除外や学校保健、学校保険からの排除等がある。②に関する先行研究によると、朝鮮学校の場合、都道府県及び市区町村からの一人当たりの 1 年間の助成金の平均は約 9 万円である。これに対し日本の公立学校では小学校が約 90 万円、中学校が約 100 万円、高校が約 110 万円、私立学校では小学校が約 24 万円、中学校が約 27 万円、高校が約 30 万円となる。

つまり朝鮮学校への助成は、日本の公立学校のおよそ10分の1、私立学校の3分の1程度の水準となっている。国庫からの助成は一切ない（李修京他 2010）。

朝鮮学校に対する地方政治の逆風は、「集住地域」であるか「非集住地域」であるかを問わず、ますます凄まじい。

2010年度、当時の大阪府知事橋下徹が、朝鮮学校に対する補助金停止に向けた介入を行い、その後、補助金の停止・凍結を行う都道府県が増えている。李らが調査を行った当時より、現在、状況はさらに深刻化している。「平成25年度に朝鮮学校に補助金を支給しない都道府県は、前年度より4県増えて8都府県となり、朝鮮学校がある27都道府県（休校中の奈良県を除く）の3割を占めたことが13日、産経新聞の調査で分かった。24年度も3県が予算計上しながら支給を見送った。2月に北朝鮮が強行した核実験などを受けた対応で、補助金打ち切りの流れが強まった。」（「朝鮮学校、補助金打ち切り加速 北核実験受け」産経新聞 2013年4月14日）という記事に明確に示されているとおり、補助金の打ち切りは、「核実験」、「拉致問題」等に関わって行われる「北朝鮮バッシング」の一環である。藤永が指摘する通り、朝鮮学校に対する補助金の意義は、「ともすれば蹂躙されがちなマイノリティの民族教育権を保障」することであり、「過去の植民地支配に対する責任を果たすという意味」を持っている。しかし、これらの本来的な意義は無視され、教育を単なる政治的カードとして扱う傾向に歯止めがかかる兆しはない（藤永 2012）。

山本かほりによると、全国で4番目に「韓国・朝鮮」人口の多い愛知県にある愛知朝鮮中高級学校の場合、公的補助は愛知県から学生一人当たり3万5千円で、やはり私立学校の10分の1程度にとどまっている。現在、中級部で約140名、高級部で約170名が学んでいる。

　　愛知中高の運営状態は、全国全ての朝鮮学校と同様に、非常に厳しい状態にある。生徒数の減少が直接的な原因である。減少の背景には少子化による自然減に加え、近年の日朝関係の悪化、特に2002年の拉致問題発覚以降、総聯から距離を置く在日朝鮮人も増えはじめたことがある。また、在日朝鮮人の世代も、4世、5世となるなかで、民族教育の必要性を感じないという親たちも増加している。……

さらに、日本経済の悪化にともない、在日朝鮮人からの寄付も減っているという。……この結果、教職員の待遇も悪化、給料の遅配、未払いが恒常的な状態となっている。民族教育を担っていきたいという気持ちがあっても、結婚などを機会に転職するケースも多く、教員の年齢層は20代の若手と50代以上のベテラン層が中心で、30代、40代の中堅層は少ない。教員の数も最低限しか配置できないために、教員一人ひとりの負担も相当重いのが現状である。（山本 2014: 77）

　全国の状況と比較すると、四国朝鮮学校の財政的ひっ迫は際立っている。四国朝鮮学校の場合、近年の財政基盤は、学費が12 〜 13％、その他を寄付等により補っている。公的な助成金は愛媛県および松山市からそれぞれ国際交流、教育助成という名目となっており、2011年度以降80万円、2010年度までが90万円であった。2014年度在学生は20名であるが、単純に一人当たりを計算すると、わずか4万円になる(15)。愛知朝鮮中高級学校の一人当たり3万5千円より、四国朝鮮学校の方が5千円多いとはいえ、学生数20名、初中級9学年の四国朝鮮学校は、学生数約310名、中高級6学年の愛知朝鮮学校に比べると、スケールメリットの点で、圧倒的に不利である。全国の非集住地域に設置された朝鮮学校も、四国朝鮮学校とほぼ同程度の財政難に直面しているのではないであろうか。

3-2　四国朝鮮学校の年中行事

　四国朝鮮学校の年中行事は、全国の朝鮮学校と同様に、一般市民にも開かれており、参観・参加することができる。ここまで見てきたとおり、校舎は老朽化し、学生数は減少し、極端な財政難の只中にある。しかし、「解放」直後、朝鮮学校を猛烈な勢いで立ち上げ、外圧によるの強制閉鎖を経て自力で再起してきた経験は蓄積されている。「持っているモノは誰かにとられることもありうるが、学んだことは誰にもとられない」と四国朝鮮学校を卒業した女性は力を込めて語る。この不屈の精神で、今まさに、お金のある人はお金を、物がある人は物を、労働力のある人は汗を出して力を寄せ合って、小さな民族学校が

守られている。以下図表 3-8 は、2013 年度に行なわれた行事一覧である。

(図表 3-8) 2013 年度四国朝鮮学校関連行事一覧

6 月 9 日	○運動会	
7 月 25 日～8 月 3 日		
7 月 27 日～		
8 月 1 日～		
	各 1 週間で四国各県、日本人学校在籍者対象児童・生徒夏期学校	
8 月 5 日	○中学生 11 名夏期学校	
8 月 11 日		別子銅山慰霊行事
8 月 9～11 日		全国サッカー大会＠堺市、四国・岡山合同チーム参加
8 月 21～23 日		中四国未来学校＠広島、野外キャンプ
9 月 1 日	○学校始業式	
9 月 10 日		敬老会
10 月 19 日	○体験入学	
10 月 25 日		商工人総会
10 月末		中土佐町久礼小学校 1 泊 2 日交流会
11 月 17 日	○公開授業	
12 月 23、24 日	○クリスマス	
2 月 23 日		学芸会

（○）印は校内で実施する行事
（朝鮮聯合愛媛県本部 2013 年 7 月 24 日メモ、その他朝鮮学校関係者のご教示により筆者作成）

　四国朝鮮学校は朝鮮総聯系の学校である。愛媛県における朝鮮総聯は、愛媛県本部と傘下 8 団体、詳細を見ると在日本朝鮮愛媛商工会、在日本朝鮮青年同盟愛媛県本部、在日本朝鮮民主女性同盟愛媛県本部（女盟）、在日本朝鮮愛媛青年商工会（青商会）等から構成されており、四国朝鮮学校も 8 団体中の 1 つに数えられている。それら関連諸団体は個別の行事も行っており、これに加えて、後述する四国朝鮮学校市民基金主催による行事、さらに地域のさまざまな団体主催の行事に参加している。2013 年度の場合は、「四国朝鮮学校交流フェスティバル―ハムケ共に―」(2013 年 5 月 12 日、於：四国朝鮮学校、主

第 3 章　141

催：四国朝鮮学校市民基金）、「第30回まつやま市民シンポジウム」（2013年9月29日、於：松山市青少年センター、主催：松山市・社団法人松山青年会議所）のダンス大会等に参加し、学生が舞踊や歌唱を披露した。特に後者のダンス大会では、12団体中の上位3位に入賞し、優秀賞を獲得した。

　日本人市民にとってもっとも参加しやすい行事は、運動会と公開授業、そして学芸会であろう。毎年のスケジュールは、広島朝鮮学校高級部に子どもを就学させている学父母（학부모＝ハップモ＝保護者）もいるので、広島の日程が確定したのちに調整される。つまり、四国と広島両方に子どもを学ばせている学父母は、両方の行事の運営に参加することになり、その負担は相当大きいと予想されるが、学生、教員、学父母をはじめとする学校関係者の総力を傾注したそれら行事は、アットホームな雰囲気の中で、はじけるように盛り上がる。

・運動会

　運動会の正式名称は、「同胞大運動会」である。例年、10時から15時まで開催される。グラウンドのコーナーには、ピビン麺、チヂム、チャプチェ、キムチ等、人気の朝鮮料理とフランクフルト、焼きそば等々の売店が学校関係者のプロの手腕で準備される。テントとブルーシートで観覧席が設営され、「同胞」8に対して、日本市民・一般用に2のスペースが割り振られている。「同胞」席では、障がい者・高齢者のいる家族はレジャー用のテーブルとイスを持参して観覧しやすいように怠りなく準備がなされている。2014年度の運動会当日、筆者は6名の大学生有志とともに参加したのであるが、6月の陽気で熱をもったグラウンドで涼しく座れるように、あるオモニがせっかく持参した防熱シートを貸して下さった。

　「同胞」席の家族・グループは、それぞれに盛大なお弁当を準備しており、昼食時間は、各家庭の朝鮮料理をはじめとする自慢の品々をとなり同士で交換し合ったり、離れた席に配達したりと、非常に賑やかな野外会食となる。そして、「同胞」席では観覧中、競技中の学生ひとりひとりの名前を絶叫し、朝鮮語でエールを送り、全身全霊で応援する。銅鑼の音のようなアボジたちの「イギョラ（이겨라＝勝て、がんばれ）」、「チャーレッタ（잘 했다＝よくやった）」等の声援は、楽しく痛快である。競技中の学生の名前を絶叫するのは、家族であるかどうか

に関係はない。学父母や卒業生は自分の家の子どももよその子どもも同じように名前を叫びあげる。自分の名前が呼ばれたことに気付くと、学生たちがおおよろこびで手をふったりする様子も、非常に愛らしい。このような観覧と応援は、サッカーをはじめとするスポーツ競技や学芸会等行事の際、全国各地の朝鮮学校でごくふつうに行われている応援の「型」である。日本の公立学校ではまず見られない、朝鮮学校の文化である。

　松山市内に朝鮮学校が存在していると知らなかったという大学 4 回生は、運動会に参加した感想文で「保護者の方が熱狂する姿には羨ましさも感じた」と述べている。学生のみならず「同胞」も参加し、それぞれが精一杯楽しむ。みなが主役のようでもあり、その意味で「同胞大運動会」という名称は本質をついている。「同胞」にとどまらず、一般・来賓含めて参加者全員が参加するようにプログラムが組まれている（図表 3-9）。

　ところで筆者は、大学生有志を引率して運動会の 1 週間前に行われる準備の美化活動に参加した。その際、ソンセンニムが丈夫な段ボールを加工して、キャタピラー様の筒をつくっておられるのを見た。運動会当日、奇しくもその

【写真－ 3】運動会入退場門（2014 年 6 月筆者撮影）

キャタピラー様の巨大な筒の中に入って、小さい学生さんと一緒に可能な限り速く前進するという競技に参加することになってしまった。若い敏捷な動きに全くついていくことができず、筒の中で絶叫し、転がりまろぶばかりで、敗因をつくった。他の巨大筒は、なめらかに、かつ驚異的なスピードで前を走っていった。そのような危機的状況にあっても、「同胞」観覧席からの猛烈な応援コールはしっかり聞こえていたのである。

　また、運動会のフィナーレでは、朝鮮の伝統芸能である農楽を取り入れた輪舞がはじけるように盛り上がった。学校関係者である「同胞」は、みな思い思いに声を張り上げて気勢を上げ、身体を最大限使って踊る。圧倒されるばかりである。ひっそりと観覧席に戻った筆者に目をとめたあるオモニに「やるときはやる、大きな声を出して！」と発破をかけられ、さらにしり込みをする始末であった。ホームベースである朝鮮学校で会う在日コリアンは、市街や、地域の学習会等で出会う時とは格段に勢いの違う、溌剌とした力を発散している。

　【写真－3】の入退場門には、「홍군（紅軍）」「청군（青軍）」とハングルで書かれている。日本の「紅組」「白組」に相当するが、やはりこれも朝鮮独自の表現である。行進は、ゆっくりと腕を振り上げ、腰を反らせた独特のフォームで行われる。開会式と閉会式、参加者全員で行う体操は、日本のラジオ体操ではなく人民保健体操である。日本と朝鮮の似て非なるもの、共有するものと共有しないもののシンプルな事例である。

(図表 3-9) 2014 年度四国朝鮮学校運動会プログラム

開会式
(1. 開会宣言　2. 生徒入場　3. 優勝杯返還　4. 生徒代表挨拶　5. 競技場注意　6. 生徒宣誓　7. 準備体操　8. 退場)

	午前競技		
1	미래를 향해 앞으로 未来に向かって、前に	徒競走	全校生
2	뛰고 뛰고 기발쟁취 走って走って、借りもの競争	中級部交流競技	中級部、招待校

3	더 높이 더 빨리 더 많이! もっと高く、もっと速く、もっとたくさん！	初級部交流競技	初級部、招待校
4	젊은 힘으로 이어가자! 若い力で受け継ごう！	組別対抗	中級部、青年
5	학급의 발걸음 하나 둘 셋 学級のあゆみ、いち、に、さん	学級競技	全校生
6	우리 가족이 제일 私たち家族が一番	家族競技	全校生、学父母
7	홍군 이겨라! 청군 이겨라! 紅軍勝て！青軍勝て！	各対抗綱引き	全校生、招待校、同胞、来賓
	クラブ紹介		
	내가 내가 낚을래 私が私が釣るよ	幼児競技	幼児
	チャリティーPK		
	昼食時間		
	午後競技		
8	우리 함께 이어가자! 칠색계주봉 私たち一緒に受け継ごう！虹色バトン	集団体操	全校生
9	부르자! 큰 소리로, 만나자! 운동장에서 うたおう！大きな声で、会おう！運動場で	一般競技	全校生
10	나래쳐라! 우리 학교 맏이 羽ばたけ！ウリハッキョ卒業生	卒業生競技	卒業生、学父母、教員
11	이어가자! 칠색계주봉 受け継ごう！虹色バトン	組別対抗リレー	全校生
12	우리 동포 닐리리 私たち同胞、ニリリ（※）	団体対抗リレー	一般、同胞、来賓
13	우리 함께 춤을 추세 私たち一緒に踊りましょう	農学／フォークダンス	全校生／参加者全員

閉会式
（1.生徒入場　2.成績発表　3.優勝杯授与　4.学校長挨拶　5.整理体操　6.閉会宣言）

「2014学年度四国朝鮮初中級学校同胞大運動会」プログラムより抜粋。ハングル表記の部分には引用者が日本語訳を付した。
（※）ニリリ（닐리리）とは朝鮮語で笛、ラッパ等の擬音語である

第3章　145

・公開授業

　公開授業では、初級 1 年生から中級 3 年生までが各教室で行っている授業を参観し、その後、課外研究発表会（理科研究、地理・歴史・文化等問題、時事問題研究等）、続いて学生による芸術公演を見学することができる。校舎入口から一階、階段、二階には壁の余白が見えないほどにカラフルな学校生活の目標や行事の写真、図画等が貼られており、小さな朝鮮学校で学生たちが元気いっぱいに学んでいる様子が生き生きと伝わってくる。各教室には時間割が貼られ、さらに学習過程で作成した作品等も提示され、いろいろな学科の勉強の様子がわかるようになっている。それらはすべて朝鮮語で書かれており、授業ももちろん朝鮮語で行われている。学校生活全般において、学生それぞれの名前と個性が最大限に尊重されており、そこで極めてきめ細やかかつ濃密な教員と学生の関係、そして学生同士の関係が紡がれている様子を垣間見ることができる。

　公開授業の後半では、校舎二階に大きく芸術公演用のスペースが設けられ、前方に年配の関係者のための椅子が並び、後方は狭いスペースながら譲り合ってたくさんの参加者が鑑賞できるようになっている。70 年近い歴史を持つ四国朝鮮学校の卒業生はじめ、日本人市民等が毎年、多数参加している。教科書展示スペースではオモニ会が湯茶コーナーを設けており、来客に振舞ってくれる。

・学芸会

次に、2013 年度学芸会の様子について、愛媛新聞の記事を再掲しておきたい。

　　四国唯一の朝鮮学校である四国朝鮮初中級学校（松山市南斎院町）の 2013 年度学芸会が 23 日、松山市山越町の県男女共同参画センターであり、初級部（小学校）と中級部（中学校）の児童生徒計 24 人が民族楽器演奏や舞踏、演劇などを披露した。

　　「軌跡、継承」がテーマの 13 年度学芸会には保護者や卒業生、市民など約 250 名が参加。色鮮やかな民族衣装を来た舞踊や合唱、演劇などの発表があり、舞台で躍動する子どもたちに会場からは盛大な拍手と歓声が送られていた。

学芸会はこれまで2年に1度だったが、「子どもたちの1年間の成長と活躍を一人でも多くの人に見てほしい」（呂東珍校長）との願いを込め、今回から毎年開催に切り替えている。」（愛媛新聞 2014年2月24日）

　記事中にある「色鮮やかな民族衣装」はリボンやフリル、スパンコール等がふんだんにあしらわれた手の込んだものである。衣装自体はもちろん、髪飾り等小物一式すべてが、オモニ会をはじめとした学校関係者の手作りで賄われている。大道具も手作りである。学芸会に向けて学校の総力が結集されていることがわかる。プログラムには当日の演目が朝鮮語と日本語で書かれている。法律事務所、商事会社、食品製造、ハングル教室、飲食店、ガス会社、スポーツサークル等、自営業を営む卒業生が、ずらりと協賛広告を寄せている。ハングル表記の個人名のみの広告もある。地元の信用金庫の広告も見える。
　伊予鉄道の路面電車の電停近くにある愛媛県男女共同参画センターは、13時開演の約30分前までには自家用車があふれ、駐車場は満杯状態になる。四国四県から参加する卒業生は、公共交通を利用しようとすると極めて不便である場合が圧倒的に多く、自家用車で来場する観客が多いのである。駐車場は満杯状態でも車は続々と到着し、四国朝鮮学校のソンセンニムたちが、一台でも多くの車が駐車できるように誘導する。階段状の観客席が整備された大きな会場内では、自然にそれぞれのグループ毎に着席ゾーンが分かれていく。別々にやってきたオモニたちは、仲の良いグループを探して一緒に座るが、ヒョウ柄等アニマルプリントの洋服や小物が散見される様子が楽しい。学芸会は、70年近い四国朝鮮学校の来歴を写真とキャプションで振り返る映像で始まったが、ついさきほどまで賑やかだったオモニたちは、感極まって、みな一様にハンカチで目元をおさえている。
　会場には乳幼児を連れた家族が非常に多い。周りの観客が子どもの顔を覗き込んだり、お菓子を与えたり、目配せをしたりをしたり、非常に賑やかである。運動会でも、公開授業でも同様であるが、演目で興に乗りやすい軽快な音楽が流れると、たいていのオリニ（어린이＝幼児）が踊り出す。それをまた、家族も周りの観客も、大喜びで褒め、はやし立てる。泣き出すオリニを、みなが挙ってあやす様子が、会場のあちこちで見られる。学芸会の場もまた、在校生と卒

業生の解放区なのである。

　四国朝鮮学校の行事一般でごくふつうにみられて、日本の公立学校ではあまりみかけないものは何か。以上で見てきたとおり、在校生とその保護者以外の、卒業生の家族ぐるみでの行事参加である。そして、それら行事では小さな同窓会があちこちで自然に発生し、旧知を温め合っている。また、卒業生は老若男女、たいていそれぞれの名前はもちろん、家族関係も知り合っている。在校生の子どもを呼ぶときは、下の名前で呼んでいる。その子どもの学父母は、子どもの名前に「アボジ、アッパ（お父さん、パパ）」、「オモニ、オンマ（お母さん、ママ）」をつけて、子ども中心の呼称で呼ばれている。さらに、公立学校と四国朝鮮学校の決定的な違いは、行事の際のみならず、通常の授業日でも、学齢期前のオリニや背負われたり抱かれたりした乳児が、ふつうに職員室の辺りにいて、間食をもらって食べていたり、遊んだりしていることである。まるで大きな家族のように、朝鮮学校の卒業生たちは母校に集っているように見える。

3-3　卒業生のネットワーク

　一学期終了の日は、例年、青商会主催による納涼祭が四国朝鮮学校で開催される。2013年7月24日、筆者は朝鮮総聯愛媛県本部を訪問し調査依頼を行ったのち、納涼祭にも参加させていただいた。以下、当日の参観記である。

　真夏の日差しに焼かれたグラウンドには一面にブルーシートが敷かれ、各々の中央に七輪がセットされている。シートに座りづらい年配の参加者のためにレジャー用のテーブルとイスもいくつか準備されている。会場前方には、氷で冷やされた飲料、かき氷、追加の食材の各コーナーがプロの手腕で準備されており、当日は国内外で活躍する在日コリアン三世のパフォーマーちゃんへん氏による大道芸公演と愛媛県出身のフリースタイルフットボーラー HIRO 氏による技術披露も行われた。野外の食事会は壮観の一語に尽きた。炭をおこしたり追加するために、汗だくになりながら青商会のメンバーが会場を巡回している。七輪の火の調節は熟練の必要な作業であり、要領を得ない七輪からは、猛烈な火の手が上がる。夏の日も暮れて、ライト設備のないグラウンドは、七輪のいい塩梅の火と、たまに燃え猛る火の手の明るさが頼りで、お互いの顔は目を凝

らしてもおぼろにしか見えない。そのようななか、各七輪を取り巻いて、盛大な会食が続く。同席して下さった女性同盟の委員長はじめ、みなよくしゃべり、七輪の炭火と網の上の肉を見事に世話しながら、しっかり食べ、よく笑う。納涼会後半には花火も上げられ、子どもたちも大喜びしている。おぼろにものが見える中、席を回って挨拶と乾杯をするのもたいへんではあるが、その社交の勢いは尋常ではない。無数の履物の中で自分のものを確認するのもたいへんである。真夏の暑さの中の、熱い納涼祭である。

　さらに会が終わった後の片付けも壮観である。ライト設備がないので、片付けのために、各自の自動車がライトをつけて、会場を照らす。暗闇が一気にまぶしく照らし出されて、そこから総出の後片付けが始まる。その陰陽のコントラストがこの上なく朝鮮らしく、このタイミングで来客である私は「帰りなさい」と見送っていただいた。来客にはただ食事を美味にたくさん食べてもらって、片付けをさせずに気持ちよく見送るというホスピタリティである。これが毎年行われている四国朝鮮学校の納涼祭であるということは、学校関係者はじめ参加者一同が何の滞りもなく、一丸となって、和気あいあいと一連の作業を進めていく様子で推察することができる。

　この納涼祭のデータを紹介しておきたい。参加総数280名、130名が「同胞」つまり地域の在日コリアンである。あとの150名は「チャリティゴルフコンペ」等の開催で関係のある地域の市民である。1人当たり男性400g、女性300gの見当で準備した各種の肉は総量100kgに及んだという。2013年度は愛媛県東部である東予が肉の準備を担当し、たれは材料費を出して、学校でつくった。使用する七輪は50個、これは校庭の倉庫に保管されている。これらを総合して、青商会のメンバー約20名が納涼祭を仕切った。青商会のメンバーは、四国朝鮮学校はじめ、各地の「ウリハッキョ」の卒業生である。この納涼祭のような七輪の焼肉をメインとする会食は、全国各地の朝鮮学校のグラウンドを会場として活発に開催されている。

　以上の事例でもわかるとおり、公立学校では考えられない強度と密度で、卒業生たちが「ウリハッキョ」を直接的に盛り立てている。四国朝鮮学校の卒業生の場合、赴任地が四国四県である場合は近隣に先輩、同輩、後輩いずれかの校友がいる可能性がきわめて高いので、よく連絡を取り合い、会食も頻繁であるという。

第3章　　149

松山市をはじめとして、県庁所在地に勤務している場合、市街に校友が経営する飲食店が必ずあるといってよいであろう。会食は、とくに男性の場合は酒席がともなうことも多く、熱のこもった交流がさらに活性化されることになる。

茨城朝鮮初中高学校の卒業生である金泰植の論文から、卒業後のネットワークの一端を見ておきたい。

　ここ数年、年末になると茨城の朝鮮学校を卒業した同級生男子の飲み会が恒例行事になっている。茨城の朝鮮学校は東京や大阪に比べると小さい学校で、さらに男子だけで集まるので参加者はだいたい八人前後。群馬出身の一人も毎年水戸まで来てこの飲み会に参加する。多くが小中高と同級生で、中には朝鮮大学校まで一緒に通った気心の知れた仲間たちだ。会うや否や交わす会話は「お前また禿げたな」「腹出たな」などの馬鹿にし合いから始まり、子供の自慢話や「早く結婚しろ」といった類いの話、思い出話に花が咲き、毎年頬とお腹が痛くなるくらい笑う。それが楽しくて東京に住む同級生もこの日ばかりは水戸に集まる。楽しい時間の中でお酒も進み、パチンコ屋に勤める同級生たちが合流する深夜 1 時頃には、すでに二、三人は飲み潰れている。彼らは同級生の寝顔を見に毎年やってくるのだ。

　そんな中で必ず話に上がるのがハッキョ（学校）の話だ。同級生の一人が茨城ハッキョの先生をやっているという理由もあるが、子供が学齢期に入る同級生もいてみな真剣だ。だけど昨年末の話で衝撃を受けたのは、「何処のハッキョに送るか」というある同級生の話だった。前提はウリハッキョ（「私たちの学校」＝朝鮮学校）。身内に反対がないわけではないけど自分は子供をウリハッキョに送りたい。けど地元のハッキョは下手をしたら同学年が自分の子供だけになる。子供のことを考えたら、学生数の多い地方に引っ越したい。もちろん地元は大事だけど…。これが現在の地方の朝鮮学校が置かれている現実。悲しくならないように、必要以上に声を張って酒を飲む。

　朝鮮学校が置かれているこのような状況は、決して在日朝鮮人や朝鮮学校のせいだけではないだろう。（金泰植 2014: 171-172）

幼少の頃から、日々の学校生活を共にし、互いの家族を知り合い、成人し、そ

れぞれの職業に就いたのちも頻繁な交流が続くとしたら、そのようなコミュニティはどれほどの居心地の良さと安心感を与えてくれるのであろうか。あまりに近すぎ、知り合いすぎている分、プライバシーを保持しえないという厄介さもあろう。しかし、本論においても概観したとおり、社会保障や民族教育の権利を十分に保障されず、いまだに在日外国人と日本国籍保持者との不平等を修正しようとしない日本社会にあって、胸襟を開いて付き合うことのできる「同胞」同士のコミュニティは、そのメンバーにとって、唯一無二のアジールであるに違いない。そこでの緊密な人間関係は無二の強さと温かさを持つであろう。このようなコミュニティは、朝鮮学校に関する先行研究で「朝鮮学校コミュニティ」と名付けられている（韓東賢 2006）（曺慶鎬 2011）。また、朝鮮学校が一種のアジールであるという理解は、「守られた空間（safe home）」（山本 2014: 89）という指摘をはじめ、その他の先行研究でもなされてきた（中島 2011）。

　守るという役割より、さらに積極的な役割を指摘する先行研究もある。例えば呉永鎬は、「朝鮮学校は、在日朝鮮人の子どもたちの朝鮮人としての人間形成を阻む根深い植民地主義の残滓を払拭する、ないしそれへ抵抗する力を付与することを、教育の第一義的な理念として据え」た、「在日朝鮮人の脱植民地化装置の一つ」であると指摘している（呉永鎬 2012: 31）。四国朝鮮学校を守ってきた李温在氏が、戦前の日本の教育をうける中で、「とにかく、頭からつめの先まで日本人に成り切ろうとした。天皇陛下のために、いつでも死ねると槍の訓練もした」と語ったように、済州島で金時鐘氏が「ぼくは天皇の赤子、日本語には精が出るが、朝鮮語には何の意味があるか」と思い込む勤勉な「皇国臣民」として育ったように、戦前の日本の教育は朝鮮人を「植民地化」した（金時鐘 2015）。「植民地化」された朝鮮人は、朝鮮文化を蔑視し、自分の朝鮮人らしさを徹底的に除去すべく努力し、そのような努力に同意しない朝鮮人を差別する視線さえ持つようにもなりうる。そのような日本の教育による「植民地化」を解除し、朝鮮人が朝鮮人として生きることに対する自身の誇りを獲得していくために、在日コリアンは民族教育を必要とし、民族教育の権利を要求してきたのではなかったか。

　　（引用者注　朝鮮学校には）生徒たちを「朝鮮人にしていく」様々なものがある。朝鮮語、朝鮮歴史、朝鮮地理、現代朝鮮歴史などの「民族科目」を

基盤にしつつ、朝鮮の価値観を教えつつ、祖国は朝鮮であり、自分たちは祖国の一員なのだという意識を持たせていく。さらに、朝鮮語ができるという自信に加え、幼少期から朝鮮舞踊や朝鮮の歌、朝鮮の楽器に触れる機会も多く、日常的に朝鮮人に囲まれて成長していくという経験は、生徒たちに「自分は朝鮮人なのだ」という肯定的なアイデンティティを培うようである。（山本 2012: 158）

　山本が指摘するように、朝鮮学校は、朝鮮人としての肯定的なアイデンティティを培うインキュベーターであるといえる。ところで、朝鮮学校を含む民族学校での教育を経由することなく、民族的アイデンティティを獲得していくことは可能であろうか。不可能ではないにしろ、そこには2つの大きなハードルがあるように思われる。

　一つは日本社会の教育政策における課題である。近代日本は、「朝鮮」、「朝鮮人」という日本語の響きに差別的な意味合いを持たせてしまった。後付けで差別的な響きを付与されたカタカナ的な表現は、国籍と文化的背景を問わず、日本に住むわれわれを呪縛する。この呪縛を解くためには、歴史、文化、政治等に関する多角的な学びと実際の人的交流が必須であろう。そのような教育的環境を制度的に保障することにより、悠久の歴史と豊かな文化を持つ朝鮮を自らのルーツとして誇り、日本で朝鮮を生きる個人と集団が日本人と対等な権利を持つことを理解する在日コリアンが育っていくはずである。近現代における日本社会の成り立ちを知り、文化的背景の差異を尊重することができる力のある個人ならば、国籍を問わず、実質的な多文化共生に向けた政治的アクションを担う市民ともなりうるであろう。しかし、ここまで見てきたとおり、日本社会は戦中から敗戦後、在日コリアンの民族教育を保障するどころか一貫して制限し、政策的に同化教育を推進してきた。日本と韓国・朝鮮の違いを尊重しつつ共存すること、日本社会の内部に多様性を育むこと、これらを可能にする教育的環境が日本の公立学校において整えられてきたとは言い難い。むしろ、そのための努力を可能な限り忌避してきたと言えば言い過ぎであろうか。

　もう一つのハードルは、在日コリアン個人に指し向けられる課題である。在日コリアン自身が「朝鮮」、「朝鮮人」という言葉に自然な愛着と誇りを持つた

めに、どのように民族性に親しんでいくかという問題である。いうまでもなく、在日コリアンが民族的アイデンティティを獲得していくためには、ふだんの生活の中で朝鮮の文化に触れる必要がある。しかし、この民族性へのアクセス可能性は、普遍的に開かれたものではなく、むしろアクセス可能性自体が限定的でありうるのである。朝鮮学校においては、朝鮮の言語を集中的に習得させ、さらに朝鮮の文化を身体化する民族教育のプログラムを日本生まれの朝鮮の子どもたちにシャワーのように注ぎながら、家族と学校が一体となって「朝鮮学校コミュニティ」のメンバーとして育てていく。また、集住地域においては、朝鮮学校に加えて、韓国系の民族学校、インターナショナルスクール、公立学校内に設けられた民族教室と、さらに夏期学校における文字の学習と民族文化の遊び等、民族性へのアクセス可能性は高い。ただし、集住地域であっても経済的余裕がない場合、さらに民族性に拘らず、同化する生き方を選ぶ場合、そのような教育資源は用いられないままになる。もっとも問題となるのは、公立学校に通い、日本名で生きる環境に置かれた場合である。そのような環境で民族性に目覚めると、多くの場合、当時者以外の想像が及ばないほどのアイデンティティ危機を経験することになる。「自分は何者なのか」という日本国籍を持つ日本人ならば考えることもしない問い、そして本国である朝鮮、韓国で生まれ育った人間が考えることもしない問いと格闘することになる。その格闘の中で、公立学校における「本名宣言」や、言語の学習、韓国訪問等々により、自力で民族性にアクセスする力のある在日コリアンは少なくない。しかし、民族教育を経ずに、自力で、民族性を獲得するということは、決してたやすいことではないに違いない。同世代の在日コリアンには、「朝鮮学校コミュニティ」のメンバーがいる、韓国系民族学校の在学生・卒業生もいる、彼らは誇りをもって民族名で生き、韓国・朝鮮語にも堪能である。舞踊や民謡、テコンドー、料理等の朝鮮文化に通じている場合も多い。民族的ネットワークをもっている。これに対して、公立学校に通い、本名と通名のあいだで揺らぎながら生きようとするならば、多かれ少なかれ、差別に対する怯えと不安を避けられないはずである。「在日しんどい」という嘆息は、日本社会のただ中で、個人として「同化」に抵抗しようとするときの負担の重さを想像させる(16)。

　「朝鮮」を被差別の記号に貶めた日本社会の歴史的過程と構造は、日本政府

が具体的政策を提示し、客観的な検証と解決を行うことで、110余年にわたる植民地政策による支配と被支配の呪縛を解くべきである。それにもかかわらず、被差別の呪縛から脱却するために必須の学びが、結局のところもっともヴァルネラブル（vulnerable）な当事者の個人的力量に還元されてしまう落とし穴がここにはある。

　川端浩平は、「非集住地域」の在日コリアンが、「従来のエスニック共同体（ethnic enclaves）から離れて、非集住的環境で生活している状況」のなか、個人化していくと指摘している。個人化を促すのは、「エスニック共同体における紐帯の弱体化という歴史的過程」と、「新自由主義的な価値観」、つまり「エスニシティの自己責任化……個人がエスニシティを決定するということが、当事者の能力の問題に還元されてしまう」ような現状で働く力学である（川端 2012: 203-205）。入学者数の減少にともない、「非集住地域」の朝鮮学校が閉校されるケースが起こってきた。朝鮮学校を典型とするコミュニティの核と、そこで継承されていく文化と民族教育、そして具体的な諸行事がない場合、日本社会のただ中で朝鮮人として育つにはどうしたらよいのだろうか。民族性へのアクセスが家族のみに限られている場合、「家庭環境によって母親が子供に民族意識と時間を育もうとしても、孤立した環境の中では身につかない」。周囲を「同胞」と民族文化に囲まれ、「日常的に心を開いて話ができる気がねのない教育環境の中でのみ、朝鮮人としてのゆるぎない自覚が芽生え育つ」と朴三石は述べている（朴三石 2012: 37）。

　朝鮮学校は、さまざまに指摘される朝鮮民主主義人民共和国における政治的イデオロギーとの関連の問題を含みつつ、有形無形の棘の多い日本社会から子どもを守り、「素のままに」明るい朝鮮人として育て、「いつでも帰れるような場所」、すなわち「朝鮮学校コミュニティ」を維持・再生する教育機関である（山本 2014: 77）。繰り返しになるが、現実の日本社会において、高校無償化からの朝鮮学校の排除を典型とするように、民族教育の権利保障はむしろ後退している。ヘイトスピーチ街宣のような示威行為もしかり、インターネット上の差別言辞もしかり、あちこちで噴出する差別行為は「朝鮮」をふたたび被差別の記号に貶めようとしているように思われる。四国朝鮮学校の卒業生が「からだ中から力が抜ける」と語る差別が、抑止されるよりむしろ露出を増している。このような現状を考えると、日本社会の中で朝鮮人が肯定的なアイデンティ

ティを培うことは、困難の度を増していると言わねばならないであろう。四国朝鮮学校の支援団体である四国朝鮮学校市民基金が主催したフォーラム「朝鮮学校の魅力、その大切さ－在日朝鮮人として、そして、日本人として－」(17)において、弁護士の具良鈺氏は「自分は何者なのか。朝鮮学校は『説明のいらない場所』だった。みな似たような境遇で、同じようなルーツを持っていた。だが、外ではそうはいかなかった」と語った。ジャーナリストの中村一成氏による具氏のインタビューを引用しておく。

　具良鈺は、日本の幼稚園から第一初級の幼稚班に移った。最初は分からなかった言葉もほどなく覚え、「繭の中」のような空間で守られて育った。「自分が日本社会で生きている理由や根拠をいちいち説明しなくてもいい。面倒くさいことが一切ない『ぬるま湯』かシェルターのような場所。自分の中核そのものです。今だって自分が朝鮮籍であることとか、いちいち説明したくない。言ってもがっかりすることが少なくないですから。でも朝鮮学校ではそれが省略できる。『温室』といえばそうですけど、人格がフニャフニャの時くらいはいいと思うんです」。(中村 2014: 182)

具氏は京都朝鮮第一初級学校の出身で、朝鮮学校では 12 年間学んだ。2009 年 12 月の「在特会」による母校襲撃を、インターネットの動画サイトで両親が寝静まった後で見た。

　男性らが罵声を浴びせるシーンは 5 秒だけ再生して、すぐ止めた。泣きじゃくって、また見て、止めて。それをくり返し、思った。「アイデンティティの殺人やん」。(朝日新聞京都版 2014 年 1 月 11 日)

恐ろしいことに、現時点（2015 年 3 月 20 日）においても、You Tube 等の動画サイトでは「在特会」自らによる投稿と推察される京都朝鮮第一初級学校襲撃時の VTR が公開されている。現在は新校舎へ移転されているが、襲撃被害を受けた当時の京都朝鮮第一初級学校の南門からは、「언제 어디서나 아름다운 우리 말！」つまり、「いつでも　どこでも　美しい　私たちの言葉！」

第 3 章　155

と書かれた大きな看板も見えていた。具氏は、弁護士のキャリアをスタートさせる時点で、因縁のようにヘイトスピーチ裁判の原告弁護団の一人となり、法廷で学生時代の公共の場における被差別体験を交えた口頭弁論を行った。

　ヘイトスピーチ規制をめぐっては、国連勧告などの外圧も強まり、地方政治を含めて早急な対応が迫られている。それにもかかわらず、純粋な人権尊重の立場から議論を進めようとする政治家は決して多いとはいえない。そのような状況下にあって、心ある日本人も加わった反ヘイトスピーチ行動が行なわれている。また、高校無償化実現や補助金削減反対のための市民運動が各地で粘り強く取り組まれている。

　解放直後から日本で民族教育を担ってきた朝鮮学校は、さらなる暴力、差別、抑圧、そして無関心にさらされるとき、委縮し、さらに求心力を失うであろうか。あるいは解放後の在日コリアンたちがそうであったように、それらの負の力を正に転換すべく、総力戦を闘うであろうか。具弁護士は「전화위복（災い転じて福となす）」を座右の銘とすると、美しい朝鮮語を交えて語ってくれた。

3-4 「朝鮮学校コミュニティ」の女性グループ

　第2節で見たとおり、愛媛県下における朝鮮学校の創立、弾圧のあとの再起の原動力は、オモニたち女性の力なくしては不可能であった。現在の四国朝鮮学校を支えている主力もやはり、学父母であるオモニとその先輩の女性たちである。学父母のオモニは、オモニ会を構成し、学校の運営に直接的にかかわっている。多くの朝鮮学校で組織されているアボジ会は、四国朝鮮学校では2014年に結成された。また、子育てを終えた世代の女性たちはそれぞれの年齢階層で自主グループを組織している。ムグンファ（무궁화＝むくげ）、ムジゲ（무지개＝虹）、ナビ（나비＝蝶）という名称で活動している。つまり、子どもが学校を卒業すると同時に、オモニらもオモニ会を卒業することになるが、このオモニ会OGが世代ごとに再び自主グループをつくって活動を行っているのである。それらグループを全体で取りまとめているのが女性同盟（녀성동맹）、朝鮮語の略語で「ニョメン」と呼ばれる組織である。「ニョメン 2013 年度年間計画」に掲げられた年間目標女性は次のとおりである。

- 愛媛同胞女性たちのコミュニティを大切に育てていきましょう。
- 大切な子どもたちを私たち皆で力を合わせて朝鮮人として育てていきましょう。
- 新世代が活躍する女性同盟を実現しましょう。

　また、1月から12月までの各月には四国朝鮮学校と連動するものも含む季節の行事に加えて、習字、ストレッチ、絵手紙、ダンスサイズの自主運営の習い事も年度計画に盛り込まれている。これに加えて、原則週一度キムチを手作りし、販売と配達を行っているという。筆者は初夏の時期、事務所で手作りの紫蘇ジュースをふるまっていただいたことがある。鮮やかな色と清涼感のある風味は、朝鮮の伝統茶のようである。入手できるもので朝鮮文化を活かした生活をするというポリシーが貫徹されている (18)。4月の花見、8月の花火遊覧船は野外でそれぞれの季節を満喫しながら遊ぶ朝鮮文化、9月の敬老会は年長者を尊ぶこと至上命題とする朝鮮文化をそれぞれ目で見ることのできる行事である。このように多彩かつ濃密な12ヶ月の行事が、限られたメンバーの中で運営されていくのである。どれほどの多忙か、想像を超える。

　若い世代では四国朝鮮学校に子どもを就学させている学父母がもっとも多忙であろう。全国の朝鮮学校では、四国朝鮮学校と同様に、学父母によりアボジ会、オモニ会が構成されている。2013年度のオモニ会の構成メンバーは、役員4名を含めて総計10名で構成された。本論では、筆者ならびに学生有志がオモニ会主催の学校一斉清掃(2013年8月31日(土)、2014年5月31日(土))に参加する機会を得たので、当日の様子を記しておきたい。

　朝10時に開始する清掃や草抜きの美化活動に、参加できないオモニもいる。家族の食事の面倒はもちろん、育児、出産準備中のオモニもいれば、介護を担っているオモニもいる。そのような場合、早朝に自分のできる範囲で作業して家庭や職場等、持ち場に戻るオモニがいる。「ウリハッキヨに対する深い思いに頭が下がる」と、定時に集まったメンバーそれぞれがうなずきあう。作業を始めるにあたって、新参者はさまざまな準備不足に気づくことになる。学校の敷地には竹林と藪が迫っている。猛烈なやぶ蚊が、初夏から晩夏だけでなく冬の

時期にも、ジーンズ生地の上から人を刺すという。これに対抗するために、オモニはそれぞれ防虫スプレーを持参している。そのスプレーを私たちにもふってくれるのであるが、全身くまなく念入りにふってくれる様子は、朝鮮のオモニならではである。作業が始まると、オモニ会を中心に、朝鮮学校関係者は作業するそれぞれの場所で、男女別、年齢層ごとにグループをつくる。日本人学生がそこに入ると、珍しがっていろいろ話しかけてくれるのは、とくにオモニ会はじめ、女性である。オモニ会会長が、全体指揮をとっているが、水分補給等のタイミングもアナウンスして、大きな給水機に準備したお茶やジュースを振舞ってくれる

　学生有志と参加した際は、500円でハンバーグランチを準備していただいた。プレートに野菜とサラダ、ハンバーグが盛り付けられ、わかめスープとごはんに、白菜キムチときゅうりのキムチが添えられている。筆者が学生にそれぞれの品について説明をしていると、オモニたちがわれわれの食事の様子を眺めている。たくさん食べる方がよろこばれるからがんばるようにと励ましてみるものの、期待した男子学生が想定外にゆっくりと食事している。あるオモニが自分のプレートをもって、テーブルまで寄ってこられた。筆者の期待通り、そして学生たちの想定を超えて、オモニが自分のプレートからサラダを取り分けて、学生のプレートに盛り足してくれる。これが朝鮮の人と文化である。

4. 新校舎建設（1964年）から半世紀
　　―モンダンヨンピルが来た日―

4-1　四国朝鮮学校の半世紀と朝鮮・韓国

　1964年11月に四国朝鮮学校の現在の校舎が建設されてからすでに半世紀が過ぎた。日本における在日コリアン社会は、母国である朝鮮民主主義人年共和国（以下、朝鮮とする）と大韓民国（以下、韓国とする）との分断に加えて、日本国内における民族運動のさまざまなイデオロギーの交錯のただなかに

あった。四国朝鮮学校が存在する意味と意義を考えるとき、20世紀に入って以降110余年の日朝・日韓、そして朝鮮と韓国の歴史と、往来し日本に定住した人間の物語に触れざるを得ない。すでに見たように、四国朝鮮学校には、1950年代半ば以降の帰国運動の盛り上がりと連動し、150名を超える在学生を抱えた隆盛期があった。2013年度には、24名の小さな学校となった。時代と政局というマクロな力学に大きく揺さぶられながらも、学校を支える在日朝鮮人自身、つまり「ウリ」が朝鮮学校の「ともしび」を死守してきた。

　本論は、在日コリアンに関心を持たない日本人はほぼ無知であることがら、そして、在日コリアンならばごくふつうに知っていることがらを織り交ぜながら論考を進めてきた。この半世紀、朝鮮半島と日本には、朝鮮と韓国という別の国家に属すことを強い、同じ朝鮮の言語と文化を共有する一人ひとりの個人が、胸襟を開いて対面することを困難にする社会状況があった。所属団体やイデオロギーの違いにより、社会生活のさまざまな場面で「分断」を経験してきた。たとえば、朝鮮民族がもっとも大切にする行事である先祖の墓参りや祭祀のために、または緊急の病気見舞いのために、朝鮮籍の在日コリアンが韓国に行こうとすれば、そして、韓国籍の在日コリアンが朝鮮に行こうとすれば、通常のパスポートとビザの取得以上の、煩雑な何重もの手続きを経なければならない。朝鮮籍の在日コリアンは朝鮮に行けるが、国交のない日朝を行き来するためには申請手続きと、大きな経済的負担がのしかかる。おそらくほとんどの在日コリアンには、海を隔てて、看取ることさえできなかった家族や友人との死別に泣いた経験があるのではないだろうか。たいていの日本人は無関心であったり、または見過ごしがちな、日本社会の＜いま・ここ＞にある「分断」である(19)（辛1998: 20-21）（朴2010: 86-87）（ヤンヨンヒ2012）（ヤンヨンヒ2013）。

4-2　モンダンヨンピルが来た日

　ただし、時代は動いている。2014年7月6日、韓国を拠点に朝鮮学校の支援活動を展開するモンダンヨンピルが広島での公演および交流行事の終了後、四国朝鮮学校を訪問した。雨の降る日の小さな校舎は、在日朝鮮人、韓国人、日本人であふれんばかりの賑わいとなった。

広島からバスで松山に向かうモンダンヨンピルのメンバーの到着を待つ間、年配の卒業生の方に、校舎新築当時の様子を伺った。先の第２節で触れたとおり、校舎前の大きな銀杏の木は、建設当時の記念樹であった。「入口の方にある大きな木も、何の木だったか忘れましたが、記念樹です」と教えていただいた。また女性同盟の委員長は「今は古くなってしまったけれど、ここが建設された時はお城のようで、本当にうれしかった。小さかった銀杏の木の苗も、こんなに大きく立派になって。私たちも大きく立派になって」と痛快な冗談を交えながら当時を振り返る。みな大笑いする。その種の冗談を誰かがいえば、居合わせる一同で哄笑が起きるのは、在日コリアン、特に女性のグループでは基本であるように思われる。胸にしみ入る話、失敗談、悲しい話等々、言葉では尽くせない喜怒哀楽を一点突破する話術がすばらしい。朝鮮民族のシーソー遊びであるノルティギ（널뛰기）のように、いったん低く降りた身体を、相手のタイミングと合わせて、次の瞬間、跳躍させるかのような会話の妙である。

　モンダンヨンピル訪問の一日は、日本人の筆者にとっても夢のような一日であった。モンダンヨンピルとは、「ちびた鉛筆」という意味の韓国語である。貧しかった頃、「鉛筆を削って、削って、これ以上短くなることができなくなるまで大切に使う心」、「在日同胞学生たちの大切な我が家である朝鮮学校を助け」、「新しい学校の建物の小さな柱にでも私たちの心が込められれば良いという素朴な心」から出発したＮＧＯ団体である。2011年３月の東日本大震災で被災した朝鮮学校を支援するため、韓国の俳優、歌手、映画監督らが震災直後に「モンダンヨンピル」を結成した。そして、韓国各地で18回のコンサートを開催したのち、2012年６月には東京で日本初公演を果たした。2012年10月に改めてＮＰＯ法人（非営利民間団体）として登録され、「高校無償化」制度からの除外などで困難な状況にある朝鮮学校を支援し、また韓国内において朝鮮学校への理解を広げることを目的として活動を再開させた[20]。

　モンダンヨンピルの代表は、韓流ブームの火付け役となった韓国ドラマ「冬のソナタ」に出演したクォン・ヘヒョ（권해효）氏、事務総長は日韓で上映されたドキュメンタリー映画「ウリハッキョ」の監督キム・ミョンジュン（김명준）氏である。

　当日のスケジュールは、前半が公開授業、昼食をはさんで、後半はモンダン

ヨンピルと学生それぞれの公演、その後には交流会が設けられた。公開授業では、朝鮮語で行われる授業でソンセンニムから質問を当てられた学生が答えに窮していると、モンダンヨンピルのメンバーである韓国人が韓国語でそっと教えるという、楽しく、そして意義深い場面を、筆者は3度見た。「朝鮮語」と「韓国語」という、国家を背景として名づけられた言語の名称が、交わされる「ウリマル」で越えられていくのである。地理の授業では、38度線のない朝鮮全土地図をみながら各地の名産や地名について学習が進められる。地名には松山市という行政区だけでなく、「村」さらに「字」等、固有の地名があるという説明のあと、ソンセンニムの機転で、参観者も巻き込んで、「고향은 어디입니까？（故郷はどこですか）」という質問が出される。学校関係者やモンダンヨンピルのゲストもランダムに答えていく。すると当然、参観者同士、故郷が近いことがわかる答えも出る。国籍と国境で隔てられた在日朝鮮人と韓国人は、故郷によって改めて「同胞」であることを鮮明に実感することができたにちがいない。教室はひとつになり、学生、ソンセンニム、ゲストが、小さな教室でひとつの授業を共有することができた。

　学生寮の食堂では、有償ボランティアで日々の給食を担当している女性をはじめ、学校関係者がビビンパとスープの昼食を準備し、食堂は人で溢れかえっていた。ビビンパに添えるコチュジャン（唐辛子味噌）や、ヤンニョムジャン（合わせ調味料）の使い方に戸惑っているのは、日本人のゲストであると一目でわかる。モンダンヨンピルのゲスト、学生、学校関係者は、猛烈なスピードで、手際よく食事を終えてまた人が入れ替わり着席する、嵐のような昼食の風景であった。そして、後半は公演と交流会である。

　モンダンヨンピルからはクォン・ヘヒョ氏、ソン・ビョンフィ（손병휘）氏の弾き語り、「小豆粥ハルモニと虎」の

【写真－4】モンダンヨンピル「小豆粥ハルモニと虎」
（2014年7月、筆者撮影）

第3章　161

寸劇が披露された。ハッキョの学生たちも、舞踊、合唱等々を精一杯演じていた。

続く交流会では、学生とモンダンヨンピルのメンバーが朝鮮の伝統的な遊びで盛り上がった。会場のあちこちで、日本の蹴鞠に似たチェギチャギ（제기차기）や、コマ回しのペンイチギ（팽이치기）のグループができ、モンダンヨンピルのデザインを顔にペインティングしてもらうために、学生が列を作った。交流会終盤、学生とモンダンヨンピルのメンバーが一緒に歌を歌った。朝鮮と韓国の国を超えて、ひとつの歌が朗々と歌われる。ここでも、朝鮮と韓国の別を超えた、「ウリ」の輪があった。昼食の後片付けを終えた学校関係者の女性と交流会の様子を眺めながら、文化を共有する民族はやはりひとつなのであるとうなずき合ったのだが、申し合わせたようにみな泣いている。残念ながら、日本人参加者一同は遊びも歌も上手くできず、歌詞や会話の意味も分からなかったりするが、感動を共有して泣いている。腕や頬をふれあう、朝鮮らしい身体的な近さを共有しながら。

広島公演を手伝って、モンダンヨンピルと同行して松山に帰ってきたオモニ会のメンバーが、広島公演で聞いた「꼴지를 위하여（コルチルル　ウィハヨ＝ビリのために」の歌に涙が止まらなかったと話してくれた。彼女は、モンダンヨンピルの出発を見送った後、夕方4時から深夜12時まで仕事にいくのだという。朝鮮学校に子どもを送っているオモニは、土・日・祝日休みなく、朝から夜遅くまで、複数の仕事を掛け持ちしている場合が圧倒的に多い。それはすべて、日本社会で子どもを誇り高い朝鮮人として育てるためである。

【写真－5】
モンダンヨンピル、四国朝鮮学校学生による合唱
（2014年7月、著者撮影）

出発準備を急がねばならないモンダンヨンピルのメンバーは、時間を惜しむように、あるメンバーは空いた教室でギターを鳴らして声高く歌い、またあるメンバーは子どもと遊んでいる。バスへの乗車を急きたてられながら、1秒でも長く子どもたちと過ごそうと頑張っている。

雨の降る中、松山空港に向

かう 40 名を超えるモンダンヨンピルのメンバーを見送る際、「우리의 소원（ウリエ　ソウォン＝われらの願い）」の合唱が起きた。「私たちの願いは統一、夢の中でも願いは統一…いのちをすべてかけて」と歌う、朝鮮人、韓国人ならば知らない人はいない歌である。モンダンヨンピルのメンバーも、学生と卒業生であるアボジ、オモニはじめ、学校関係者は歌詞も見る必要がなく、朗々と歌いながら、泣いている。校内すべての雨傘が集められ、雨傘を差し合いながらバスに向かう韓国メンバーにソンセンニムが「그날이 오면（クナリ　オミョン＝その日が来れば）」を歌おうと学生たちに声をかけると、声の限りに歌う学生たち。学校の敷地の手前にある急傾斜のある小道を大型バスは通れない。雨傘を差して校庭を出て行く一行は、何度も振り返り、口々に叫びあげ、大きく手を振る。学生たちは、校舎の二階に駆け上がってメンバーが見えなくなるまで力いっぱいに歌い、大きく手を振る。「또 만납시다！（ト　マンナプシダ＝また会いましょう！）」という大声が何度となく交わされる。バスの出発間際、そしてそろそろとバスが動き始めるまで、バスの窓から次々と雨傘が返却され、手が振り交わされる。みな泣いている。

5. 日本人市民からのアクション

5-1　教育現場からのアクション

　2013 年 11 月 5 日、金剛山歌劇団公演 2013 四国朝鮮学校チャリティコンサート愛媛公演（於：松山市総合コミュニティセンター）が開催された。金剛山歌劇団とは、1955 年に中央芸術団として 18 名で発足、1974 年に金剛山歌劇団という名称になり、現在団員は 70 名、国内外で 7000 回以上の公演を行っている在日コリアンによる芸術団である。この金剛山歌劇団の声楽部長である宋明花氏は、四国朝鮮学校の卒業生である (21)。このコンサートの主催者は金剛山歌劇団愛媛公演実行委員会である。この委員長を務めたのは、本論が多数引用を行った『会いませんか？話しませんか？　四国朝鮮学校と日本の子どもた

第 3 章　　163

ち』の著者である中林重祐氏である。中林氏は 1989 年 6 月、校長を務める松山市立南中学校と四国朝鮮学校との文化祭交流を計画すべく、同朝鮮学校を初めて訪問し、当時中学一年生であった宋明花氏と同窓の女子学生の歌唱を聞いて「電気に撃たれたようなショックを感じた」と述懐している。「歌詞の内容はまったくわからないが、誇り高く、しかも、にこにことすばらしい笑顔で歌う。あの笑顔は天性のものだろうか。こちらまで楽しくなる。二人の少女は、笑顔を絶やさず朗々と歌う。堂々とした姿が大きく目に映り、中学三年生かと尋ねると、なんと一年生であった。すっかりとりこになった私は、さらに数曲リクエストをした。……この自信、この明るさはどこからくるのか」という記述には朝鮮文化との鮮烈な出会いの記憶が溢れている（中林 1993: 21-22.）。

その後、中林氏は南中学校と朝鮮学校の「芸術交流」の陣頭指揮を執った。しかしこれに対して、松山市教育委員会はクレームをつけたという。「そのクレームの重圧をはねのけて、中林重祐は日朝交流をしたことになる」（名田 1995: 272）。また、「朝鮮学校に本を贈る会」を組織し、不足する書籍の補充を進めるとともに、各地の金剛山歌劇団公演を観覧し、四国朝鮮学校の支援を継続して行っている。2013 年 11 月のコンサートには、市民と関係者約 720 名が観覧し、収益金から 100 万円が四国初中級学校に寄贈された（朝鮮新報 2013 年 11 月 28 日）。

中林氏のように、朝鮮学校の学生たちの「明るさ」に感銘を受ける人は多い。朝鮮学校に関するいくつかの先行研究においても、学生たちの「明るさ」が特筆されている。宋基燦は著書の冒頭で「朝鮮学校の笑顔」は、「いまだ続いている植民主義の生々しい暴力」に屈せず、「熾烈な生活と実践の場」である朝鮮学校で咲く蓮の花のようであると述べている（宋基燦 2012: 1）。愛知朝鮮中高級学校を中心として、全国の朝鮮学校を訪問し、実証研究を行う山本かほりもまた、学生たちの「明るさ」「人なつこさ」に惹かれたと述べている（『月刊イオ』2013 年 12 月号 : 58-59）。

5-2　ジャーナリズムからのアクション

本論が多数の引用を行った『ノンナムは見ていた』（1995 年）、『えひめ在日一世シンセタリョン』（2008 年）の著者である名田隆司氏は 2003 年、「朝鮮学

校を支える四国の会」を結成し、四国朝鮮学校の支援をはじめとしたさまざまな活動を行っている。その一環として「南北コリアと日本のともだち展 남북어리니와 일본어린이 마당」を毎年松山市で開催している。2001 年に始まった「南北コリアと日本のともだち展」の趣旨は、「わたしたちの住む北東アジア地域の平和をねが」い、「大韓民国・朝鮮民主主義人民共和国・日本そして在日コリアンの子どもたちの絵を、ひとつの会場に展示して、絵でお互いを紹介しあい、わたしたちの間にある壁を乗り越える第一歩」にすることである。10 周年記念冊子には、日本、韓国、朝鮮の各国代表者の巻頭言が寄せられ、盛り沢山な写真とともに、個性あふれる子どもの絵で 10 年の歩みがまとめられている (22)。これに関連して教育学者として長く朝鮮学校の支援を行なっている佐野通夫氏は、モンダンヨンピルをはじめとする朝鮮学校と韓国の交流、韓国と朝鮮、そして日本の交流事業としての「南北コリアと日本のともだち展」が持つ意義と重要性ついて言及している(『月刊イオ』2015 年 2 月号：33-35)。松山市で開催される「南北コリアと日本のともだち展」には、四国朝鮮学校の学生たちによる絵画も展示され、日本国内の在日コリアンの子どもたちと南北コリアの子どもたちの作品を一つの会場で観覧することのできる貴重な機会となっている。

　その他、ジャーナリズムの立場からは、本論でも遂次参照させていただいたとおり、愛媛新聞をはじめとする各新聞、テレビが四国朝鮮学校についてきめ細やかな取材と報道を行ってきた。行事等、折々のニュースはもちろん、朝鮮学校理解に役立つ積極的な報道活動を行っている。

5-3　新しい地域連携の試み

　2012 年 9 月、「四国朝鮮学校の子どもたちの教育への権利実現・市民基金」（以下、市民基金）が発足した。発足のきっかけは、「えひめ教科書裁判を支える会」に関わる日朝両国の市民らの出会いにさかのぼる。2009 年 4 月、四国朝鮮学校長として赴任した呂東珍氏が愛媛教科書裁判の活動に関わり、同じく教科書裁判に取り組んでいた日本人有志が、四国朝鮮学校に関する行政と地域の問題を共有する必要に気付いたのである。

昨年（引用者注　2012 年）2 月頃の呂東珍先生との出会いがきっかけだった。先生から四国朝鮮初中級学校の存在とその現状を知ったメンバーは、大きなショックを受け、「すぐにでも、日本人としてできることをしよう」との思いで、「基金」を立ち上げることを話し合い、賛同者を募った。（中村治 2013）

　「えひめ教科書裁判を支える会」の複数のメンバーは、松山市と友好都市である韓国平澤市との市民交流にもかかわっている。この活動に関連するシンポジウムの通訳等、呂氏が根気強く日韓市民交流の支援を行ったことで、それぞれに目的の異なる市民運動の担い手が四国朝鮮学校の存在に改めて着目することとなった。佐野通夫氏、関西圏の朝鮮学校支援のノウハウに詳しい社会学者の伊地知紀子氏もまた、平澤・愛媛市民交流の通訳等で市民とのネットワークを築いていた。市民基金の呼びかけ人には、教員、宗教関係者、議員、弁護士等、多彩な市民が名を連ねている。2013 年度以降、四国朝鮮学校フェスタを開催し、民族学校を地域にアピールする活動を行っている（四国朝鮮学校・市民基金 2012）。
　ところで、市民基金の発足以前には、公立学校教員らによる四国朝鮮学校支援の運動に関わって、ヘイトクライムが発生していた。2009 年 8 月 5 日、徳島県教職員組合の A 書記長が徳島県教育会館で四国朝鮮学校長の呂東珍氏に 150 万円の支援金を手渡した。A 書記長は、「行政の民族差別もあり、学校運営の厳しさを知っていただけに何か出来ることはないかと日頃思っていた。支援金を渡せて、大変うれしく思ってる」と述べ、学校関係者にエールを送った（朝鮮新報 2009 年 8 月 21 日、実名部分は引用者が一部匿名化した）。このカンパに対して、2010 年 4 月 14 日、「在特会」と共謀する数人が徳島県教職員組合の業務妨害事件を起こしている。徳島県教職員組合の事務所で大声をあげるなどしたとして、威力業務妨害罪などに問われたこの事件の B 被告（52）と C 被告（37）に徳島地裁は 2013 年 12 月 25 日、「正当な抗議活動として許される範囲を甚だしく逸脱し言論の自由の範囲とも認められない」と述べ、求刑通り B 被告に罰金 30 万円、C 被告に罰金 20 万円の判決を言い渡した（産経新聞 2013 年 12 月 25 日、実名部分は引用者が匿名化した）。続いて 2014 年 5 月 29 日、高松高裁におけるB 被告の控訴審判決において、「『売国奴』などと罵声を浴びせており、到底法

の許容するものではない」と述べ、また量刑が重すぎるとした被告側の主張については「悪質で被害女性らの精神的苦痛も大きい。反省の態度はみじんもない」等として罰金30万円の支払いを命じた徳島地裁の一審判決を支持し、被告側の控訴を棄却している（朝日新聞徳島全県版2014年5月30日）。当時事務所にいたA書記長は判決後、「被告は自らの正当性をブログで発信していてつらかった。罪を受け止めてほしい」と話した。事件では在特会会員ら7人の有罪判決が既に確定している（共同通信2014年5月30日）(23)。

　朝鮮学校とその支援者が差別団体の暴力にさらされ、いつ攻撃されるか判断がつかない中、また、朝鮮学校に対する行政からの補助金停止・縮小に歯止めがかからない中、市民基金の活動がスタートした。市民基金の目的は、ホームページ「四国朝鮮学校の子どもたちの教育への権利実現・市民基金」（http://scgsiminnkikinn.web.fc2.com/index.htm）に詳しい。市民基金は基幹の事業として、年度半期一口2,000円以上の賛助金を募るとともに、朝鮮学校の行事支援や、広報誌『ムグンファ』の編集等を行っている。主催するフェスタでの収益金は四国朝鮮学校に寄付される。2013年度の卒業式では、市民基金から76万4千円が四国朝鮮学校に贈呈されている。前述したとおり、愛媛県と松山市の補助金は計80万円であった。市民基金は、些少ではあるが自治体からのフォーマルな補助金に近い額を集めたということになる。2014年のフェスタ開催準備に関わって、メールのやり取りを行った市民は約15名である。あえて「約」と表現しているが、基金には役員等が決められておらず、各自の仕事や家族の事情等に応じて役割分担や活動主体が変動するからである。メンバーの属性は、著述活動を行う複数の市民、地域の教員、福祉職等、多彩である。市民基金の中心的メンバーの「夢」を引用しておきたい。

　　地域の日本人と在日の方が手を取り合って、「四国朝鮮学校国際フェスティバル」を開くこと。朝鮮学校に携わる人々を通して、日本人が世界の人びとと友好の輪を広げることができれば、きっと楽しいだろう。（中村治2013:59）

　ところでここ十年あまり、近隣の公立学校は、四国朝鮮学校との交流行事を次々と中止してきた。2002年に平壌で開催された日朝首脳会談において、朝

鮮側が日本人拉致の実行を認めたことが、日朝交流中止の決定的な契機となった。本論で見てきたように、在日朝鮮人にとっての民族教育の必要と、日本社会が民族教育を保障する責務、とりわけこの一世紀あまりの歴史的な経緯からみるならば、在日コリアンの民族教育を保障する責務は、日朝の国家レベルの外交問題とは切り離して対応すべきである。それにもかかわらず、日本政府は朝鮮学校に対する冷遇を改善するどころか、さらに圧力を強めている。そのような朝鮮学校に対する強烈な逆風の中で、教育行政からの批判を懸念した公立学校は、朝鮮学校との交流行事を中止したのである。

ただし、希望はある。毎年 10 月末から 11 月の時期、四国朝鮮学校と高知県下の中土佐町立久礼小学校は、1 泊 2 日の交流会を開催していた。朝鮮学校の学生たちは久礼小学校の生徒宅にホームステイしながら交流を行うのである。鰹の一本釣りで有名な久礼の鮮魚店の厚意による「鰹のタタキ」実演や、四国朝鮮学校の芸術公演等が行われていた。「朝鮮学校排除の機運が先鋭化する昨今、久礼の、町の行政や保護者が、この交流会に注いできた『久礼の子どもたちのためにも朝鮮学校と交流させたい』気持ちは揺るぎない。異なる人種や文化、互いを尊重し認め合うことで、自身の心が豊かになり、成長できる。今、日本の社会に必要なものの縮図がここにある。」と当時の校長であった呂氏は 2012 年の交流について述べている。

また、2014 年秋の行事シーズンは、四国朝鮮学校をめぐって複数の地域交流が行われた。11 月 8 日には西条市河北会館で日朝交流会が開催され、近隣の公立学校教員も多数参加した。愛媛県の今治市玉川公民館を拠点に、人権教育と国際交流に関心を持つ教職員が「うずしお会」という有志の勉強会を組織し、30 年以上の活動を続けている。この「うずしお会」は、2013 年度には呂氏を招いて講演会を開催し、2014 年度には西条市河北会館の館長らが中心となって企画した日朝交流会へ参加することとなり、活動が一層広がっている。在職数十年というベテランの先生方が、初めて見る朝鮮の衣装の色使いの美しさと学生たちの表情の豊かさ、歌う声の大きさに驚嘆したと語っておられた(24)。また、松山市内に事務局を置くＮＰＯ法人 Do は、例年、在日コリアンの人権問題をテーマとして、映画上映と講演会を企画しており、四国朝鮮学校の校長等による講演会を開催している。

2014 年 11 月 16 日、四国朝鮮学校が午前中に公開授業を行い、午後には市民基金による交流フェスタが開催された。近隣の中学校から生徒と引率の教員が多数参加し、制服を着た日本人の生徒と、四国朝鮮学校の学生が朝鮮の食や音楽、朝鮮の民族服であるチマチョゴリやパジチョゴリを楽しみながら出会っていた。筆者がたまたま声を掛けた教員らしき風貌の参加者は、久礼小学校で交流行事を牽引してきた方で、異動先の小学校で新たに交流を始めようとされていた。数日後に迫った朝鮮学校との交流行事の予定を聞かせていただき、筆者が学生と一緒にブースを担当した朝鮮の海苔巻きであるキンパ（김밥）を今後の交流で取り入れたいという話で盛り上がった。

　あるものを最大限に活用して設営した舞台では、鳥取から自費で駆けつけたという四国朝鮮学校の卒業生が、プロの歌唱と鮮やかなチマチョゴリの装いで集いを盛り上げ、場を共にする一同が民族と国籍を超えて、朝鮮のリズムに乗って踊る。「ウリハッキョ」の卒業生と在校生は、軽やかで趣深いオッケチュム（어깨춤）(25) で、来場した韓国人は現代的な身のこなしで、日本の大学生たちはなぜか身体を横揺れさせて、四国朝鮮学校のグラウンドという一つのフレームで、みな晴れやかに笑っている。もちろん晴れの祝祭も時間が来れば幕引きとなるが、開かれた終わりは、祝祭の＜いま・ここ＞の集合沸騰の力に続く凝集力をもたらしてくれる。四国朝鮮学校を核として受け継がれてきた在日コリアンのコミュニティは、このような祝祭でまた活力を得る。そこに集う市民は異文化の楽しみを体感し、その後、異なる持ち場へと帰っていく。さまざまな活動を行う多様な市民が、朝鮮学校を結節点として出会い、それぞれの持ち場でまた、非集住地域では見過ごされがちな異文化を発見し、楽しむことのできる知恵をもった市民を育てていくであろう。この複層的な人と文化の不断の連関が、在日コリアンをはじめとする在日外国人はもちろん、多数者の市民の安寧、すなわち日々の暮らしやすさにつながっていく。より大きな視点で見るならば、多文化の複層的な交流が、平和と寛容の土壌となるであろう。

　日本の市民が、異文化である朝鮮文化と朝鮮の人びととの交流を楽しみながら、地域生活を豊富化していくこと。多様性（diversity）が退けられるのではなく、楽しい違いとして日常化されること。非集住地域の四国朝鮮学校をめぐる具体的な行事の数々とこれに関与する市民の多様な活動、そしてそこからさ

らにすそ野を広げていく交流は、レイシズムの脅威に委縮することなく、多文化共生を地域社会で具体化していくための大きな希望である。

注
(1) 本論では朝鮮半島にルーツを持ち、韓国籍、朝鮮籍、日本籍、無国籍のいずれかに該当する日本在住のコリア系住民を総称して「在日コリアン」とする。朝鮮学校の学生とその保護者である学父母、卒業生をはじめとした関係者はとくに「在日朝鮮人」とした。また著書等で「在日朝鮮人」と表記されている場合はそのまま用いた。
(2) 特定非営利活動法人コリアＮＧＯセンターHP（http://korea-ngo.org/kyoiku/kyoiku03.html、2015年3月20日閲覧）を参照。
(3) 2014学年度四国朝鮮初中級学校学芸会「꿈을 노래하자―夢を歌おう―」（2015年2月22日、於:愛媛県男女共同参画センター）における演目を参照。
(4) 神戸市長田区においては、2014年4月に「一般社団法人神戸コリア教育文化センター」が設立され、翌5月には併設するコミュニティカフェ「ナドゥリ」がオープンした（深田2014）。神戸市内では1972年に発足した公益財団法人神戸学生青年センターが「朝鮮史セミナー」をはじめとする学習会や、韓国スタディーツアー等を様々な企画を行っている。阪神淡路大震災以来、留学生センターの機能も担うようになったという。（神戸学生青年センターHP: http://ksyc.jp/、2015年3月20日）を参照。
(5) （ＮＨＫ online　クローズアップ現代HP（http://www.nhk.or.jp/gendai/kiroku/detail02_3598_all.html、2015年1月20日閲覧）を参照。
(6) たとえば「吉見裁判」の例が挙げられる。橋下徹大阪市長による「慰安婦制度が必要なことはだれでもわかる」という発言（2013年5月13日）に関する外国特派員協会での記者会見（5月27日）において、桜内文城衆議院議員が中央大学教授吉見義明氏の著書について桜内文城衆議院議員が「これはすでにねつ造であるということがいろんな証拠によって明らかとされております」と発言した。吉見氏はこの「ねつ造」発言に対して損害賠償を求める裁判を起こした（「吉見裁判」HP「YOいっション」（http://www.yoisshon.net/）（YOSHIMI裁判いっしょにアクション2014）。2015年には慰安婦問題の記事を書いた元朝日新聞記者の植村隆氏（北星学園大非常勤講師）が、「記事は捏造だ」との批判を繰り返され名誉を傷つけられたとして、西岡力・東京基督教大学教授と週刊文春を発行する文芸春秋に損害賠償等を求める訴訟を東京地裁に起こした（朝日新聞2015年1月10日）。
(7) この「在日特権」については、在日コリアン三世で計量社会学を専門とする金明秀が右翼論壇の各論者による発言に逐一言及しつつ、その無根拠性を検証している（金明秀、2014）。「特別永住資格は『在日特権』か？」（http://

synodos.jp/politics/11245 2015年3月2日閲覧）
(8)『月刊イオ』は1996年6月に創刊された日本語表記を主とする雑誌である。「イオ」とは朝鮮語の이어＝「継ぐ」に由来する。創刊号には「私たちは1、2世同胞の祖国、民族を想う心を受け継ぐとともに、在日同胞社会をネットワークしたいという気持ちを込めこの雑誌を創刊しました」と記されている。
(9) 2013年7月24日聞き取り調査（於：朝鮮総連愛媛県本部）による
(10) 引用部「(慮)」は原文ママ。正しくは先述した姜老石氏である。地域では「ロウ（老）先生」と呼ばれ、慕われていたという（名田 1995: 44）。
(11) 引用文中の「アリラン」の創業者は、先の引用でも登場した尹元順氏の実兄赫洙氏であった。名田氏のご教示によると、李福姫氏の語り自体に若干の思い違いがあるという。本文で見たように、1945年11月に始まった朝鮮語教室の場所は、尹元順氏のオモニである李南山氏が借りていた借家の六畳間の一室であった。
(12) なお、韓国のインターネット新聞『PRESSian』に掲載された韓国語論文を筆者である藤永氏自身が日本語に翻訳しSNSで公開しており、承諾を得て参照した。
(13) たとえば、2015年3月20日時点においても、直近の差別街宣予定が公開されている。（http://www.koudouhosyu.info/?mode=view&no=418）
(14) アジールとは、「不可侵の聖域、平和領域」である（網野 1988）。
(15)「寄付金減少　財政ピンチ」（愛媛新聞 2013年12月11日）を参照。また、2013年度まで四国朝鮮学校長を務めた呂東珍氏による講演会資料（うずしお会主催、2013年12月13日（於：今治市玉川公民館）、朝鮮学校関係者からのご教示による。
(16) 例えば、趙博氏は「余は如何にして朝鮮人となりし乎」と題したエッセイで、隻眼という障がいを持つ在日朝鮮人であることを受容し、「『障害』とは＜縁＞の総和（アンサンブル）である。いつの日か、ぼくはそう言い切ってみたい」と言えるようになるまでの苦闘を「本名奪還」のエピソードを交えて語っている（趙 2003: 131-160）。
(17) 2013年10月13日、愛媛県男女共同参画センターにおいて開催
(18) 同様のコンセプトにより、レシピ集が出版されている（ＮＰＯ法人コリアンネットあいち 2013）。
(19) 駐大阪大韓民国総領事館ホームページ（http://jpn-osaka.mofa.go.kr/webmodule/htsboard/template/read/legengreadboard.jsp?typeID=16&boardid=13787&seqno=682422　2015年3月20日閲覧）を参照。国内外で朝鮮学校を支援する活動を行う佐野通夫氏は「日本で大学教員になった31年前、韓国からの留学生は反共教育を受け、『韓国料理』とある飲食店はいいが、『朝鮮料理』はダメだと思っていた。50代位までの人は北や総聯に対しては強いアレルギーがあります」と述べている（『月刊イオ』2015年2月号：33-35.）。

(20)（藤永 2013）、「モンダンヨンピルコンサート in 広島　がんばろうや！朝鮮学校！チラシ、韓国ＮＰＯ法人「朝鮮学校と共にする人々・モンダンヨンピル」日本公式ブログ（http://ameblo.jp/mongdangj/、2014 年 9 月 20 日閲覧）を参照

(21) 金剛山歌劇団 HP（http://www.kot-jp.com/index.htm 2013 年 12 月 25 日閲覧）、「金剛山歌劇団公演 2013 アンサンブルチラシ」を参照．

(22)「南北コリアと日本のともだち展」HP（http://homepage2.nifty.com/2002/friends/　2015 年 3 月 20 日閲覧）、南北コリアと日本のともだち展 実行委員会編『2001 〜 2010 南北コリアと日本のともだち展 남북어린이와 일본어린이 마당』を参照．

(23) 記事中の B 被告は 2014 年 10 月、関西の某市議会議員選挙に出馬し落選した。この徳島の乱入事件のみならず、各所で自らマイクを握ってヘイトスピーチの弁士を務めている様子を動画サイトで確認することができる。B 被告のインタビューを行った朴順梨氏によるルポルタージュが出版されているので参照していただきたい。乱入事件の動機として語られる内容は、荒唐無稽で矛盾に満ちており、「保守」を自称する「市民運動」の実態をうかがい知ることができる（朴順梨 2014）．

(24) 2014 年 11 月 20 日、今治市内で開催された「うずしお会」聞き取り調査による

(25)「音が鳴り律動が揺れると、興に乗って自然に腕が上がって振られてしまい、体がゆるりゆるりと上下に動き始める」のがオッケチュムである（小倉 2000: 92）．

参考文献

網野善彦、1988、項目「アジール」見田宗介、栗原彬、田中義久編『社会学事典』弘文堂．
愛媛新聞在日取材班、2004、『在日　日朝韓の狭間に生きる』愛媛新聞社．
韓東賢、2006、『チマチョゴリ制服の民族誌―その誕生と朝鮮学校の女性たち―』双風舎．
허영선、2011、「재일한국인 권익에 관심…제주서 평화의 발신음 내야」제민일보 2011 년 11 월 11 일）
藤永壮、2012、「朝鮮学校に対する大阪府補助金停止問題の経緯」『インパクション』184 号、インパクト出版会、10-14
―――、2013、「朝鮮学校は今なお日帝時代…『同化』と『差別』の歴史：[再び朝鮮学校]（2）下村長官の植民地主義的言説の検証」＝「조선학교는　여전히　일제시대…'동화'와 '차별'의　역사　다시, 조선학교] ＜ 2 ＞시모무라장관의　식민주의적담론검증」『PRESSian』2013 年 7 月 23 日
―――、2013、「『提訴の年』の終わりに：朝鮮学校・裁判闘争の 1 年」＝「조선학교는 왜 '일본' 을 제소했나: 일본 조선학교의 2013 년」『PRESSian』2013 年 12 月 30 日

深田圭子、2014、「カフェナドゥリについて」こりあんコミュニティ研究会編『コリアンコミュニティ研究』vol.5、100-102

樋口直人、2014a、『日本型排外主義―在特会・外国人参政権・東アジア地政学』名古屋大学出版会．

───、2014b、「日本型排外主義の拝啓―なぜ今になってヘイトスピーチが跋扈するのか」『日本の科学者』vol.49、6-11

板垣竜太、2013、「朝鮮学校への嫌がらせ裁判に対する意見書」同志社大学社会学会編『評論・社会科学（105）』、149-185

一般社団法人在日コリアン・マイノリティー人権研究センター、2014、『在日コリアン人権白書2013年版』

川端浩平、2012、「二重の不可視化と日常的実践」『社会学評論』第63巻第2号、2012年、203-219．

姜在彦、1992、『日本による朝鮮支配の40年』朝日文庫．

金敬得、2005、『新版　在日コリアンのアイデンティティと法的地位』明石書店．

金明秀、2013、「『同化』求めるのも差別　無意識の態度、ヘイトスピーチ助長」（2013年10月15日朝日新聞夕刊）

───、2014、「特別永住資格は『在日特権』か？（2014.10.22 Wed）」
http://synodos.jp/politics/11245．

金尚均編、2014、『ヘイト・スピーチの法的研究』法律文化社．

金時鐘、2013、「私と猪飼野と在日と、―本文庫版のあとがきに代えて―」金時鐘『猪飼野詩集』岩波文庫、217-234

───、2015、『朝鮮と日本に生きる―済州島から猪飼野へ―』岩波新書．

金泰植、2014、「朝鮮学校の現在」『現代思想』vol.42-6、4月号、青土社、160-172

黒田裕子・島田誠・飛田雄一・日比野純一・菅磨志保・渥美秀、2004、「特集：震災ボランティアの10年」国際ボランティア学会『ボランティア学研究』vol.5、63-89

高賛侑、2011、「朝鮮市場からコリアタウンへ」上田正昭（監修）、猪飼野の歴史と文化を考える会編集『ニッポン猪飼野ものがたり』批評社、332-342

前田朗編、2013、『なぜ、いまヘイト・スピーチなのか―差別、暴力、脅迫、迫害―』三一書房．

村口敏也、2004、『ウリハッキョ　民族のともしび』創風社出版

師岡康子、2013、『ヘイト・スピーチとは何か』岩波新書．

文京洙、2008、『済州島四・三事件 「島のくに」の死と再生の物語』平凡社．

名田隆司、2008、『えひめ在日一世たちのシンセタリョン』文芸社．

───、1995、『ノンナムは見ていた』さらむ・さらん社．

中林重祐、1993、『会いませんか？話しませんか？　四国朝鮮学校と日本の子どもたち』径書房

中島智子、2011、「朝鮮学校保護者の学校選択理由―『安心できる居場所』『当たり前』を求めて―」『プール学院大学研究紀要』第51号、189-202．

中村一成、2014、『ルポ京都朝鮮学校襲撃事件　＜ヘイトクライム＞に抗して』岩波書店．

中村治、2013、「子どものために『私』ができることを　10年前の出会いが生き方を変えた」朝鮮新報社『月刊イオ』2013年11月号、58-59.

中山秀雄編、1995、『在日朝鮮人教育関係資料』明石書店.

ＮＰＯ法人コリアンネットあいち、2013、『ハンメの食卓　日本でつくるコリアン家庭料理』ゆいぽおと

西村秀樹、2004、「阪神教育闘争と吹田事件　第二次大戦後の在日朝鮮人」東北アジア問題研究所編、小此木政夫監修『在日朝鮮人はなぜ帰国したのか　在日と北朝鮮50年』現代人文社.

呉永鎬、2012、「朝鮮学校の教育の成立過程に関する教育学的研究―その理念、内容、場の検討から」『＜教育と社会＞研究』第22号、29-37

小倉紀蔵、2000、『韓国語はじめの一歩』ちくま新書.

朴一、2010、「(項目) 国籍」国際高麗学会日本支部『在日コリアン辞典』編集委員会編『在日コリアン辞典』明石書店.

朴三石、2011、『教育を受ける権利と朝鮮学校　高校無償化問題から見えてきたこと』日本評論社.

───、2012、『知っていますか、朝鮮学校』岩波書店.

朴順梨、2014、「朝鮮学校で愛国を考える　日教組を攻撃する愛国女性」北原みのり、朴順梨『恩さまは愛国』河出書房新社. 133.153.

四国朝鮮学校・市民基金、2012、「熱い思いが結実した『四国朝鮮学校・市民基金』発足！―人と人が出会い、思いが交差する中で―」在日朝鮮人人権協会編『人権と生活35号』

辛淑玉、1998、『韓国・北朝鮮・在日コリアンがわかる本』KKベストセラーズ.

徐京植、1998、『子どもの涙　ある在日朝鮮人の読書遍歴』小学館文庫.

宋基燦、2012、『「語られないもの」としての朝鮮学校　在日民族教育とアイデンティティ・ポリティクス』岩波書店.

田中宏・鄭早苗・大沼保昭・徐龍達、2005、「二一世紀の在日韓国・朝鮮人の社会的現実と法的地位」大沼保昭・徐龍達編『在日韓国・朝鮮人と人権（新版）』有斐閣.

田中宏、2013、『在日外国人　第三版―法の壁、心の壁』岩波書店.

池貞姫、2012、「戦後占領期の朝鮮人学校教科書に見る『民族意識』─ プランゲ文庫所蔵の史料を通して」早稲田大学20世紀メディア研究所インテリジェンス編集委員会編『intelligence 第12号』文生書院.

───、2013、「プランゲ文庫に見る占領期の朝鮮語教科書について」『愛媛大学法文学部論集　人文学科編』vol.32、165-180.

曺昌淳・宋連玉、1997、『韓国の歴史―国定韓国高等学校歴史教科書』明石書店.

曺慶鎬、2011、「『朝鮮学校コミュニティ』とエスニック・アイデンティティ―朝鮮学校在学生を対象としたインタビュー調査を通じて―」『ソシオロゴス』No.35、96-110.

曺智鉉、2003、『猪飼野―追憶の1960年代』新幹社.

───、2010、「猪飼野」国際高麗学会日本支部『在日コリアン辞典』編集委員会編『在日コリアン辞典』明石書店、21-22.

趙博、2003、『ぼくは在日関西人　歌う浪速の巨人・パギやん奮戦記』解放出版社．
鄭栄桓、2013、『朝鮮独立への隘路　在日朝鮮人解放五年史』法政大学出版社．
徳田剛、2012、「地域社会のグローバル化におけるカトリック教会の役割―愛媛県の教会における英語ミサの実践例から―」『聖カタリナ大学キリスト教研究所紀要』15号、17-30.
上野英信、1960、『追われゆく坑夫たち』岩波新書．
―――、2006、「日本人の差別感覚－在日朝鮮人『国籍書きかえ』問題の背景」『上野英信集　戦後文学エッセイ選12』影書房．＝毎日新聞1970年10月17日．
―――、2006、「この国の火床に生きて」『上野英信集　戦後文学エッセイ選12』、27-29．＝1968、「朝日ジャーナル」．
李信恵、2015、『鶴橋安寧―アンチ・ヘイト・クロニクル』影書房．
李修京・井竿富雄・呉永鎬、2010、「日本における外国人学校政策と在日朝鮮人の教育事情」東京学芸大学学術情報委員会編『東京学芸大学紀要　人文社会科学系Ⅰ』61、43-57.
『歴史教科書　在日コリアンの歴史』作成委員会編、2006、『歴史教科書　在日コリアンの歴史』明石書店．
安本末子、2010、『にあんちゃん』角川文庫．＝1958、『にあんちゃん』光文社．
山本かほり、2012、「朝鮮学校における『民族』の形成―Ａ朝鮮中高級学校での参与観察から―」『愛知県立大学教育福祉学部論集』第61号、145-160.
―――、2014、「朝鮮学校で学ぶということ」移民政策学会編『移民政策学会』第6号、74-93.
梁泰昊、1996、「民族教育はどのように広がっていったのですか？」『在日韓国・朝鮮人読本―リラックスした関係を求めて―』緑風出版．
YOSHIMI裁判いっしょにアクション、2014、『日本軍「慰安婦」制度はなぜ性奴隷制度と言えるのか』自主頒布資料．
ヤンヨンヒ、2012、「かぞくのくに」製作・配給スターサンズ．
―――、2013、『兄　かぞくのくに』小学館文庫．

（付記）
　本章の内容は、日本カトリック大学連盟・2013年度研究助成（共同研究「非集住地域における外国人の共生」、研究代表者：徳田剛）によって単独で行った研究成果をとりまとめたものである。調査ならび本論の執筆にご協力くださった四国朝鮮初中級学校関係者の皆さま、そして四国朝鮮学校支援者の皆さまに心よりお礼を申し上げます。

第 4 章

外国人住民の「非集住地域」の地域特性
　　——「ムラの国際結婚」と被災外国人研究の視点から

徳　田　　　剛

1．はじめに ──「非集住地域」研究への着眼の経緯

　これまでの各章での論述は、日本にやってきた外国人移住者・滞在者が「非集住地域」においてどのような生活課題に直面し、いかなる社会的なつながりや支援リソースを用いて対処をはかっているのかを、いくつかの結節点となりうる集団・セクターに定位しつつ例示・考察することを目指すものであるが、このような課題の着想に至った経緯についてここで簡単に触れておきたい。
　本書の執筆者 3 名は、それぞれが関西地方で研究キャリアをスタートさせており、二階堂と魁生は大阪市生野区をはじめとする関西の在日コリアン社会についてのフィールドワークに従事してきた (1)。また、徳田は阪神・淡路大震災の被災コミュニティの復興や被災住民の生活再建を追うかたわらで、主な調査対象地であった神戸市長田区鷹取地区の中に位置し、多文化共生のまちづくりや多言語コミュニティ FM 局の開局などの画期的な取り組みの舞台であったカトリックたかとり教会、たかとりコミュニティセンターともかかわりを持ってきた (2)。この神戸市長田区もまた、オールドタイマーである在日コリアン系住民と、姫路の難民定住センターを経て移り住んだベトナム系住民が多く住むマルチ・エスニックな人口構成をとってきた土地柄であった。こうした関西地方の諸地域を見ていく中で、市民団体等による支援の取り組みや当事者どうしの支え合いの活動などを、ある意味で「当たり前のように」存在するも

のとして我々は受け止めてきた。

　その後、それぞれに中四国地方に赴任地を得、「集住地域」とはいえないこれらの地域に暮らす外国人住民の生活状況等に接するにあたって共通して感じたのは、関西地方のエスニック・マイノリティ住民やそのコミュニティのありようとは「何かが根本的に違っている」、あるいはこれまでに見てきた「集住地域」中心の多文化状況の捉え方ではうまく捉えられないという感覚であった。「集住地域」では、地域全体の住民構成の中では「少数派」ではあるけれども周囲に一定数の同胞の存在を実感しながら暮らすことができるのに対し、「非集住地域」では外国人住民が同胞とのつながりや出会いをもつ機会も限られ、圧倒的多数の地元民の中で埋没しながら文字通りの「少数者」として暮らしている現状がある。そして、エスニックなつながりや支援組織等によって提供される社会関係資本やセーフティネットの心もとなさ（あるいは欠如）は、そうした地域では疑いようのないものであった。そこで我々の問題関心は、このような地勢のもとに暮らす「非集住地域」の外国人住民がいったいどのような生活状況や課題に直面してきたのか、そして何らかの困難な状況に直面した際にはどのような形でそれに対処し、乗り越えようとするのか（あるいは乗り越えられずにいるのか）という点に収斂していった。

　しかし、「非集住地域」に関する先行研究を参照するにあたっては、いくつかの優れた事例研究の存在は認められたものの、これまでの日本の移民・エスニシティ研究の業績群において、「非集住地域」の多文化状況を捉えるための分析視角が十分に確立されているとは言えないように見受けられた。そこで本書では、執筆者各自が関わりを持つ地域や当事者たちのようすをまずは素描したうえで、日本の地域社会の多文化化に関する「集住地域」と「非集住地域」の違いはどのようなところにあるのかについて論点を紡ぎだすことから始めていこう、というのがこの共同研究を始めるに至った経緯である。

　本章の以下の節では、これまでの各章で行ってきた「非集住地域」研究が踏まえるべき先行研究として、日本の農村部などに来住した国際結婚女性の研究、および東日本大震災下の被災外国人を取り扱った諸論考を取り上げ、そこに描き出された「非集住地域」特有の地域特性や生活課題などについて確認する。

2．「非集住地域」研究の先行事例（1）
　　「ムラの国際結婚」研究の視点から

2-1　国際結婚移住に関する研究動向

　1990年代から2000年代前半にかけての日本の移民・エスニシティ研究においてメインターゲットとされていたのは、南米からの日系人移民の流入と就労、それに伴う日系ブラジル人・ペルー人などの「集住地域」の形成についてであったが、こうした「集住地域」研究に傾斜した研究動向の影響をさほど受けずに、同時期に専ら「非集住地域」に来住する外国人移住者に定位しつつ進められてきた研究領域がある。それは、農村部や中山間地域への「国際結婚移住」に関する諸研究である。

　日本社会で見られる国際結婚それ自体は、日本から海外への訪問や移住、あるいは海外から日本へやってきた外国人移住者・滞在者と日本人との出会いがあれば、特定の時期や場所に限られることなく自然に起こりうることである。しかし、およそ1980年代以降に始まった日本の農村部への国際結婚女性の来住（以下、「ムラの国際結婚」と表記）については、一定の共通したコンテクストと地域やジェンダーの偏りを伴った、非常に「特殊な現象」であることを踏まえておく必要がある。いくつかの先行研究で触れられているように、高度経済成長期から加速した日本の農村部・中山間地域から都市部への（とりわけ若年層を中心とした）人口流出の流れの中で「農家の長男の嫁」の不足が各地で深刻化していく。こうした事態を受けて、当該諸地域では農村男性と都市部に暮らす日本人女性とのマッチングなどが取り組まれるが有効策とはならず、1985年ごろから山形県の最上地方で行政主導による国際結婚移住女性の招来が行われたことを皮切りに、同様の問題に悩む東北・北陸・中四国・九州地方の農村部などでこうした動きが全国的に波及することになった。しかしながら、こうした形での国際結婚移住についてはある種の「人身売買である」等の批判が相次ぎ、行政主導での国際結婚あっせんについては短期間に終わったが、そ

の後も民間の仲介業者による農村部への国際結婚女性の移住は継続的に行われることとなった。このテーマを扱う初期の論考の多くは、農村の閉鎖的な地域社会の構造とグローバルな経済格差の「犠牲者」として国際結婚移住女性を描く傾向があり、来住した「外国人妻」と日本人夫へのネガティブなレイベリングや偏見が根強く残っていた。その一方で、移住女性やその家族、支援者を対象とした実証的な調査研究についての蓄積もなされ、地域的には「ムラの国際結婚」の発祥の地ともいえる山形県最上地方、あるいは新潟県南魚沼市などをフィールドとした先行研究がある(3)。

こうした「ムラの国際結婚」すなわち農村部への「外国人花嫁」の来住と受け入れ地域の対応や反応に照準した先行研究の中で、本書の考察目的である「非集住地域」特有の地域特性や外国人移住者の生活状況を意識的に描出した著作として、武田里子著『ムラの国際結婚再考』をここでは取り上げる。

2-2 「非集住地域」における「顔の見える関係」構築の可能性
―武田里子著『ムラの国際結婚再考』

武田の著作は、現在の新潟県南魚沼市に来住した国際結婚移住女性に関する当事者および受け入れ社会や支援組織への綿密なフィールドワークの成果を中心に構成されている。若年層の人口流出という事態に対応する「苦肉の策」として、全国各地の農山漁村などで海外からの移住女性を「農村花嫁」として迎え入れる国際結婚移住が推進されたことは先述の通りである。こうした現象は、製造業の集積する中部・東海や北関東などに来住した日系人のデカセギ労働者たちとは全く別の事情と経路での人口流入であり、これらの「集住地域」を中心に観察される現象とは異なる立論とアプローチによって取り組まれてきた研究領域であると言ってよい。(主にアジア地域から日本の農村部への)国際結婚移住というトピックは、「過疎地域」の存亡にかかわる「農家の長男の嫁」という人的資源の確保といった当時の「非集住地域」のニーズや一定のコンテクストの下に生じた（半ば政策的な意図に基づく）国際的な人口移動であったことから、このテーマに定位した研究ではおのずと典型的な「非集住地域」である日本の農村部や中山間地域が主なフィールドとなる。この点が、数少ない

第4章　179

「非集住地域」の先行研究の一領域としてここで取り上げる理由である。そうした業績群の中にあって、武田の著作では随所に「非集住地域」の特徴が明示されている点で、本書にとって重要な立脚点の一つとなる。

　ここで、武田の著作の研究目的と分析視角について確認する。著者によれば、同書の考察対象は「農村に暮らす結婚移住女性と、農村地域における家族の多文化化・多民族化の現象」であり、とりわけ国際結婚移住女性の受入れを通じて「農村地域で始まっている多文化共生の試みを日本社会の多文化化・多民族化の現状とつなぎ合わせていくこと、そして、将来に向けた農村のより豊かな可能性を見出していく」ことが同書では目指されている（武田 2011:11）。同書では、結婚移住女性のライフコースや日本人夫とその家族たちとの家庭内関係といった個人レベルの問題と、彼女らの存在が地域社会にもたらす変化のありようやそれをもたらす日本の入国管理制度、当該地域の社会構造などの社会の側の問題の両方に考察の重点が置かれている。そのための作業として、当初の「農村花嫁」に関するネガティブな言説や「過疎化によって停滞し疲弊する農村」といったステレオタイプを相対化し、対象地で観察される結婚移住女性と日本人家族および地域住民とのポジティブな関係性の描出が試みられている。さらに武田は、「異なる文化背景を持つ彼女らが潜在的な可能性を発揮することができるならば、日本社会をより開かれた社会に作り替えていく上で、重要な存在になる」（武田 2011：20）という見通しのもと、本書でいう「非集住地域」の構成員としての結婚移住女性の積極的な存在意義や役割について考察している。

　こうした問題意識をもった武田の著書であるが、とりわけ我々にとって重要なのは、このトピックの考察を通じて描出された「都市部および外国人集住地域に暮らす外国人労働者と農村部に暮らす結婚移住女性の大きな違い」（武田 2011:204）に関する知見である。その要点として示されているのは、「外国人政策と実態のギャップを埋める市民組織の存在の有無と支援者層の厚みの違い」（武田 2011:80）および「適応過程における相互扶助機能を持つエスニック・コミュニティの有無」（武田 2011:204-205）の２点である。

　外国からの人口流入が来住地の選択の自由が認められた状態で起こる場合、移住先である特定の地域に先住の同国人・同郷人が定着し、彼ら・彼女らが後

発の移住者を受入れ支えることで特定のエスニック・コミュニティやネットワークが自然発生的に形成されていく、いわゆるチェーン・マイグレーションの形態が既存の移民・エスニシティ研究においてしばしば指摘されるが、この「ムラの国際結婚」については（少なくとも初発段階においては）こうした説明図式をそのまま当てはめることはできない。というのも、「非集住地域」に来住する技能実習生や留学生などと同様に、「ムラの国際結婚」の場合も在留許可の付与が日本側の個人や団体の意向や決定に左右されるために、来住者の側には居住地や就労地等の選択の余地がほとんどなく、既知の同郷者や現地仲介者が全くいない地域への「嫁入り」となる可能性が高いためである。その結果として彼女たちは、元々外国人住民がきわめて少ない過疎地域にほぼ単身で放り込まれることとなり、そこでは同じ言語や文化的背景を持つ者と出会う機会はめったにない。そこで、「非集住地域」に来住した彼女たちが置かれた状況や取りうる選択肢は次のようなものとなる。

「都市部で一定程度の同国人の人口規模がある場合と異なり、農村部や外国人の分散する地方では、エスニック・コミュニティを形成することは難しい。現状は、気のあった者同士の助け合いのレベルにとどまっている。また、コミュニティは自然にできるわけではなく、誰かが声をかけるなど必要な資源を提供しなければならない。ところが、結婚移住女性のほとんどは、それぞれが日本語を覚え、日本の生活に適応するだけで精いっぱいであり、そうした資源提供の余裕はないように見受けられる。したがって、日本人とのネットワークをどれだけ広げられるかが適応過程の鍵を握ることになる。」（武田2011:205-206）

ここに整理されているように、先に移住した親族や同胞との「つながり」を異郷の地への適応の資源として活用できる「集住地域」とは違って、ホスト社会の住民たちによる「同質性」の高い農村社会に移住する女性たちにとっては、上述のように「日本人とのネットワーク」の構築がまず求められ、その成否が移住先での生活状況の良し悪しを大きく左右することになる。つまり、彼女らは移住の初発時から「腹をくくって」日本社会への参入や適応を試みなければ

ならない状況に置かれ、家族や地域の中や日本語教室などへの参加を通じて地元にネットワークを広げていかなければならないのだが、武田によればまさにこの状況こそが、さまざまな支援リソースが存在しうる「集住地域」や都市部のエスニックタウンなどよりも、農村部の結婚移住女性に地元地域との接点や日本人住民との接触機会をより多く与え、そのために「非集住地域」にはあって「集住地域」ではなかなか実現しづらいような「顔の見える」関係構築の端緒が開かれるというのである。

　我々の関心事である「非集住地域」研究の積極的な意味を紡ぎだす上で、武田の以下の叙述は非常に示唆的である。

「筆者は農村に暮らす結婚移住女性には、都市とは異なる形で女性たちが主体的行為者となり得る可能性が開かれているのではないかと考えている。結婚移住女性は、異なる文化背景や異なる規範を持つがゆえに、日本人家族とも地域社会ともさまざまな葛藤を経験する。それは、結婚移住女性を受入れる家族や地域社会も同様である。なぜなら、集落の構成単位である『○○家の嫁』であるために、女性たちを外部者として簡単に排除するわけにはいかないからである。ゆえに、双方が文化変容を遂げて、新平衡に達する可能性が開かれているのである。」（武田 2011:217）

　ここで言及されているのは、大多数が地元住民であるような「非集住地域」にあっても、外部からの来住者のみならず、地域社会の側も社会・文化変容が生じること、しかもそれは「集住地域」とは違った形で起こるであろうことである。「相対的に小さく、結束型社会関係資本が豊富である農村コミュニティは、人と人との親密なつながりが生まれやすく、対等な関係を形成する上で都市コミュニティよりも恵まれている」（武田 2011:218）という言及にあるように、圧倒的多数のマジョリティ住民によって構成される日本人社会に「個」として飛び込む形となる「結婚移住女性」は、確かにその文化的・社会的な立ち位置の不安定さ・脆弱さといったリスクと隣り合わせであるが、彼女らをめぐる多文化的な集団・関係原理の特徴に着目した場合には、外国人住民と日本社会のポジティブな関係形成をもたらしうるものとして積極的な評価がなされている

のである。以上のように「ムラの国際結婚」の考察を通じての「ポジティブな側面」の描出は、とりわけ「非集住地域」の多文化化の進行とそれを踏まえて当該地域社会を再構築する方策を考えるにあたって、従来の「多文化共生」の言説とは別の思考回路を開くものとして実に示唆に富むものとして評価することができる。

　次節では、もう一つの「非集住地域」研究の参照事例としての東日本大震災の被災外国人に関する論考をとりあげる。その多くが外国人住民の「非集住地域」である同震災の被災地において観察された外国人移住者・滞在者のありようからは、ここで示された「ムラの国際結婚」研究と同種の視点や方向性が示唆されている。

3. 「非集住地域」研究の先行事例（2）東日本大震災時の被災外国人に関する論考から

3-1　東日本大震災の被災外国人に関する研究動向

　2011年3月11日に発生した東日本大震災は、被災地エリアに「集住地域」ともいえる都市部のインナーシティを少なからず含んでいた阪神・淡路大震災とは違い、中心都市の仙台市などを除く被災地の大半が農漁村・中山間地域にあたることから、この震災に遭った外国人住民を追うことは自ずと「非集住地域」研究の領域へと足を踏み入れることになる。災害発生から5年ほどしか経過していない現在において、この震災での被災外国人の動向についてはまだまだ更なる経過観察が必要だが、初期避難についてのレポートはかなりの蓄積がなされている。ここでは、東日本大震災の被災外国人をめぐる言説の要点を整理し、「非集住地域」研究のブラッシュアップという本書の問題関心にとって示唆的なポイントを抽出する。

　東日本大震災の被災外国人に関するレポートや論考を概観する中で、以下の諸点がキーワードとして浮かんでくる。そのうちの一つは、災害発生からほど

なく起こった外国人移住者・滞在者の「帰国ラッシュ」についてである。この動きは、地震や津波による局地的な自然災害に加えて、福島第一原発の事故とそれに伴う放射性物質の漏出・飛散という、それまでの自然災害にはまったく見られなかった出来事が同時進行した結果と言えるだろう。日本国内で被災した外国人住民たちの信頼できる情報の不足（原発事故については日本人も同様であった）、そして国外に住む家族や友人・知人、さらには母国政府からの「帰国勧告」などを受けて、多くの人たちが帰国の途に就いた。とはいえ、李（2012）などで示されているように、彼ら・彼女らがみな我が身可愛さに国外に逃げだしたわけではなく、とりわけ小さな子どもを抱える母親たちは、子どもたちの健康を考えて泣く泣く日本を離れた、といったケースも散見された。

　二つ目に挙げられることは、激甚被災地に暮らす被災外国人の支援活動の展開およびその内容についてである。いわゆる過疎地域を含む地方部・中山間地域で起こった今回の災害においても、家族や財産を失ったショックや（とりわけ初期段階での）避難場所の確保、水・食糧などの必要物資の不足が深刻であったり、地震・津波や原発事故の影響等についての情報不足などが大きな問題となったことは間違いない。しかし、今回の災害の被災地のようすを総体的に見た場合、関東大震災時の朝鮮人虐殺や阪神・淡路大震災時の避難所等でのトラブル事例のような、外国人であるがゆえに不利益を被ったり地域のマジョリティ住民との大きないさかいが生じたりした、などの事例はほとんど報告されていないという。このことは、今回の被災地域では外国出身者の数が比較的少なかったことに加えて、阪神・淡路大震災直後には全くの手さぐり状態であった被災外国人支援活動が質量ともに一定の充実をみていた点を指摘できるであろう。中でも、駒井洋、鈴木江里子らによる『東日本大震災と外国人移住者たち』（2012年）の各章に散見されるように、普段からの関係構築を前提とした各地域の「日本語教室」のスタッフによる安否確認やサポート活動の役割を高く評価する声が多い。また、今回の被災外国人支援の中で、初期対応に加えて（とりわけ結婚移住女性が直面しがちな）被災に伴う財産問題や権利問題への助言を行った弁護士などの「専門ボランティア」による支援活動も行われたことも報告されている（皆川 2012）。様々な課題があったことは間違いないにしても、被災外国人支援について一定の「質的な」充実が見られた点については疑いの

ないところであろう。

　そして三つ目のポイントとして、「支援者としての」外国人住民という新たな側面が強調されていることが挙げられる。とりわけ阪神・淡路大震災ではもっぱら「被災者」「要支援者」という位置づけがなされていた南米日系人（ブラジルやペルー出身者など）らは、今回の震災では「非集住地域」に被害が集中し、南米系の移住者の数が少なかったこともあって、むしろ被災地域外からの「支援者」という位置づけが中心となっている（ハタノ（2012）、イシ（2012）を参照）。それ以外のエスニック・グループに関しても首都圏や名古屋のフィリピン人共同体による同胞支援（本書第 1 章及び（西原 2012）を参照）、在日コリアン・コミュニティによる支援活動（佐々木 2012）のほか、さまざまな滞日外国人の人たちによる集団または個人のレベルでの活発な被災地支援活動（小林 2012）などが報告されている。また、被災地域内でも、後述の宮城県国際交流協会による沿岸部の外国人住民の安否確認や支援活動時の外国人サポーターや相談員の活躍などが報告されているし、留学生や研究者が多く避難した三条中学校の避難所では、外国人避難者が通訳ボランティアなどに名乗り出て、避難所の運営や外部や家族らからの問い合わせ対応などを行うなど、外部からの支援者のみならず、被災した外国人住民の中からも支え合いの活動へと積極的に参加するようすが報告されている（仙台市市民局交流政策課 2015）。

　以上において、東日本大震災の被災外国人をめぐる言説から抽出された要点のいくつかを紹介したわけであるが、その際に踏まえておくべきは、この度の震災や津波、原発事故に伴う被災外国人への対応や多文化化を念頭においての地域復興を今後考えていく上で、とりわけ激甚被災地域を多く含む岩手・宮城・福島の東北三県において顕著に見られる「非集住地域」型の多文化状況の存在である。各地でのグローバル化、多文化化が進行した後の日本国内の激甚災害としては 1995 年の阪神・淡路大震災を挙げることができるが、大都市インナーシティを含むこの地震の被災地域においては、神戸市灘区・東灘区にはブラジル人・ペルー人、長田区などには在日コリアンやベトナム系住民の集住が見られるし、そうした人たちに加えて神戸大学や関西学院大学など阪神間に学ぶ留学生からも犠牲者が出ている。それに対し、今回の被災地は上述のように留学

生や研究者が多く居住・滞在している仙台市を除くと、大半は結婚移住者や技能実習生らが分散して居住する地域であり、その被害状況や、避難・生活再建の諸過程で見られる地域のマジョリティ住民とのかかわりや地域参加のありようも阪神・淡路大震災の時とは全く別様なものであったと言える。

　以下に取り上げるのは、東日本大震災の被災外国人をめぐる諸テキストの中にあって、今回の震災被災地を外国人住民の「散住地域」と位置づけた上で、いわゆる「集住地域」の状況を念頭に置きながら構想された「多文化共生」論との対比のもとに独自の議論を展開している大村昌枝の論考である。彼女は、東日本大震災の被災地に含まれる宮城県（その多くは外国人住民の「非集住地域」である）において従前より外国人住民のサポートを行ってきた宮城県国際交流協会のスタッフである。同稿においては「非集住地域」の状況や外国人住民の支援ニーズの提示がなされており、「非集住地域」研究の可能性を模索する我々の取り組みに対しても多くの示唆を与えてくれる。以下、その要点を素描する。

3-2　地域社会の多文化化のオルタナティブモデルの提示―大村昌枝著「未曾有の大災害、外国人散在地域では、なにが起きたのか」

　宮城県国際交流協会（現在は「宮城県国際化協会」と改称）の職員である大村昌枝の論考には、宮城県に滞在・居住する外国人住民の概況、発災直後の状況と同協会およびスタッフたちの対応、時期ごとに見た支援活動の経緯などが記されており、このテキストそれ自体が「非集住地域」に分散居住する被災外国人住民への災害発生後の対応を考えるうえでの貴重な記録である。だが、このテキストが「非集住地域」に関する重要な先行研究の一つとして位置づけられる理由は、本書でこれまでに論述してきた「非集住地域」特有の多文化状況を把握するための新しい視点とアイデアが示されているからである。ここでは、大村の論考における「非集住地域」での外国人支援活動のあらましを描出し、分析視角をブラッシュアップする際に参考になるポイントを明らかにしたい。

　以下、「非集住地域」研究への示唆という観点から３つの要点を指摘する。その１つは、今回の大震災の被災地の多くが外国人住民の「散住地域」であり、

そこでの多文化状況は「集住地域」のそれとは大きく異なるものである、という現状認識である。大村は震災前からこのような認識に基づきながら、ここ数十年ほどの間に活発に議論がなされてきた「集住地域」を中心とした議論とは一定の距離を保ちながら活動を展開してきている。以下の記述は、そうした彼女の問題意識を端的に表した箇所である。

「我が国における多文化共生社会のイメージは日系南米人を中心とする『出稼ぎ外国人集住地域』の課題を全国区で共有化することに特化されてきたようにみえる。が、外国人集住都市会議を構成する自治体数は、全国 1723 の自治体（2011 年 8 月 1 日現在）の中のわずか 28 市町にすぎず、圧倒的に外国人が散在している地域が多いのが我が国の実態ではなかろうか。そして、個々の家庭に、ひいては地域社会にしっかり根を下ろし、終の棲家としてこの国を選んで移住してきた外国人女性たちを、官民一体となり地域ぐるみで生活適応支援してゆくことは、外国人に対するサービスなどという生ぬるい言葉で括ることなどできない、よりはっきり言えば行政マターであるはずである。」（大村 2012：34-35）

　このように述べる大村は、実際には多くの自治体の実情である「散住地域」特有の多文化状況を実際に即したやり方で現状の把握を行い、より適切なアプローチの在り方を模索するため、志を同じくする岩手・宮城・福島の三県の国際交流協会の共同により、平成 19 年度より 3 か年にわたり、「外国人散在型多文化共生の地域づくり担い手育成」を共同事業として実施してきたという。
　実際に、災害発生当時の宮城県の在留外国人の状況は次のようなものであった。県内でおよそ 1 万 6000 人の外国人住民のうち、県庁所在地の仙台市に 1 万人が居住していた。そのうち大学などの研究教育機関を多く抱える同市では留学生が約 3000 人、教員や研究員などが 850 人以上であったのに対し、それ以外の市町村には中国、韓国、フィリピンなどからの結婚移住者や、水産加工業などに従事する中国、フィリピン、インドネシアなどからの技能実習生が居住していたという。この 2 種類の地域に暮らす外国人住民は、生活環境だけでなく情報環境面でも大きく様相が異なっていて、「仙台市内の留学生、教

第 4 章　187

育関係者、経営者などは、インターネットを駆使しての情報収集が日常化している一方、結婚移住者や技能実習生は、インターネットを利用できる環境になく、携帯電話、口コミ、地域の日本語教室が情報源となっている場合が多い」（大村 2012：35）という。宮城県国際交流協会の場合、とりわけ太平洋沿岸部に分散して暮らしている結婚移住者や技能実習生とのかかわりや支援事業を従前から行ってきた関係で、とりわけ沿岸部で甚大な津波被害に遭った地域の安否情報および支援ニーズの把握に当面は全力を注ぐこととなったのである。

　２つ目のポイントは、このような外国人住民の「散住地域」特有の地域状況と「集住地域」のそれとの違いがどこにあるのか、という議論に関わる。この点に関して大村は、「散住地域」に暮らす外国人住民の状況と「集住地域」のそれとはまったく別種の集団・関係原理によって特徴づけられていることを示唆している。

　東北や本書のメインフィールドである中四国地方に散見される「非集住地域」では、同質性・凝集性の高い日本人住民の地域コミュニティの中で、外国人住民が「個人」もしくは「小集団」の単位で日々対峙する形が通例である。こうした状況は、通常の「多文化共生」に関する言説にかかれば、そこに暮らす外国人住民たちが出身国の言語・文化・ライフスタイルや価値観などを共有している同胞との繋がりを欠いた状態で「孤立」していて、そのことが彼ら・彼女らの置かれた状況の「過酷さ」や生活リスクの高さをもたらすものとして批判的に捉えられるであろう。そして求められるゴールや支援のポイントは、このように「孤立」しがちな地方在住のエスニック・マイノリティの人たちをいかに同胞とのコミュニティやネットワークへと「包摂」させるか、という点に集約されていくであろう。

　しかし大村にとっては、「散在地域」で外国人住民が「個」の単位で地域のマジョリティ住民たちと向き合っている状況は決して否定的にばかり捉える必要はなく、むしろそうした関係性こそが「散在地域」ならではのポジティブな人間関係（「顔の見える関係」）を成立せしめている、という逆転の発想を災害直後の対応や避難所生活に見られた状況を踏まえつつ、次のように示している。

　「外国人コミュニティがしっかりと出来上がっているところ、つまり外国

人集住地域で、今回のような大災害が起きた場合、日本人のコミュニティとの間でかなり激しい摩擦が起こるのではないだろうか。ただでさえ『集団』というものに対しての抵抗感は大きい。様々な不満が渦巻く被災地では、ちょっとした不公平や不満がとんでもない火種になり得ることもあり、そのときに『集団』に向けられる目はかなり厳しくなるだろう。宮城県内の避難所で、外国人と日本人の間に起こったわずかの摩擦の事例は、外国人が『集団』の場合だけであったと記憶している。夫を津波で失い、避難所でひとりぼっちでいたフィリピン人女性は、やがて避難所の中で同じような境遇の年配の日本人女性と親しくなり、お母さんと呼ぶまでになっていた。『個』に対しては、たとえ外国人であれ、日本人は優しいのである。「個」としての外国人が多かったことから、無用な摩擦が起こらなかったと言っても過言ではない。」（大村 2012:54、強調引用者）

　外国人住民が「集団」化することが日本人住民とのトラブルを招来しやすくなる一方で、「個」の単位で地域住民と向き合う（あるいは向き合わざるを得ない）「散在地域」だからこそ「顔の見える関係」の構築可能性が生じるという大村の見解は、やはり農村地域での生活や家族集団の正式なメンバーとして関係性の共有や継続を前提に生活を送っている結婚移住女性についての先述の武田里子のとらえ方と同じ論立てとなっている。
　ここで強調しておきたいのは、一見するとこれらの議論は、"「集住地域」＝「顔の見えない関係」""「非集住地域」＝「顔の見える関係」" といった地域属性の違いを問題としているように見えるがそうではなくて、むしろ集団の「成員数」の多寡が集団内の構成原理や関係特性に違いをもたらすのであって、「顔の見える関係」を形成しやすいのはマイノリティ住民が個人もしくは小集団の単位の場合であるという、ホスト・コミュニティと新たに来住した人々との関係特性についての「形式社会学的な」知見 (4) が暗に示されている点である。言い換えれば、「集住地域」であっても外国人住民の集団規模が比較的小さな場合には、地元住民層との間での「顔の見える」関係が構築する余地が開かれるし (5)、逆に「顔の見える関係」ができやすいとされる「非集住地域」でも外国人住民が「集団」を成すことでネガティブな心情や攻撃的なリアクション

第 4 章　　189

は容易に喚起されうる、ということになる。こうした見解を踏まえながら大村のテキストを読むと、彼女が一方で「極論すれば、外国人散在型地域は、これからの多文化共生社会のモデルになり得るのではないか」といういささか大胆な問題提起をする論拠が見えてくるし、他方で（従来の「多文化共生」言説に基づいた方法論を「散住地域」に持ち込んでくる）外来の外国人支援の活動に対してなぜ彼女が慎重な姿勢を崩さないのかの理由が自ずと明らかとなってくる。

　大村のテキストに見られる3つ目の論点は、被災地の外部からの外国人住民への支援活動に関わるものであり、東北の被災地に見られるような「散在地域」特有の地域特性や支援ニーズと、従来の「多文化共生」言説および「集住地域」での諸活動で培われた方法論とのミスマッチの問題に焦点があてられる。大村のこうした"危惧"は、「散住地域」の外国人グループの中でもそうした従来の「多文化共生」論に適合的な、三陸地方のフィリピン系の結婚移住女性のコミュニティをめぐる状況の行く末について向けられる。

「震災直後から多くの海外支援ＮＧＯ、国際機関、宗教関係団体が被災地の外国人支援のために入ってきた。なかでも、…日常的に教会を軸にネットワークができていたフィリピン人の結婚移住者たちには、多くのプロジェクトや取材が集中した。土地鑑のない外部からの団体にとっては、一人を知ると容易にたくさんのフィリピン人に繋がる彼女たちのネットワークはとても魅力的だったのだろうと思う。また、フィリピン人の女性たちも、突然向けられたスポットライトの中で積極的にそれらの支援を受け入れ、時に目の下にクマを作りながらも果敢に自分たちの可能性を切り開こうとしている。このような状況を聞くにつけ、老婆心ながら、彼女たちが、気づいた時には地域社会の中で浮いた存在、つまり地域の人々に抵抗感を持たれるような「集団」になっていたなどということのないよう念じている。そのためにも、フィリピン人だけでいろいろな恩恵を享受するのではなく、夫や家族はもちろん、地域の中国人や韓国人など他の国の結婚移住者たちとも手を携えられるような支援であってほしいと強く願っている。」（大村2012:53、強調引用者）

大村のテキストの他の箇所でも、外来の支援者やメディア関係者の到来に対していささか否定的なスタンスが示されているが、この引用箇所を丁寧に読み解いていくことで、そうした彼女の批判的な言及がいくつかの「留保付き」のものであることが浮かび上がってくる。発災直後の東北の被災地の現場で「外国人」に対する大きな反発やトラブルが生じずにすんだ理由が、外国人住民の多くが「個」の単位で地元住民たちと向き合っていた点に起因するのであれば、フィリピン人女性たちが結束し助け合い、そうした動きを外来の団体やメディアが「注目」し積極的に支援することの持つ副次的な意味が見えてくる。もちろんこうした活動の展開が、彼女たちが抱えてきた様々な生活課題や孤立状況の緩和・解消に資するものであることは間違いない。しかし、その結果彼女たちが「エスニックな集団として」地域社会から目立ってしまうことをも意味するかもしれない。このたびの大災害でともに苦境を体験してきた（「個」としての）外国人住民に対して「優しい」態度をとった地域住民たちが、同じ状況下で一定以上の集団規模をもつ「エスニックな集団」に対しても同様な反応を示すという保証はない。むしろ、元来が閉鎖的で同質的な地域特性が色濃い中山間地域などで外国人住民が「集団として」認識された場合にどのようなことが起こるかについては、常に心に留めておく必要があろう。
　また、見逃されてはならないのは、大村が主張しているのは「特定のエスニック集団への支援の集中」という事態であって、外部からの被災地支援の活動そのものの否定ではないという点である。今回の震災に見舞われた地方都市や中山間地域では、小さな地域コミュニティでみなが同じような惨状に見舞われたわけであるし、避難所や仮設住宅などでも、さまざまな「壁」の存在によって必要な支援が受けられなかったり、被災者のコミュニティになじめなかったりしたのも決して「外国人」に限られた話ではない。上記の大村のテキストからの引用の後半部分、（被災地の外からの）支援をいただくにしても特定のエスニック・コミュニティに照準したものではなく、出身国やエスニシティなどによって分け隔てることのない、被災外国人全般に行き渡るものであってほしいし、さらには（結婚移住女性に関しては）日本人の夫やその家族、あるいは被災地域住民も視野に入れたものであり、なおかつ被災地域のコミュニティ内

の関係やパワーバランスを十分に考慮したものであってほしい、といったメッセージとして読まれるべきであろう(6)。

　大村はこのテキストを、「この期に及んで『外国人が』『日本人が』などということではなく、なんらかのハンディがあるために不利益を蒙る人など生まれないような真の共生社会を構築する」という大きな目標を示して締めくくっている。在日外国人を含むあらゆるマイノリティが"包摂"された形の社会を目指すという目標設定自体は、取り立てて異存が出やすいような内容ではない。ここで取り上げた大村テキストの要諦は、上述のように1)外国人住民の「非集住地域」では「集住地域」とは異なった社会状況や生活環境があること、2)その違いの説明に際して「外国人住民の集団規模や成員数」がその要因となっている可能性があること、そして3)東北地方沿岸部等の「非集住地域」の外国人住民支援において上記の諸条件を踏まえておく必要があること、の3点に整理が可能である。この大村の論考は、「非集住地域」における問題のとらえ方や支援方法の確立を目指す本書のねらいにおいても重要な意味を持つものと言える。

4. 「非集住地域」発の地域社会の多文化化戦略の可能性

　本章では、外国人住民の「非集住地域」が有する諸特徴について、先行研究に触れながら詳述した。それらを見ることで、日本社会の多文化化の進行を地方や中山間地域から眺めることの分析視角が示されたように思う。

　「ムラの国際結婚」についての武田里子の著作では、「異なる文化や社会規範を持つ結婚移住女性が加わることによって生まれている、農村社会の積極的な萌芽」(武田 2011:10)を見出そうとする同書の問題関心と、そこに含まれる「非集住地域」研究へのインプリケーションを確認した。ホスト住民である日本人の地域コミュニティと新来の日系人移民のコミュニティとが「集団間対立」の形を取りがちな「集住地域」の状況とは異なり、「相対的に小さく、結束型社会関係資本が豊富である農村コミュニティは、人と人との親密なつながり生ま

れやすく、対等な関係を形成する上で都市コミュニティよりも条件的に恵まれている」(武田 2011:218) とされる。ここで指摘されているのは「非集住地域」ならではの多文化的なつながりの積極的な側面、すなわち「顔の見える」関係の構築可能性である。

「地方や農村の外国人住民(多くは結婚移住者)は、絶対数は少ないけれども、一人ひとりが名前を持った存在として、家族やコミュニティ、子どもの学校関係や就労先で日本人との日常的な関わり合いの中で暮らしている。この日本人との相互関係の深さは、高い流動性や匿名性の中に紛れることのできる都市の外国人と異なる点である。農村では一人ひとりの存在の重みが違うと言えるのかもしれない。ここに結婚女性が地域社会の変容を担う主体として力を発揮できる潜在的可能性を見出すことができる」(武田 2011:86)

もちろん「ムラの国際結婚」そのものは、「農家の嫁」を確保したい農村部の独身男性とその家族、ひいては地域コミュニティのニーズと、様々な経済的その他の事情の中で国際結婚移住を選択した女性たちのニーズが合致するところに人材仲介業などのビジネス的な要因が複雑に絡み合いながらで成立するものである。したがってそこに生じる問題は「プライベート」な案件とみなされがちであり、なかなか公助や共助の対象となりにくく社会的に「不可視化」されやすい構図を持っていることについては十分な留意が必要だが、同書で指摘された新たな多文化状況や関係性の可能性もまた確かに存在しているのである。

また、東北の被災外国人の状況について論じた大村昌枝の論考の趣旨は、(外国人住民の「非集住地域」を多く含む)今回の東日本大震災の被災地における被災外国人の動向(および支援活動の展開)から、日本の地域社会の多文化化の進行とそれに伴う諸問題の対処の指針として複数のオプションや対処方法をもって柔軟に対応することの必要性を訴えるものであったと言えるだろう。災害時や平常時において地元住民とのトラブルを招きやすいのは外国人住民が「集団」を形成する場合であって、東北の災害被災地域では外国人住民が分散居住しているからこそ、地域では国籍や出身地の違いよりも個々のつながりの

元に被災後のスムーズな初期対応が可能だったのだ、という見解が示された。「非集住地域」型の地域構成においては、彼ら・彼女らが「エスニックな集団を構成していない」というところに大きな民族間対立の発生を回避する機制があったとするのであれば、日本人住民と外国人住民の力関係が著しく不均衡であるようなこうした地域において、「集住地域」型の「多文化共生」戦略のロジックをそのまま持ち込むことが有効な結果を必ずしももたらさないかもしれない。そうした意味で、多様な地域特性や多文化状況を有する日本の地域社会における「共生」を考える際には、採用される方法論と対象となる地域特性とのマッチングについて注意を要することが示唆されている。

　以上において、先行文献からみた「非集住地域」の特徴を確認した。我々の研究課題に先鞭をつけたこの二者の叙述に顕著なのは、外国からの移住者・滞在者が分散居住する「非集住地域」には「集住地域」とは別種の特徴が存在すること、そしてそのことは、決してエスニックなリソースの過小やエスニック・アイデンティティの否定といったネガティブなトーンでのみ語られるべきものではなく、むしろ「集住地域」にはないポジティブな側面、あるいはそうした地域が陥っている多文化共生のジレンマ、隘路に対抗しうる論点が含まれているという提言が見られる点である。

　本書の1〜3章の考察は、「非集住地域」の特徴を描出するための素材を提供するにとどまるものであるが、東北地方や新潟県といった比較的先行研究のあるエリアとは異なる中四国エリアの地域状況においても、それらの地域と通底するいくつかの要因を見て取ることはできた。本章では、先行研究のレビューから得られたいくつかの論点を日本の他の「非集住地域」の事例研究の蓄積と共に検証してきた。この作業を通じて、「集住地域」と「非集住地域」の両方を視野に入れながら、日本の地域社会の多文化化のプロセスと今後あるべき地域社会の構成モデルのバリエーションを増やすにあたっての礎石を打つことはできたのではないかと考えている。

　　　注
（1）関西地域での在日コリアン系の住民やコミュニティに関する調査研究については、二階堂（2007）および魁生（2005）などを参照。
（2）この時の徳田のたかとりコミュニティセンターとの関わりは、被災地発の多文

化共生のまちづくりの軌跡とそこでの多言語コミュニティFM局（FMわぃわぃ）の役割を市民・研究者の協働で検証しようという趣旨のものであった。当時の市民メディア論からの研究成果については、宇田川編（2009）に収録された吉富志津代と松浦さと子の論考（同書第3章および第7章）を参照。
(3)　本節における国際結婚移住をめぐる経緯や問題については、渡辺（2002）、賽漢（2011）、武田（2011）、柳（2013）等の先行研究の整理に拠っている。また、出身国・地域ごとにそれぞれの送り出し国の事情や結婚移住女性の生活史を考察したものとして、中国は賽漢（2011）、韓国は柳（2013）、フィリピンは定松（2002）を挙げることができる。
(4)　集団の成員数が個人や社会集団の関係特性に与える影響については、ジンメルの『社会学』（Simmel1907=1994）の第2章「集団の量的規定」において詳述されている。また、ここでの「形式社会学」的方法とは、複雑な構成を取る社会現象のありようとは分析的に区別した形で、諸個人の関係形式を取り出し整序することを社会学の基本的な分析・考察方法とする、ジンメルの『社会学』第1章で示された社会学の方法論的スタンスを指している。
(5)　現に武田里子は近年の「多文化社会」研究の動向をレビューしたテキスト（武田 2013）において、「集住地域」における「顔の見える関係」の形成可能性についてこうした"集団の成員数の違い"を説明原理とした解説を行っている。そこで紹介されているのは、決して外国人住民への「寛容度」が高いとは言えない土地柄にあって、地元の地域住民組織が積極的にブラジル系住民との間の交流をはかり地域参加を促すことで両グループ間に一定の関係構築がなされたとする、愛知県西尾市で行われた松宮朝の事例研究である。武田は、関係構築の「成功」の要因として、県営団地の高齢化によって地域コミュニティの運営に際して外国人住民の参画がぜひとも必要な状況であった点や、地域リーダーがうまく地元住民層を説得しながら地域の組織や活動への外国人住民の参加を促したとする松宮の指摘に加えて、「調査地の外国籍住民世帯の割合は高いものの三〇〜四〇世帯と小規模であったことが、『顔の見える関係』を作る上でプラスに作用したのではないか」との推察を加えている（武田 2013：298）。
(6)　こうした被災地・被災者観は、大村と同じく宮城県の多文化状況や被災外国人の生活再建に携わってきたJ・F・モリスの以下の論述にも見出される。「3.11の時には、どの避難所の中にも何かの形の特別の配慮が必要な人、あるいは周囲との軋轢が生じやすい人は、多数・多様にいた。障がいをもった人、高齢者（特に独居の）、ペット同伴者、幼児や新生児を抱えた家族などはすべて、それぞれに固有の課題を抱えており、避難所運営上、深刻な問題に発展する危険性をはらんでいた。…避難所の中で『うるさい』として嫌がられたり排除されたり、肩身の狭い思いを強いられたりする危険性のある人々は、外国人に限らず社会には多数いるのが現実である。他の形の排除と差別と切り離して外国人排除・差別を論じることは無意味である。避難所などにおけるどのような形の排除と

差別をも許さないという行動規範の徹底と、問題が生じた場合の現実的・効果的な対応策・実践例の周知が求められる。」(モリス他編 2015:26-27)

筆者はこの「非集住地域」の外国人住民の事例の他に、震災によって障害や後遺症を負った「震災障害者」とその家族の「不可視性」の問題(徳田 2008)や、同じく防災まちづくりや災害時の被災者支援で取り上げられにくい「ペット同行避難者」の問題(徳田・加藤 2016)に取り組んでいるが、そこでの筆者の問題意識と実践的な取り組みの方向性は、ここにモリスが示したものと多くの共通部分を有している。

参考文献

ハタノ、リリアン・テルミ、2012、「多文化家族を感じる―在日ブラジル人の思い」川村千鶴子編著、2012、『3.11 後の多文化家族―未来を拓く人びと』明石書店

イシ、アンジェロ、「在日ブラジル人とメディア―大震災が浮き彫りにした複雑な関係」駒井洋監修・鈴木江理子編著、2012、『移民ディアスポラ研究 2 東日本大震災と外国人移住者たち』明石書店、190-197

魁生由美子、2005、「大阪市生野区における福祉ネットワークの形成―在日コリアン高齢者の社会保障と生活支援―」、立命館大学産業社会学会編『立命館産業社会論集』第 41 巻第 1 号、153-170

川村千鶴子編著、2012、『3.11 後の多文化家族―未来を拓く人びと』明石書店

駒井洋監修・鈴木江理子編著、2012、『移民ディアスポラ研究 2 東日本大震災と外国人移住者たち』明石書店

小林真生、2012、「外国人による被災地支援活動―その特性が日本社会に示すもの」、駒井洋監修・鈴木江理子編著、2012、『移民ディアスポラ研究 2 東日本大震災と外国人移住者たち』明石書店、88-98

李善姫、2012、「『多文化ファミリー』における震災体験と新たな課題―結婚移民女性のトランスナショナル性をどう捉えるか」駒井洋監修・鈴木江理子編著、2012、『移民ディアスポラ研究 2 東日本大震災と外国人移住者たち』明石書店、56-74

中川祐治、2012、「外国人散在地域における外国人妻の受容に関する一考察―福島県会津地域でのインタビュー調査をもとに―」『福島大学 地域創造』第 24 巻第 1 号、15-30

皆川涼子、2012、「被災地での法律相談活動からみた外国人住民―気仙沼・大船渡のフィリピン人住民の姿」駒井洋監修・鈴木江理子編著、2012、『移民ディアスポラ研究 2 東日本大震災と外国人移住者たち』明石書店、209-221

モリス他編、2015、『東日本大震災からの学び～大災害時、県・政令市の地域国際化協会の協働と補完を再考する～』

二階堂裕子、2007、『民族関係と地域福祉の都市社会学』世界思想社

西原和久、2012、「東日本大震災における被災外国人へのボランティア活動―フィリピン人支援団体に関する事例研究」『コロキウム:現代社会学理論・新地平』Vol.7、85-110

大村昌枝、2012、「未曾有の大災害、外国人散在地域では、なにが起きたのか―地域における『共生』を問う」駒井洋監修・鈴木江理子編著、2012、『移民ディアスポラ研究 2 東日本大震災と外国人移住者たち』明石書店、34-55
賽漢卓娜、2011、『国際移動時代の国際結婚―日本の農村に嫁いだ中国人女性』勁草書房
佐々木てる、2012、「東日本大震災と在日コリアン―エスニック・マイノリティの視点を通じてみる震災と日本社会」駒井洋監修・鈴木江理子編著、2012、『移民ディアスポラ研究 2 東日本大震災と外国人移住者たち』明石書店、123-137
定松文、2002、「国際結婚にみる家族の問題―フィリピン女性と日本人男性の結婚・離婚をめぐって」宮島喬・加納弘勝編『国際社会② 変容する日本社会と文化』東京大学出版会、41-68
仙台市市民局交流政策課、2015、『外国人に関する震災記録集』
Simmel, G., 1907 (1994)、Soziologie, 居安正訳『社会学（上）・（下）』白水社
武田里子、2011、『ムラの国際結婚再考―結婚移住女性と農村の社会変容』めこん
――、2013、「『多文化社会』研究の動向」、『年報村落社会研究』49、289-299
徳田剛、2008、「忘れられた被災者―県外・市外避難者と震災障害者」、岩崎信房ほか編『災害文化と災害教育〈大震災からの伝言〉』昭和堂、34-43
徳田剛・加藤謙介、(2016)、『ペット防災・同行避難について考える』昭和堂（近刊）
宇田川妙子編、2009、『多元的共生を求めて―「市民の社会」をつくる（未来を拓く人文・社会科学シリーズ 14）』東信堂
柳蓮淑、2013、「『ムラの国際化』再考―山形県在住の韓国人妻の事例から」吉原和男編著『現代における人の国際移動―アジアの中の日本』慶應義塾大学出版会、181-205
渡辺雅子、2002、「ニューカマー外国人の増大と日本社会の文化変容―農村の外国人妻と地域社会の変容を中心に」宮島喬・加納弘勝編『国際社会② 変容する日本社会と文化』東京大学出版会、15-39

補論

「東北発多文化共生」をめぐる「認識の衝突」について
　　―金明秀著「東日本大震災と外国人」への応答

徳　田　　　剛

1．はじめに

　本書第4章では、「非集住地域」研究の分析視角や方法論を確立していくための準備作業として、重要な先行研究である「ムラの国際結婚」と東日本大震災の被災外国人に関する諸論考を整理した。そこで重点的に取り上げた「非集住地域」特有の多文化状況に関する知見は、これまでの移民・エスニシティ研究の文脈からすればまだ十分に認知されたものではない。今後の筆者らの重要な取り組み課題として、どのような形で大都市インナーシティのエスニックタウンや南米日系人の「集住地域」などが論じられる中で彫琢されてきた既存の言説との接続や関連づけをはかっていくか、そしてその中で「非集住地域」特有の状況や多文化化プロセスに関する考察をどの程度洗練されたものにしていけるかが挙げられる。

　そこで本補論では、「非集住地域」研究の重要な先行研究にと本書で依拠してきた諸研究について、既存の移民・エスニシティ研究の視点から論評した秀作である金明秀著「東日本大震災と外国人―マイノリティの解放をめぐる認識の衝突」（金2014）を取り上げ、非常にロジカルで鋭い批評眼で論じられているこの論考への応答を試みることによって、「非集住地域」研究の今後の課題と展開可能性について補足的に示しておきたい。

2．金論文の概要

　この補論の表題にも用いられている「認識の衝突」は、荻野昌弘・蘭信三編『3・11以前の社会学─阪神・淡路大震災から東日本大震災へ』に収録されている金明秀の論考に由来するものである。この論考は、金が東日本大震災以降の被災外国人支援をめぐる諸状況を概観したうえで、災害関連の催しや研究報告の場での著者の見聞や質問紙調査の結果の考察に基づいて、東日本大震災をめぐる被災外国人の問題や支援活動のあり方などについて講評を加える体裁となっている。以下、同稿のアウトラインを概観する。

　金論文の冒頭では、2011年末に仙台で開かれたシンポジウムでの大村昌枝の発言と、翌年9月のある学会での村瀬洋一の研究発表時のコメントが取り上げられる。被災地の外部からやって来たＮＧＯなどの支援者が「日本人社会から外国人だけを取り出して、共生の道からわざわざ遠ざけている」という危惧を示す大村の発言について、金は「国際交流協会といえば、多文化共生の理念に共鳴し、それを実践するために活動しておられるとばかり思っていただけに、フロアで発言を聞いていた私は大いに驚いたものである」（金 2012:172）との感想を述べている。もう一人の村瀬に関しては、「震災に関する欧米の先行研究では人種や民族的マイノリティがいかに何重にも被害にあうかという観点のものが多いが、今回の震災においてはそんな問題はありません。そのような問題の建て方はまったく意味がありません」というコメントを紹介したうえで、「まったく意味がない」という表現はやや行き過ぎではないかと金が報告者の村瀬に問うたところ、「東北の現実は違う」のであって「外部からそういう問題設定を持ち込む人がいるのであえてそういう問題ではないと明言する必要があるのだ」との回答があったという（金 2012:173）。別の場所・コンテクストのもとになされた二者の発言について、金は次のように整理している。

　「つまり、東北では、マイノリティと民族的マジョリティが平和に共生していると前提されていること、しかしその共生の様式は一般的な多文化主義の理

念とは衝突しかねないと危惧されているらしいこと、具体的には例えばマイノリティが迫害を受ける（かもしれない）という物語を否定するという必要性を感じているらしいこと、その種の物語に対抗するために『東北の（固有あるいは特殊な）現実』という物語が動員されていること、『外部』の人とはその物語を共有することはできないと示唆していること、において両者は相同であるように思われる。」（金 2012:174）

　同稿の第2節では、以上のエピソードを検証するためのいくつかの準備作業がなされる。まず被災東北三県の外国人人口について2010年国勢調査の結果に基づいて整理し、1）総人口に占める外国人比率の低さ、2）特別永住者（主に在日コリアン系）と3）南米系の住民人口が少ないこと、4）外国籍住民の男女比に著しいアンバランスが見られること、5）結婚移民に加えて技能実習生が一定数を占めていることを指摘したのち、「デモグラフィックな観点から見えてくる『東北の多文化関係の現実』とは、外国籍住民が集住コミュニティを形成せずに結婚移民もしくは技能実習生として散在していることである」（金 2012:177）と総括している。さらには、東北の多文化状況を考えるうえで重要となる「ムラの国際結婚」をめぐる先行研究の流れについて整理し、そこに第一次ブーム（1980年代後半から1990年代後半）における結婚移住女性の状況を問題視し厳しく批判する論調と、第二次ブーム（2005年から現在まで）での彼女らの主体性に注目する別様の論調が見られることが示される。

　第3節で金は、「ムラの国際結婚」をめぐる上記の2つの論調を「マイノリティをめぐって何度も繰り返し展開されてきた伝統的な議論の一環だとみるべき」と主張したうえで、エスニック・マイノリティに対する典型的な2対のロジックと対抗言説を当てはめながら読解を進めていく。一方において、特定の集団に属する者を劣った者とする「序列化」のロジックがあり、それに対しては適切な形での分配が行われていないとする「衡平」の規準の侵害という様式が対置される。もう一方には、特定の集団に属する者を異質な者とみなす「差異化」のロジックであり、「われわれ」と「かれら」は違うというロジックにより区別されたり排除されたりするが、それは「平等」の原理の侵害として批判がなされる。そして「序列化」と「差異化」のそれぞれの抵抗のロジックは往々に

して衝突し、それぞれ一方が他方を侵害する形になりがちである。

「序列化」のロジックによって様々な権利侵害を強調することは、当該個人を「被害者」として強調することにつながり（「他者化」）、その結果として「差異化」を助長する方向に作用する。他方で、「差異化」に対抗するために地域の一住民としての側面（同じ住民である、仲間である等）を強調することによって、今度は「序列化」を生み出す不平等な社会構造や制度的な不備等を覆い隠してしまい、「序列化」の発生要因を温存する方向に作用する。こうして、「序列化」と「差異化」のそれぞれへの対抗ロジックが相反することによって、（ゴールは同じであったとしても）外国人支援活動の足並みがそろわず対立含みの様相になりがちだ、というのである。そして、「ムラの国際結婚」に関する言説の第一次ブームを「序列化」への対抗、第二次ブームを「差異化」への対抗として整理している。

第4節においては、「東北被災地の多文化共生はうまくいっているのか」を明らかにするために、石巻市で実施された外国人および地域住民に対して行った質問紙調査の結果が参照される。震災直前に行われた2011年1月の外国人住民向けの調査では、回答者から「問題は特にない」といった基調が示され、震災後に行われた調査でも発災後の初期対応や避難所生活などでも比較的うまくいっている印象であるという。その一方で、日本人住民に対しては、他の外国人集住都市の日本人住民の意識傾向との対比のもと、決して外国人への寛容度が高いとは言えず、震災後に聞いたよからぬ噂についても、外国人（とりわけ中国系）に関するネガティブな流言について回答がなされた点を指摘し、決して理想的な多文化共生が実現されていると言える状況ではない、との見解が示される。

これらの議論を踏まえた上で、金は「東北地方の多文化共生はうまくいっている」とする被災地の多文化状況をめぐる発言について、決して東北地方の多文化共生は進んでいるとはいえない状況にあること、それにもかかわらず、被災地内部の人たちからは震災前後の外国人住民（この場合は結婚移住女性を指す）の「主体性」が強調されることにより、上述の「差異化」の対抗ロジックの強調と、それに付随した彼女らを取り巻く問題の発生プロセスや社会構造を不可視化しやすい特徴を見て取っている。そして、東京（中央）と東北（地

方)の植民地的な支配-従属関係への対抗としてしばしば強調される、「東北は違う」「そこには固有の現実がある」といった言説、そして「災害ユートピア」的状況のなかで「外国人住民の支援活動への参加や貢献」が強調される(その一方で外国人住民に日常的に不利益や権利侵害をもたらす構造が等閑視される)傾向をもって、「東北発多文化共生」の言説のもつ危うさを批判的に論評する(1)、というのがこの論考の結論といってよいだろう。以下の記述はその総括である。

「『東北の現実は違う』という言説には、これらの問題が凝縮されている。外国籍住民を他者化する視座に抵抗しつつも、東北における同化主義的な民族関係を理想視する問題をはらんでいること。ところが同化を美談として語っておきながら、フルメンバーとしての権利から排除していることを隠ぺいする効果を持つこと。」(金 2012:202)

3. 「非集住地域」研究の視点からの応答

　以上の論旨に従えば、本書の一連の「非集住地域」研究の成果は、基礎的なパースペクティブの構築に際して武田里子や大村昌枝の議論を踏まえているだけに(本書第4章を参照)、上述の論拠に基づいた金の批判の射程圏内にある。まだ模索段階にある本研究であるが、いずれかのタイミングでこのような既存研究の側からのリアクションと対峙をすることになるであろうから、ここではそれを先取りする形で、主に本書第4章で展開した「非集住地域」研究の分析視角に基づきながら、金の指摘するいくつかの論点に対する応答を試みたい。

3-1 「東北のことは東北の人にしかわからない」のか？

　前節で概観した金論文の内容のうち、第2節の東北被災地の外国人住民の構成の整理と「ムラの国際結婚」研究のレビューに関しては、筆者にとって全

く異論の余地はなく、本書の序章、第4章で行った整理内容ともおおむね合致するものと考えている。また、金論文の第3節で展開されているマイノリティへの差別・偏見を発生させるロジックやそれへの対抗言説、そしてそれらの齟齬的な関係のまとめは圧巻で、よそ者／ストレンジャー概念をめぐる社会学的言説を追ってきた筆者にとって多くを教えられるものであった（この辺りは本書の主要な問題関心から外れるので別稿にて取り上げたい）(2)。とするならば、こうした現状認識やエスニック・マイノリティを取り巻く差別構造のとらえ方については一定の共通点が存在するが、問題の所在は、東北被災地の現状をどのように把握し、当該地域での外国人住民支援や地域づくりの活動のあり方をどのような方針のもとに進めていくかについてのスタンスや方法論の違いにありそうである。

　まず、金の論考の冒頭において大村のコメントに対して示された「大きな驚き」についてであるが、これはおそらく関西の「集住地域」から中四国の「非集住地域」にフィールドを移した際の本書の共著者たちが感じた「これは何だ？」「どう捉えたらよいのか」という感覚（本書第4章の冒頭を参照）と同種のものであろう。本書と金論文の方向性を分けるのはこの後である。

　金は「外部から入って来た支援者の人たちにはわからない」という一連の発言を「東北には東北の現実がある」という含意をもつものと捉えているが、筆者は違った形の解釈が可能と考えている。前章で詳述した大村の主張を踏まえれば、彼女のここでのコメントの主眼は、被災地のコミュニティに通暁しているとは到底言えない外部からの支援者が、外国人住民の「散住地域」の特徴や各地域の事情などが踏まえられないまま現場に入ってしまうことへの危惧にあると言える。大村は別稿において、岩手・宮城・福島の三県で「東北型多文化共生」を標榜した取り組みを紹介しているが、これも特殊な「東北の現実」を分かる者同士の連携というよりも、「集住地域」とは違った状況に際して通例の「多文化共生」のまちづくりとは違ったアプローチを試みようとしていて、同じ問題意識を共有する隣県どうしでまずは連携を図ってみようといった趣旨であった（大村2012:35）。

　したがって、金が取り上げた大村のコメントの意図は（本書の表現を用いれば）「非集住地域」のデリケートな実情を分かっている人や支援団体でなけれ

ばスムーズな連携は難しい、という辺りにあって、決して「東北」の固有性に拘泥したということではないのではないか。"コミュニティ内部のことは外の人にはわからない"といった発想（R・K・マートンの言う「インサイダー・ドクトリン」(3)）が垣間見られることは確かであるが、そのウチ・ソトの内実は、「東北の人かそれ以外か」という「東北特殊論」ではなくて、支援者の活動対象地域が「非集住地域」かそうでないかの違いと見ることも可能であろう。

2）「東北の多文化共生はうまくいっている」のか？

　また金は、議論の冒頭での大村の「しっかり根づいている」や村瀬の「そのような問題はありません」という発言を、後段において「東北の多文化共生には何ら問題がない」「理想的な多文化共生が成立している」と読み解いている。その上で、日本人住民への質問紙調査の結果に見られる意識特性や外国人へのネガティブな流言についての指摘をもって、実際には「集住地域」と比較してもより強い排他性を示しており、「東北では多文化共生がすでに実現している」という状況には程遠い実情をもって論駁している。しかしながら、本書で見てきたような（東北や中四国の中山間地域のような）「非集住地域」の現実を念頭に置くならば、外国人移住者だけでなく日本人の他地域からの移住者も含めた「よそ者」全般に対して、そうした地域が都市部や「集住地域」よりもはるかに排他的であることは十分ありうる話であって、大村らが東北の多文化状況を"手放しで"楽観視しているとは考えづらい(4)。

　また金は、発災後の初期対応や避難所生活などで主体的に活動した外国人住民たち（その多くは国際結婚移住女性と思われる）に対するネガティブな言説や反応はほとんど見出すことができなかったとした上で、東北の多文化共生が「うまくいっている」ように見えるならばそれは彼女たちの個人レベルでの頑張りによるものである、と位置づけている。その一方で、先の質問紙調査で"どうも外国人が〜をしたらしい"といった類の流言が多く示されている点をもって、石巻市の日本人住民が示した「外国人」へのネガティブな反応の存在を指摘している。

筆者からすれば、これらの2つの論点の位置づけについては基本的に賛同するものであるが、ここで第4章で確認した大村の一連の議論の含意、すなわち「当地において、外国人住民が個別に地域に暮らす場合には日本人住民は"やさしい"が、『集団』を成す場合にはネガティブな反応が起こりうる」という知見を補助線として導入したい。そうすると、家庭や地域の一員としてそれぞれの場所で奮闘する結婚移住女性に対する好意的な反応と、流言のレベルの「集合表象」として語られる「外国人」への否定的な反応は、先述の知見に矛盾なく合致するものとしての位置づけが可能であるように思われる。したがってこの論点に関しては、金の論評と本書の依拠するロジックとの間には、一見すると背反しているようだが、実質のところの両者の主張の間に有する距離はさほど遠くないものと考える。

3）外部からの支援者のどこが「困る」のか？

　そこで、この一連の議論の中でとりわけ争点となってくるのは、外部からの外国人支援や多文化共生に志向する支援グループがやって来て支援を行うことのどこが「困る」のか、という点であろう。ちなみに、「外から入って来た人たちに自分たちの地域をかき回されたくない」という心情は、外国人支援の領域だけのことではない。被災した人々や地域社会が、地域外や遠方からのボランティアや活動団体を常に歓待をもって迎えるとは限らず、「自分たちで何とかする（したい）」あるいは「よそ者には入ってほしくない」といった理由で外部からの支援を断るケースも決して少なくない。実際に、阪神・淡路大震災以降の災害ボランティアの現場において、外部からの支援者に対して多くの地元の被災者によって示された反応であることを注記しておきたい(5)。この点について、少し立ち入って考察してみよう。
　次の引用は、阪神・淡路大震災の被災者による「つぶやき」からのものであるが、外部からの支援者の「思い」と被災地の住民の受け止め方が極端なまでに齟齬を来した例である。

　　「こんな『イヤ』な人もいました。私の知り合いの人にお孫さんの服を頼

まれたので、学校へ行って救援物資の店開きがあるかどうか、ボランティアさんに聞くと、『2時からあるかも』と言ったので、その時間に行きました。すると、50歳ぐらいのおじさん（ボランティアかどうか分からなかった）が、『そんな物ない！　あんたあつかましい！』と言いました。私は、あつかましいお願いをしたのでしょうか。……私は、そのおじさんがどういう理由で○○小学校にいるのか、どういう立場の方か分かりません。何度も言いますが、○○の町も、夫も子供も通った○○小学校も、私にとって結婚以来生活をしている場所であり、第二の故郷です。どこのどなたか知らない人が、人の家に来て土足で入り込み、言いたいことを言っている。そう思うと、腹わたが煮えくり返りました。」（震災を記録しつづける会編2000: 30-31、なお引用文中の地名は伏字とした。強調引用者）

　ここに見られる地域住民側の「私たちの地域に土足で踏み入るボランティア」、そしてボランティア側の「厚かましい被災者」というそれぞれの受け止め方は、まさに本補論のキーワードである被災地での「認識の衝突」から生じていると言える。ここで重要なことは、単純に"事実がどうであり、どちらの言い分が正当であるか"ということではない。むしろ、長い時間をかけてそこに暮らし、近隣の人たちと同じ時間を過ごしてきた地元住民にとっては、（災害などの非常時に）突然外からやって来てそのうちにいなくなるであろう「よそ者」である災害ボランティアに「なぜ自分たちの土地で大きな顔をされなければならないのか」といった憤りの感情や、「自分たちの」地域の問題解決に際して外部者にイニシアチブを取られてしまうことで「自分たちの面子がつぶされた」「かき回されて迷惑した」といった感じ方が（それが目に見える形で表出されるかは別として）容易に生じうることを織り込んでおくべきであろう。
　A・シュッツによれば、ある地域社会にやって来た「よそ者」に決定的に欠けているものは、内集団のメンバーにとっては当たり前のこととして共有された過去の体験や時間である（Schutz1967=1991）。それらは外部から来た者がいかなる努力をもってしても、後から獲得・共有できないものであり（伝聞などで事後的に再構成・追体験がある程度可能な場合もあるが）、地域住民および従前から当該地域で支援活動を展開してきた支援者と外来者を分ける決定的

なポイントと言える。だからこそ、その土地のことは地元の人間がよく知っているし、基本的には地元の人間で何とかしたい、といった心情が現地にはあるために、「よそ者はこの土地での流儀に従うべきなのに…」といった矜持が示されることは十分に起こりうる。それは、上記の引用のように怒りの感情が直截に表出されるような場合もあれば、よりスマートな形で示される場合もある。金論文で参照されている、東北のある被災コミュニティでのメディア取材班の体験（何か困りごとがないかをしきりに問いかけるテレビクルーが、目いっぱいの歓待と共に自分たちは「何の問題もない」のでよそを取り上げてほしい、と住民リーダーたちにはぐらかされる場面（金 2014:198-199））などはその好例である。

　自分たちの地域が大災害に見舞われ、その窮状を見かねて駆け付けてくれている外部からの支援者に対して露骨に"NO"を突き付けることは、相手の善意が純粋であるほど難しい。そこで、形式的な返礼や沈黙、微妙な微笑みといった応対や、「何もしてやれんけど勉強してってや」「今度そっちで何かあったら助けに行くからな」といった返礼込みの応答をすることで、「助けられっぱなし」「受け取りっぱなし」による贈与関係の不均衡状態を少しでも解消しようとするリアクションが取られることがある（徳田 2008:88-91）。本論で取り上げられた大村や村瀬の「首都圏からやってきたＮＧＯが、『地域の中でしっかり根づいていた外国の方たちとの共生』のやり方をかき乱してしまうのではないかと危惧」するような発言を、外来の外国人支援活動そのものを否定する意図によるものとみなすのは、一面的なとらえ方と言えるだろう。むしろ、活動に際して「支援対象者」である被災外国人とホスト社会、および従前から活動に取り組む地元の支援セクターに対する「配慮」が外部の支援者たちの活動において欠如しがちである点を指摘したものと考えると、より理解しやすくなるのではないか（6）。

4）目指されるべきは「外国人支援」か「コミュニティ支援」か？

　こうした外部支援者と地元の支援者の間の「認識の衝突」は、どのような支援活動を行う（行いたい）か、あるいは求められているかといった具体的な支

援内容にとどまらず、外国人住民への支援活動が何を目指すのか、という活動全体の目標設定の次元にも及ぶ。一連の議論からは、「滞日外国人をめぐる問題状況」の把握と改善を「最優先課題」と考え、被災地の支援と並行して問題となる構造要因の発見と改善に志向する外部からの支援者と、問題の発生源である以前に「生活の場」「経済的な基盤」でもある「地域コミュニティ」「家族」「職場」の再建を「最優先課題」と考えて、その一環として被災外国人支援を位置づけるべきと考える地元の支援者の、根本的な発想の違いに問題の所在があるように思われる。

　被災地域の外国人住民をめぐる問題発見および改善にプライオリティを置く場合、被災外国人が普段からの生活で何らかの不利益・権利侵害などを蒙っていて、その原因はホスト社会のコミュニティ・家庭・職場の中にビルトインされているので、いかにそれらを改善し除去するかが目指される、という流れになろう。そうした視点から見れば、大村らが示唆するコミュニティ内の外国人住民の現状の立ち位置を尊重しようとする立場からは、金の言うように同化の推奨や現状の放置・追認が起こる危険性を排除できない。しかし、本節の2）でも述べたように、とりわけ「非集住地域」の内部での被災外国人への支援者である大村らの認識は、東北の多文化状況がうまくいっている、問題がない、と言っているのではなくて、むしろそうした活動を彼ら・彼女らが生活する地域コミュニティや生活環境全体の復興支援と不可分な形で進めなければならない、という活動方針の表れとして読み解くことができる。つまり、従前からの地域コミュニティの再建がままならない発災から間もない段階で、ことさら「被災外国人に特有な」問題点を強調しそれに特化する形で被災地域に取り組もうとする（外部からの外国人支援セクターや移民・エスニシティ分野の専門家が採用しがちな）スタンスは、「加害者（＝批判対象）としての日本のホスト社会と被害者（＝要支援者）としての外国人住民」という「対抗図式」を強調することにもなり、「同じ地域住民」として緊急対応の態勢が取れていた当該地域において、日本人住民と外国人住民の間に楔を打ち込むことになってしまいかねない。例えば、災害直後のショックとストレスが高まっている公設の避難所などで、外国人住民を探し出してその場で外国語でやり取りをする形の支援が頻繁に行われるといった状況を、結婚移住者の日本人の家族や同じ地域の住

民がどのような心情で受け止めるかといった視点も持ち合わせておかないと、肝心な支援対象者の家族や地域での立ち位置をかえって危うくするような事態も招きかねないのである。

　この「コミュニティぐるみの外国人支援」という発想については、大村と共に宮城県の多文化状況および災害後の被災外国人の姿を見守り続けてきたJ・F・モリスの以下のような主張において明示されている。

　「『外国人』支援は、本人の回復力（レジリエンス）を助ける・促すために、本人だけではなくその家族及び周囲のコミュニティ（地域社会や職場、学校など）との絆の回復・修復を促し、かつ本人の自律性・自立心の回復または涵養を促す形で実施するものでなければ、長期的にみて極めて限定的な効果しか期待できないか、かえって害を与える危険性がある。」（モリス他編2015:28）

　モリスによれば、災害の直後は「混乱し、打ちひしがれ、無力感に襲われ、途方に暮れる」被災者の人たちにあっても、そうした「大災害後の混沌の中から日常性と精神の安定を取り戻す回復力」が備わっていて、迅速かつ適切な支援が「被災者のニーズを第一とし、その人権と尊厳を尊重し、被災地における人的資源および既存の組織を最大限活用して、被災者各個人および被災地の地域社会の自助・共助能力を高めるものであれば、人々のレジリエンスは補強され、困難に立ち向かっていけるようになる」とする（モリス他編2015:1）。だからこそ、「災害時における外国人支援の基本は、本人の自助力を高めること、及び本人と周囲の社会（家族、職場、地域社会、学校など）との関係性を高める・修復することを通して地域の共助力を高めることでなければならない」のである。

　被災外国人支援においてしばしば重要視される多言語による情報提供や翻訳・通訳といった支援は、被災後の一定の場面においては必要でろう。しかし、そのような緊急対応の時期の後は、長期的な視点に立ったコミュニティとの再建と連動した形での支援活動を実質的に展開できる、「すでに地域内で多文化共生社会形成の推進に関わってきた地域国際化協会」であったり、災害以前から家族ぐるみで外国人住民と交流してきた地域の日本語教室などが支援活動の

補論　209

中心となるべきで（モリス他編 2015:6）、外部からの支援はむしろ当事者と地元の支援者のエンパワメントにまずは注力すべき、ということになる。

　外国人住民を含む被災コミュニティ全体を保全し、元来備わっている自己回復力が発揮しやすい条件整備を行うことを最優先課題とする大村やモリスの発想は、阪神・淡路大震災の仮設住宅や災害復興住宅での「失敗」から得られた教訓にも通じる部分がある。被災者の生活再建や被災地域の復興についてのノウハウや知識の蓄積がなかった阪神・淡路大震災の時には、公費支出の道理が立つように公平性と支援の緊急性に即した方法論が採用され、要支援度の高い者から順に仮設住宅や災害復興住宅へ入居させていった。その結果として、従前のコミュニティ（とそれが持つ相互支援の可能性）を解体・無力化してしまい、「住民どうしで」助け合ったりする担い手が不在であるような、「要支援者」のみの集合体をつくりだしてしまった。その象徴的な帰結が当地の仮設住宅や復興住宅で頻発した「孤独死」の問題である（塩崎 2014:9-12、20-24）。そうした反省から、新潟の地震や東日本大震災ではできるだけ従前のコミュニティを温存する形の集団避難の形が取られるようになったのである。

　この議論を被災外国人支援の文脈に置き換えると、次のように整理できる。結婚移住女性らが地域のコミュニティと不可分な形で生活する「非集住地域」にあっては地域の一住民である外国人住民を含めた支援であるべきで、コミュニティ全体の文脈から切り離された形で「同じエスニシティや外国人どうしの連帯」などを強調する活動は、地域に散住することで発揮し得た自助・共助の力を削ぐことにもつながりかねないことにも留意しておく必要があろう。

　以上の考察により、被災外国人支援をめぐる一連の「認識の衝突」の要点は「被災した地域コミュニティ」を外国人住民を取り巻く「問題の発生要因」とするか、早急な再建を最優先すべき「生活の場」と捉えるかという、活動時の位置づけ方の違いとして整理できる。後者の立場に立つと、「非集住地域」に見られがちな閉鎖的な地域コミュニティに入る場合に、支援者側が上記の3）で見たような形で地元住民との良好な関係をつくっていく際にもプラスに作用する。

　こうした地域において、「郷に入らば郷に従え」という格言は、外部からやってくる移住者・支援者、そして調査者にとっては決して軽いものではない。そうした地域特性が強く見られるところでは、地域住民が過ごしてきた歴史や共

有された体験を丁重に取扱いながら（つまりそれらを踏まえた形で）諸活動が行われるべきであり、内部者もしくは内部事情に通暁している者が主たる役割（とりわけ地元住民への窓口や中継役）を果たすのが望ましく、外部からの支援者はそのサポート、外部からの必要な資源や人材の調達、外部者ならではの気づきや提言、といった後方支援的なところに重きを置くのが望ましい、という見解を導出できる。

　その一方で、地元の住民層や内部の支援活動では対象化しづらい論点がどうしても必要であったり、（法的・人道的視点など）普遍的価値に基づいてあえて「介入」しなければならなかったりする場合もあり、判断が難しいところである。ここでは、必要な時に必要な支援が提供されているかどうか、という現場のニーズからの検証と、（中長期的に考えるべき案件については特に）地元の内部者の立場や考え方を十分に踏まえた形での支援活動が望ましい、といったあたりが落としどころとなるであろう。

4．むすびにかえて

　以上において、東日本大震災の被災外国人の置かれた状況とそれへの支援活動の展開、そしてそこに見られる「認識の衝突」の諸相について、金明秀の論考にコメントを付す形で考察してきた。金の論考では、東北の被災外国人支援のために外部からやって来た支援者や団体に対する警戒や危惧の言葉が発せられたことに対し、これまでの移民・エスニシティ研究の蓄積および彼の卓越した理論枠組に基づいた論評がなされた。

　本補説では、彼の批判対象に含まれている大村や武田らの言説に依拠する「非集住地域」研究の立場から、金の問題提起に対する応答を試みた。新たな移住先に根付こうと努力する外国人住民とホスト社会が最終的にはあるべき姿で「共生」することを目指す点では、どの論者にも大きな隔たりはない。東北の多文化状況の捉え方についても、実際のところは決して楽観視できる状況でないという点ではある程度共通点がみられた。問題は、外国人住民が暮らす個々

補論　211

の状況において差別や排除を生み出す要因を取り除くことにまず重点を置くのか、それとも（災害復興の文脈において）外国人・日本人の隔てなくコミュニティ単位での生活基盤の再建を急ぐのかといった、活動に際しての優先順位の付け方の違いにあると言える。とはいえ、これらの立場のいずれにおいても、前者の立場に対しては外国人住民の支援と背後の地域社会の改善という問題設定になるために地元の支援者から「日本人・外国人を含めた地域コミュニティ」のまとまりを壊すのではないかという危惧が示され、後者については逆に問題含みのホスト社会の現状を不問にするものとして外部の支援者から批判される。まさに、金が示した「序列化／差異化」の2つの戦略の齟齬的な関係と同型のアポリアが、浮き彫りになってくる。

　比較的閉鎖的で「よそ者」に対してシビアな「非集住地域」をメインフィールドとする本書の立場からすれば、第4章で展開したように、基本的には大村ら近いスタンスを取っている。ただし、在日コリアン研究や他のエスニック集団をめぐる先行研究がこれまでに明らかにしてきたような、日本の移民政策の不備やいびつさが長らく未解決である状況に対して鋭敏であるべきなのは言うまでもない。

　外国人住民の偏見や差別、社会参加の制限といった、国籍等の違いに由来する基本的人権の不当な侵害状況の改善に主眼を置く金の主張が重要であることは言うまでもないが、その一方で数的にも権利関係上もいかんともしがたい不均衡状態にある地域においては、そうした「正論」をストレートに主張して性急な問題解決に志向することが得策でないケースも多々あろう。「非集住地域」において研究者・観察者であると同時に、そうした地域の一員としてホスト社会の圧倒的な存在感と向き合って来た筆者らの立場としては、個々の外国人移住者・滞在者の生活状況や主体的な取り組みを支えていき、長期的な見通しの中で地道なエンパワメントの方策を積み上げていこうとする大村やモリスの活動指針については、地域事情に即した現状認識に基づき、支援活動を「細く長く」続けていく覚悟を伴った、現実的な戦略であるという評価をしておきたい。

　なお、この補論のねらいは、東北被災地の外国人支援活動における立場や考え方のこうした「違い」を浮き彫りにすることそのものにあるのではない。例えば、排除や人権侵害がはなはだしいところでは地域住民・家族成員・雇用主

等の意向や都合などを度外視して「介入」しなければならず、そうした場合には（まさにジンメルが「よそ者」の役割として示したように）相談相手や仲介者として地域にしがらみを持たない外部者が間に入り、俯瞰的かつ客観的な視点からの観察や働きかけが有効に機能する場合がある。かたや、支援活動そのものを遂行可能とするためには「コミュニティの現状を念頭に置きながら」そうした活動の意義を地元の人たちに理解してもらいながら慎重に事を進めていく「郷に入らば郷に従え」式のアプローチが不可欠な場合もある。これらは決して一方が「非集住地域」向け、他方が「集住地域」向けといった形で固定的に捉えられるべきものではなく、地域社会における外国人住民の支援・救済活動に際しての複数のオプションと考えて、地域特性を超えて必要に応じて選択や組み合わせをしながら柔軟に臨んでいけばよいのではないか、というのが現時点での筆者の見解である。

　本書のねらいとするところは、既存の移民・エスニシティ研究が大都市インナーシティや製造業の集積地域などの「集住地域」を対象とするものに偏重しており、それに対する「非集住地域」の地域状況や活動のあり方をまずはひとまとめしようというものであった。この補論で行ったような、様々な地域やエスニック集団を対象とする研究者や活動家のパースペクティブや方法論への批判的な問いかけとその応答が積み重ねられること、そしてそれを可能とする共通の理論的なプラットフォームが醸成されることが、現時点でなすべき重要な作業ではないか。そうした地道な作業の積み重ねを通じて、本当の意味で日本の諸地域において多様な民族・文化的背景をもつ人々が「共生」できるような方向性へと議論を進めていくことができるだろう。本書の取り組みがその「呼び水」となれば幸いである。

　　　注
（1）金は、この論点を取り上げる際の論拠として、郭基煥の論考を参照している。郭は、金論文でも紹介されている石巻市の多文化共生に関する質問紙調査の実施に関わっていて、その結果については郭の論考（郭 2013）でも言及されている。
（2）筆者によるよそ者／ストレンジャーをめぐる論考については、徳田（2005）および徳田（2010）を参照のこと。
（3）マートンは、20世紀前半の米国のアフロ＝アメリカン（黒人）研究に関して主

張されてきた、"黒人のことは黒人にしかわからず白人には理解できない"あるいは"女性のことは女性にしかわからず男性には理解できない"といったパターンを持つ言説をこの名称で称している。これにより、ある事柄は特定の属性を持つ者にしか理解できない、という知の独占と知のアクセスからの外部者の排斥が起こる、とマートンは言う（Merton1972）。本稿の事例でいえば、「東北のことは東北の人間にしかわからず外部の人間には理解できない」という謂いになるであろうか。

(4) 筆者が行なったインタビューの中で、大村は今回の災害による被災外国人への影響について、「当地では、嫁入り当初はお母さんが強いが、結婚移住女性に子どもができて自分が母親になり、孫ができて祖母になる頃になると彼女たちが地域コミュニティの中核を担うようになる。その時にどうなるか、というところに至る前に今回の災害が来てしまった」と述べている。ここにも、閉鎖的な地域社会に単身で移住してくる国際結婚の女性たちがイニシアチブを取るには長く辛抱強い見守りとエンパワメントが必要、とする彼女の活動指針が見て取れる。また、現在の宮城県内の課題としては、近年ベトナムなどからの技能実習生が急増しており、実態の把握および必要最低限の日本語学習と災害のためのレクチャーや訓練の機会提供をいかに進めていくかにある、とのことであった（インタビューは2015年5月9日に仙台にて行われた）。

(5) 筆者は別稿において、阪神・淡路大震災における災害ボランティアの現場における外部からのボランティア（支援者）と被災地の住民（支援対象者）の不均衡となりがちな関係とそれによるコミュニケーションの齟齬を軽減するための知恵や工夫について整理した。災害ボランティアから被災者への支援行為をある種の「贈与行為」と考えた場合、（社会学や人類学の贈与論の知見によれば）それが善意によるものであれ自己実現を意図するものであれ、贈る側が贈られる側に対して優位であるような関係がそこに出来する。それに対しては速やかに返礼やお返しの贈答がなされることによりある程度の均衡した力関係が回復することから、伝統的な社会ではこうした贈与と返礼の関係が儀礼や習慣によってあらかじめセッティングされることで、安定した社会秩序の維持に寄与してきた。しかし、現代日本の災害ボランティアの文脈では、支援する側は「自らの意思で見返りなしに」行動することが「当たり前」とされているために支援対象者が「助けられっぱなし」になりやすく、初期の緊急対応期を除くと、支援を受ける側が「お返し」をする契機と支援者の側がそうした返礼を上手に「受け取る」作法が重要で、単位行為レベルの一方的な贈与関係から（被災地の支援リレーといった）時間や場所、相手が変わっても「受けた恩を何らかの形で返す」ような現代版の互酬性原理に基づいた行動指針（筆者はそれを永六輔の言葉をふまえて「成熟したボランティア」と呼称した）が浸透することの必要性、重要性を同稿において指摘している。詳細は徳田（2008）を参照。

(6) こうした外部者に「かき回される」ことによって地元の地域社会が憤慨すると

いうパターンは、「ムラの国際結婚」の第一次ブームでの「可哀想な花嫁」イメージを前提としたマスメディアの取材活動とそれへの地元の否定的リアクションの経緯にも見出される。以下の武田里子の論述を参照。「1988 年 3 月、塩沢町農業委員会が仲介した 5 人のフィリピン人『花嫁』が塩沢町に到着した 3 か月後に某テレビ局が取材に入り、『その取材班がタガログ語で「寂しいでしょ」「フィリピンに帰りたくない？」などの質問をして花嫁の里心に火をつけた―として家族や町農業委員会が怒り、マスコミ取材はお断り」…という状況が生まれた」とあり、その後の国際結婚の調査にあたって「同町は行政のガードが固くて調査しきれなかった」という事態に至っている（武田 2010:91）。同町の人たちの憤りは、本文中で紹介した神戸の被災者がボランティアに対して示した怒りと同質のものであるように思われる。

参考文献

永六輔、2000、『「無償」の仕事』、講談社α新書
阪神大震災を記録しつづける会編 , 2000,『阪神大震災　2000 日の記録』
郭基煥、2013、「災害ユートピアと外国人」『世界』2013 年 2 月号、岩波書店、89-97
金明秀、2014、「東日本大震災と外国人―マイノリティの解放をめぐる認識の衝突」、荻野昌弘・蘭信三編著『3・11 以前の社会学―阪神・淡路大震災から東日本大震災へ』生活書院、2014、171-206
モリス他編、2015、『東日本大震災からの学び～大災害時、県・政令市の地域国際化協会の協働と補完を再考する～』
Merton, Robert K., 1972, "Insiders and Outsiders: A Chapter in the Sociology of Knowledge", American Journal of Sociology, 78, 9-47.
大村昌枝、2012、「未曾有の大災害、外国人散在地域では、なにが起きたのか―地域における『共生』を問う」駒井洋監修・鈴木江理子編著、2012、『移民ディアスポラ研究 2 東日本大震災と外国人移住者たち』明石書店、34-55
Schutz, Alfred, 1967, "The Stranger: An Essay in Social Psychology", in: Studies in Social Theory, edited and introduced by Arvid Brodensen, 91-105, The Hague: Martinus Nijhoff.（＝渡部光・那須壽・西原和久訳『アルフレッド・シュッツ著作集　第 3 集　社会理論の研究』、133-151、1991、マルジュ社）
塩崎賢明、2014、『復興＜災害＞―阪神・淡路大震災と東日本大震災』岩波新書 1518
武田里子、2011、『ムラの国際結婚再考―結婚移住女性と農村の社会変容』めこん
徳田剛、2005、「よそ者概念の問題機制―『専門家のまなざし』と『移民のまなざし』の比較から―」、『ソシオロジ』第 49 巻第 3 号、3-18
――、2008、「成熟したボランティアに向けて」『神戸山手大学紀要』第 10 号、83-96
――、2010、「Z・バウマンの社会秩序観―『よそ者』と『社会的距離』の視点から」『社会学史研究』23 号、59-73

おわりに――「非集住地域」研究の今後の課題

　本書での取り組みは、これまでの日本における移民・エスニシティ研究では主要なターゲットとはされてこなかった外国人住民の「非集住地域」における多文化状況を取り上げ、いくつかの事例研究と分析枠組の整理を行ったものである。すでに何度も言及したところであるが、「非集住地域」では外国人住民の存在やその生活課題が主要な地域課題としては取り上げられにくい。そのため、これまで多くの先行研究によって描き出されてきた大都市インナーエリアや製造業の集積地などに形成された「集住地域」にしばしば見受けられるような、外国人住民への支援を行う市民セクターや、同胞への支援や支え合いへと志向する自助的なネットワークが形成されにくく、分散して居住する外国人住民が「孤立」しがちとなる。彼ら・彼女らは、圧倒的な存在感をもって現前するホスト社会（とりわけ異郷の地での数少ない準拠集団である家族・雇用先の企業等・地域コミュニティなど）と独力か少数の同胞とのつながりを有する形で向き合い、慣れない生活環境への適応やホスト社会からの承認の取り付けなどに奔走することとなる。彼ら・彼女らの中には、心無いホスト社会側からの仕打ちや排斥、ネグレクトといった否定的なリアクションに悩まされる者も出てくるが、それに対しての相談先や支援者の確保はおろか、気心の知れた仲間と愚痴を言い合ったり息抜きや気晴らしをしたりするような機会にも事欠くことになりがちである。こうした「非集住地域」にあって外国人住民にとっての希少な結節点となりうるのが、本書で取り上げた「カトリック教会」、「地域の日本語教室」、「民族学校」である。

　第1章で取り上げたカトリック教会に集まる人々は、言うまでもなくカトリックを信仰する外国人信徒が中心となるが、中でも本国においても熱心な信者が多いフィリピン系の人たちが多く見られる。カトリック教会は、世界各国に信者をもち、災害や地域紛争などによって人道的な支援が必要な事態に対しては、信仰をよりどころとした世界規模での支援のネットワークが形成され、世界中の信者からの支援の手が差し伸べられることになる。そしてもう一つ重

要なことは、各国の比較的人口規模の小さな都市にも信仰の場としての教会（小教区）が存在し、いざという時には地域内部の支援セクターとして、カトリック教会のネットワークを通じた支援リソースの受け皿・現地拠点として機能させることができるという点である。本書では、愛媛県のいくつかの英語ミサの事例と、同じく「非集住地域」である東日本大震災の被災地域でのカトリック教会による外国人住民の支援活動を取り上げるにとどまったが、今後の課題としては、日本国内の他の「非集住地域」におけるカトリック教会での外国人信徒のようすがどのようなものであるか、そして「集住地域」での活動も視野に収めながら、他の宗教団体（プロテスタント諸派などキリスト教の他宗派、仏教寺院、神道、日本の新宗教・新新宗教、および日本国内で活動するエスニック宗教など）との対比なども行いつつ日本の地域社会の多文化化におけるカトリック教会の存在意義を総括するという課題が残されている。

第2章では、地域の日本語教室が「非集住地域」で果たす役割、とりわけそこが支援者である地域住民や地元の行事等と外国人住民を結びつける重要な契機となる可能性のあることなどが論じられた。また、カトリック教会や民族学校とは違って、出身国やエスニシティを問わず外国人住民が集まりやすい場所であることも重要な点と言える。

従来の日本語学習活動に関する研究は、日本語教育学や言語学の領域において意欲的に取り組まれてきたものの、その主たる関心は教材開発や教授法などに置かれ、そうした取り組みを外国人と日本人の関係や地域社会における包摂の可能性と関連づけて議論するものではなかった。よって、日本語学習活動に関わる人々がどのような関係を取り結んでいるのか、また、どのような関係がどのような条件のもとで取り結ばれているのかを検討することが必要である。とりわけ、外国人の「非集住地域」においては、まず、そうした取り組みがどの程度実施されているのか、どのような主体がどのような目的のもとで活動を行っているのかを明らかにすべきであろう。その上で、日本語学習活動の実践が抱える課題や、地域社会における活動の意義を考察することが今後の課題となる。

またこの章では、近年ますます増加傾向にあるベトナム人技能実習生の「非集住地域」での生活や就労に焦点を当てた。南米からの日系人の高齢化と在留

人口数の減少により、中国や東南アジアからの技能実習生の存在が今後の日本の移民・エスニシティ研究においてますます重要視されることになるが、技能実習生の受け入れ領域が製造業や建設業に加えて農林水産業にも拡大する中、技能実習生を取り巻く状況について十分なデータが蓄積されておらず、多面的かつ微視的に分析が行われているとは言えないのが現状である。そのため、さまざまな就労現場において、技能実習生がどのように働いているか、また、職場における上司や同僚との関係はどのようなものであるか、さらに、技能実習生の受け入れが企業やそれらが立地する地域社会にどのような影響を与えているかについて、丹念にデータを収集する必要がある。その上で、技能実習生や受け入れ企業がどのような課題に直面しているか、また、そうした課題を解決する糸口はどこに見出せるのかを、客観的に分析することが求められる。

　第3章は日本の敗戦直後から愛媛県内各地に開設された民族教育の拠点を中心として形成されてきた在日コリアンコミュニティについてのレポートである。現在、四国において唯一存在する民族学校である四国朝鮮初中級学校のこれまでの経緯、そして政治・外交面での日韓関係の悪化やヘイトスピーチなど"嫌韓"を基調とする言説の増加など決して良好とはいえない在日コリアンをとりまく現況の記録である。ニューカマーの外国人住民やそのエスニック・コミュニティと比較して、戦前に日本に渡ったオールドカマーの在日コリアンの歩んできた歴史ははるかに長い。近年まで最大多数の在日外国人でもあった「韓国・朝鮮」、そして日本国籍を取得した「コリア系日本人」でもある在日コリアンは、それぞれに起伏に満ちた苦難を経験してきた。それだけに本章では「非集住地域」のエスニック・マイノリティとしてこれまで命脈をつないできた各時代の重要なエピソードや活動・行事の詳細などを丁寧に跡付けることに重点が置かれている。

　ここで興味深い点は、愛媛県下の朝鮮学校の開設から閉鎖、再建、そして現在まで至る来歴にまつわるエピソードや人物伝とよく似た話が、北海道から九州にいたる全国各地の在日コリアンコミュニティにおいても縷々語り継がれてきたらしいという点である。全国各地で、別の経緯と別の人びととの交差の中で、どこかで聞いたよく似た苦労話が語られてきたことが、2015年に公刊された『朝鮮学校物語－あなたのとなりの「もうひとつの学校」』（花伝社）、『高

校無償化裁判―249人の朝鮮高校生たたかいの記録』（樹花舎）等、朝鮮学校関連の一般書やＳＮＳの人気コミュニティ「嘘みたいな本当の在日話」からも読み取ることができる。これはつまり、四国の朝鮮学校を中心とする在日コリアンコミュニティは、四国固有の歴史的経緯とメンバーシップを特徴としながらも、日本社会における複数のローカルな在日コリアンコミュニティに一貫する何かを共有しているということであろうか。

　渡日した世代の高齢化や日本国籍を取得する人びとの増加等により全体的に縮小傾向にある在日コリアンコミュニティにあって、元々の人口規模が小さな「非集住地域」でのつながりや諸活動の存続は今後ますます厳しさを増していくだろう。そうした中で、「非集住地域」の在日コリアンによる諸活動が今後どのような展開を見せるかについて注意深く観察を継続するとともに、「集住地域」や他の「非集住地域」との比較によって本事例の特色や意義を明らかにすることも今後の課題となるだろう。また「非集住地域」において「朝鮮学校コミュニティ」に参与しない在日コリアンがどのような地域生活を送ってきたのか、その実態を明らかにすること、いいかえるならば、韓国籍または日本国籍を持ち、民族教育を受けずに「非集住地域」で生きるということの社会学的理解に向けて、今後のさらなる調査が必要である。

　第4章は、これらの事例研究の土台となる「非集住地域」研究のねらいや意義、課題などを、「ムラの国際結婚」研究と東日本大震災の被災外国人をめぐる諸言説を参考にしながら整理を行った。本書での論述により、方法論のレベルで「非集住地域」に照準した先行研究がほとんど見られない中で、今後の日本の地域社会の多文化化がさらに進行し、新たな問題や課題が山積するであろう「非集住地域」に暮らす外国人住民の特徴や研究上の意義についてある程度は示すことができたのではないかと考えている。ただし、そこで用いられる概念規定や分析視角などは十分に練られたものとは言えない。本書の第一のキーワードである「非集住地域」という用語（暫定的な呼称ゆえ括弧付で表記したのだが）は、字義の通り「集住地域」ではない地域という意味ではある種の残余カテゴリーであり、用語の選択として適切であるかについてもさらなる検討が必要である。大村昌枝がその論考で示したように、日本の諸地域において外国人住民が「集住」している地域は、自治体数でも面積でも一部のエリアに分布してい

おわりに　219

るにすぎない。しかし、「集住地域」ではない日本国内の地域や自治体が（本書が想定するように）その多文化化のありようにおいてある程度の共通性が見られるのかどうかについては、（中四国地方と東北地方の一部を取り上げたに過ぎない）本書ではきちんと検証されたわけではなく、より多くの地域の事例の収集と比較検証が必要となってくることは言うまでもない。そうした試みを続ける中で、「非集住地域」という捉え方が日本社会の多文化化を把握し考察する際にどの程度の有効性をもつかについて、第4章補論で行ったような既存の移民・エスニシティ研究との対話を重ねながら検討していければと考えている。

　日本に暮らす外国からの移住者・滞在者の内訳や抱える生活課題などは、送り出し国の事情や日本の移民政策・法制度などのちょっとした変化、そしてグローバル経済の趨勢によって短期間でそのトレンドを変化させる。法務省が発表した2014年末現在の在留外国人数をみると、「はじめに」で触れたように、これまで増加しきりであった中国系の横這い・微減傾向とコリアン系と南米日系人の減少傾向、そして東南アジア出身者の急増が顕著になっている。とりわけベトナムからの渡航者の数がすさまじい勢いで伸びており、技能実習生を中心とした外国人による労働力の「ベトナムシフト」が今後も続きそうな気配を見せている。

　また、人口規模はさほど大きなわけではないが、2009年の制度変更により来日が認められやすくなった新日系フィリピン人の増加も見られる。このカテゴリーにおいて特異なのは、これまで在留資格の規則上、外国人住民の直接雇用が難しかった福祉分野において、ブラジルやペルーからの日系人と同様に居住地や就労先の選択の自由を有する新日系のフィリピン人が人材ブローカー経由で福祉施設に就労するケースが報告されている。人材の確保がより深刻な課題となっている地方部や中山間地域の福祉施設や法人などがこの制度に着目し、こうした形での移動労働力の流れが「非集住地域」にも及ぶであろうことは容易に想像できる。

　また、本書ではほとんど取り上げることはできなかったが、地方の大学に学ぶ外国人留学生の存在についても今後取り組んでいく必要がある。日本語の習得や大学での学業が主な在留資格の理由となってはいるが、コンビニエンスス

トアや外食産業などシフト制の下での低賃金・長時間労働の確保が課題となるこうした業種においては、留学生によるアルバイト労働は重要な位置を占めている。日本の地方大学への就学を選択した彼ら・彼女らの母国での生活状況や卒業後のライフコースなど、「非集住地域」に学ぶ外国人留学生の実態を把握する作業もまだほとんど着手されておらず、今後取り組むべき課題となってくるであろう。

　最後に、本書の執筆にあたってお世話になった方々に謝辞を述べたい。本書で論じられた共同研究の発足の経緯は、愛媛県のカトリック教会の英語ミサのフィールドワークを進めていた徳田と兵庫県や岡山県のベトナム人技能実習生の調査に取り組んでいた二階堂、愛媛県の在日コリアンコミュニティの研究に取り組む魁生が「非集住地域」在住の外国人というキーワードで共同研究をやってみようと集まったのがそもそもの始まりであった。その際のキックオフを支えていただいたのが、日本カトリック大学連盟からの研究助成であった。また、本書の出版に際しては、「聖カタリナ大学・聖カタリナ大学短期大学部研究叢書」に加えていただくことで全面的なサポートを受けた。これらの支えなしには本研究の取りまとめは実現しなかった。ここに篤く御礼を申し上げたい。そして我々の調査研究に貴重なお時間と資料や提言などをいただいた調査協力者のみなさん（具体的な個人・団体のお名前は各章末を参照されたい）へ、改めて心より御礼を申し上げます。

2015年7月
徳田　剛・二階堂裕子・魁生由美子

執筆者プロフィール

徳田　剛（とくだ　つよし）
神戸大学大学院文化学研究科博士課程社会文化専攻　単位取得退学
聖カタリナ大学人間健康福祉学部人間社会学科　准教授
専門は地域社会学・災害社会学
【主な著書・論文】
「Z・バウマンの社会秩序観―『よそ者』と『社会的距離』の視点から」、『社会学史研究』23 号、2010 年
「被災外国人支援におけるカトリック教会の役割と意義―東日本大震災の組織的対応とフィリピン系被災者への支援活動の事例より」、『地域社会学年報』第 27 集、2015 年
『ペット防災・同行避難について考える』昭和堂、2016 年（共著、近刊予定）ほか

二階堂裕子（にかいどうゆうこ）
大阪市立大学大学院文学研究科後期博士課程社会学専攻　修了
ノートルダム清心女子大学文学部現代社会学科 准教授
専門は地域社会学・都市社会学
【主な著書・論文】
『民族関係と地域福祉の都市社会学』世界思想社、2007 年
「移民家族の定住過程における社会関係―在日コリアン 1 世の女性たちのライフヒストリーから―」、髙谷紀夫・沼崎一郎編『つながりの文化人類学』、東北大学出版会、2012 年
「ウチナーンチュの生活世界」谷富夫・安藤由美・野入直美編『持続と変容の沖縄社会―沖縄的なるものの現在』、ミネルヴァ書房、2014 年　ほか

魁生由美子（かいしょうゆみこ）
立命館大学大学院社会学研究科応用社会学専攻博士後期課程　修了
愛媛大学教育学部　准教授
専門は社会問題の社会学・福祉社会学
【主な著書・論文】
「在日コリアン高齢者を対象とするコミュニティ・ケアの研究―阪神間の集住地域における実践事例―」『コリアンコミュニティ研究 vol.4』、2013 年
『関係性の社会病理』、学文社、2016 年（共著、近刊予定）　ほか

聖カタリナ大学・聖カタリナ大学短期大学部研究叢書3

外国人住民の「非集住地域」の地域特性と生活課題
―結節点としてのカトリック教会・日本語教室・民族学校の視点から―

2016年3月25日　第1刷発行　　　　定価＊本体1600円＋税

著　者　徳田　剛・二階堂裕子・魁生由美子
企　画　聖カタリナ大学・聖カタリナ大学短期大学部
　　　　〒799-2496 愛媛県松山市北条660番地
　　　　TEL.089-993-0702（代）
　　　　http://www.catherine.ac.jp

発行者　大早　友章
発行所　創風社出版
　　　　〒791-8068 愛媛県松山市みどりヶ丘9－8
　　　　TEL.089-953-3153　FAX.089-953-3103
　　　　振替 01630-7-14660　http://www.soufusha.jp/

印　刷　岡田印刷株式会社

Ⓒ T.Tokuda, Y.Nikaido, Y.Kaisyou 2016
ISBN 978-4-86037-226-2　　　Printed in Japan